2019年四川省社科规划项目"统计发展专项课题"(SC19TJ008)
国家留学基金(201908510015)
成都理工大学骨干教师发展计划(10912-KYGG2019-00940)
成都理工大学"2020年学习贯彻十九届四中全会精神暨公共事件应急治理研究专项课题"(GZ2020-YB017)
四川省高校人文社会科学重点研究基地"青藏高原及其东缘人文地理研究中心"

四川"一干多支、五区协同"
区域旅游发展统计监测评价研究

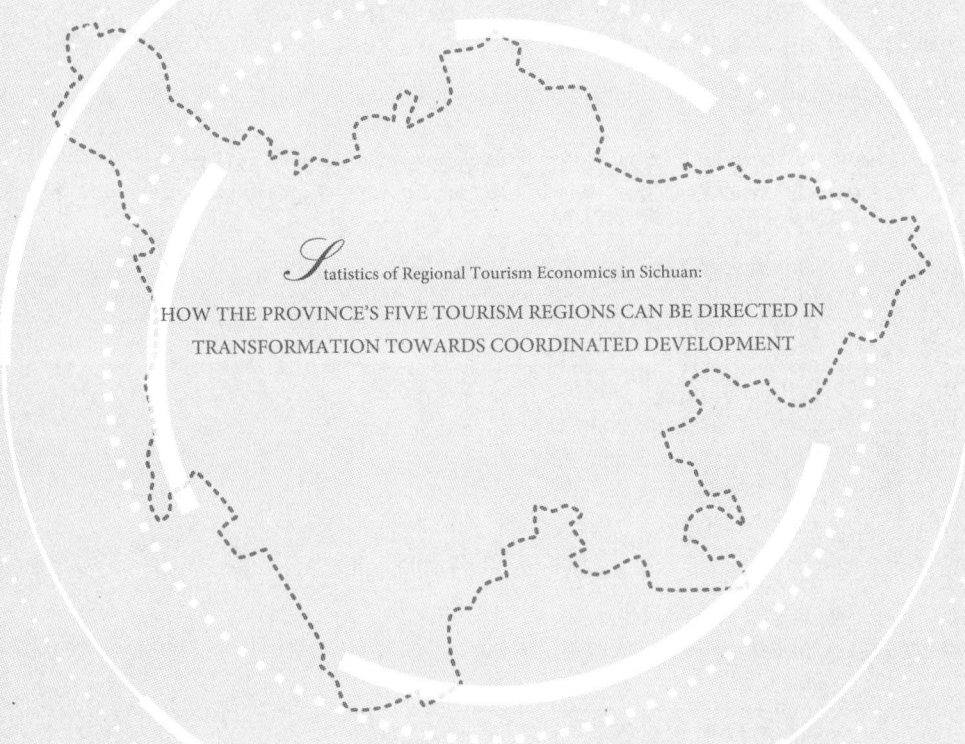

Statistics of Regional Tourism Economics in Sichuan:
HOW THE PROVINCE'S FIVE TOURISM REGIONS CAN BE DIRECTED IN
TRANSFORMATION TOWARDS COORDINATED DEVELOPMENT

唐 勇　钟美玲　胡 丹　秦宏瑶　余 雪
依来阿支　胡小英　杜晓希　方 艳　闵友梅　著

四川大学出版社
SICHUAN UNIVERSITY PRESS

项目策划：唐　飞
责任编辑：唐　飞
责任校对：肖忠琴
封面设计：墨创文化
责任印制：王　炜

图书在版编目（CIP）数据

四川"一干多支、五区协同"区域旅游发展统计监测评价研究 / 唐勇等著． — 成都：四川大学出版社，2021.10
ISBN 978-7-5690-5051-6

Ⅰ．①四… Ⅱ．①唐… Ⅲ．①地方旅游业—统计分析—研究—四川 Ⅳ．①F592.771-66

中国版本图书馆 CIP 数据核字（2021）第 202890 号

书名	四川"一干多支、五区协同"区域旅游发展统计监测评价研究
	SICHUAN "YIGANDUOZHI、WUQUXIETONG" QUYU LüYOU FAZHAN TONGJI JIANCE PINGJIA YANJIU
著　者	唐勇　钟美玲　胡丹　秦宏瑶　余雪　胡小英　杜晓希　方艳　闵友梅　依来阿支
出　版	四川大学出版社
地　址	成都市一环路南一段24号（610065）
发　行	四川大学出版社
书　号	ISBN 978-7-5690-5051-6
印前制作	四川胜翔数码印务设计有限公司
印　刷	郫县犀浦印刷厂
成品尺寸	170mm×240mm
印　张	12
字　数	227千字
版　次	2021年11月第1版
印　次	2021年11月第1次印刷
定　价	50.00元

◆版权所有　◆侵权必究

◆ 读者邮购本书，请与本社发行科联系。
电话：（028）85408408/（028）85401670/（028）86408023　邮政编码：610065
◆ 本社图书如有印装质量问题，请寄回出版社调换。
◆ 网址：http://press.scu.edu.cn

四川大学出版社
微信公众号

作者简介

唐勇 成都理工大学旅游与城乡规划学院旅游开发与管理系教授、理学博士、硕士研究生导师、四川省旅游业青年专家、University of Colorado at Boulder 访问学者、University of Connecticut at Storrs 访问学者、四川省海外高层次留学人才、国家环境保护水土污染协同控制与联合修复重点实验室固定研究员、四川省旅游学会"旅游业青年专家"专委会委员、四川省文化和旅游厅专家库成员、Journal of Tourism Futures 副主编、成都理工大学中青年科研骨干教师计划资助对象。主要从事旅游目的地营销、行为地理学、区域旅游统计监测评价的教学与研究工作。著有《龙门山地震地质遗迹景观体系与旅游发展模式研究》《地震纪念性景观对震区地方感建构的影响研究》和 Consuming Post-disaster Destination: Seismic Memorials, Dark Tourism and Local Resillience,译著《灰色大地——美国灾难与灾害景观》,参编 The Palgrave MacMillian Handbook of Dark Tourism Studies 和 Ritual after Disasters: Practices after Disasters, Crises, Atrocities and Violence,主持"四川省'十三五'旅游营销规划编制项目""成都入境旅游营销推广计划(2018—2019)""2019年四川省社科规划项目'统计发展专项'课题"。

钟美玲 四川电影电视学院助教,成都理工大学自然地理学硕士。主要从事旅游经济、航空旅游、游憩地理的教学与研究工作。

胡丹 成都理工大学旅游与城乡规划讲师,成都理工大学应用数学硕士。主要从事旅游经济学领域的教学与研究工作。

秦宏瑶 四川电影电视学院讲师、四川大学旅游管理硕士、James Madison University(JMU)访问学者。主要从事航空旅游、旅游地理、经济地理等领域的教学与研究工作。

余雪 成都理工大学旅游与城乡规划学院人文地理学专业硕士研究生。主要从事旅游经济研究。

依来阿支 成都理工大学旅游与城乡规划学院人文地理学专业硕士研究生。主要从事旅游经济地理与空间分异研究。

胡小英 成都理工大学旅游与城乡规划学院人文地理学专业硕士研究生。主要从事旅游经济研究。

杜晓希 成都理工大学旅游与城乡规划学院人文地理学专业硕士研究生。主要从事旅游经济研究。

方艳 成都理工大学旅游与城乡规划讲师,四川大学工商管理硕士。主要从事旅游管理的教学与研究工作。

闵友梅 四川城市职业学院副教授,成都理工大学项目管理硕士。主要从事旅游经济、旅游目的地管理的教学与研究工作。

序 言

近二十年，亚洲金融危机、"非典"、汶川地震、雅安地震、九寨沟地震、长宁地震等重大突发灾害性事件造成四川省旅游经济周期性下跌、区域旅游发展不充分不平衡问题突出。"十四五"期间，面临新型冠状病毒肺炎疫情等重大突发灾害性事件的持续施压，如何科学解读四川省区域旅游发展水平的空间格局及其演变的季节性、动态性和趋势性特征，是实现"一干多支、五区协同"区域旅游重组优化迫切需要解决的基础性科学问题，也是具有重大历史意义与现实价值的命题。

本书内容可归入旅游经济学这一充满挑战的交叉研究领域。2014年至今，我先后承担了四川省文化和旅游厅（原四川省旅游局和四川省旅游发展委员会）、四川省政府办公厅、政协四川省委员会办公厅、成都市文化广电旅游局、乐山市旅体委、四川省统计局等部门横向委托的多项旅游经济相关问题的研究任务。例如，《四川省旅游市场运行分析报告》（四川省文化和旅游厅课题）、《四川省"十三五"旅游营销规划编制项目》（四川省旅游发展委员会课题）、《大香格里拉旅游市场运行情况和2016年营销行动计划》（四川省旅游发展委员会课题）、《四川省旅游业发展现状、问题及对策研究报告》（四川省旅游局课题）、《四川省旅游业改革行动计划——宣传营销专题调研报告》（四川省旅游局课题）、《成都入境旅游营销推广计划（2018—2019年）》（成都文化旅游发展集团有限公司横向委托课题）、《乐山市旅游经济运行分析系列报告》（乐山市旅游与体育发展委员会课题）、《优化旅游环境，提升入境旅游水平》（四川省文化和旅游厅调研课题）、《发挥港澳台侨优势，大力发展入境旅游，推动四川文化旅游走向世界》（政协四川省委员会办公厅调研课题）、《提升四川入境旅游发展水平，建设世界重要旅游目地对策研究》（四川省政府办公厅调研课题）。

本书既立足当前，精准揭示四川省旅游经济时间序列的季节性与周期性特征，又放眼长远，科学预测新型冠状病毒肺炎疫情后四川省旅游经济恢复周期，相关成果经四川省社会科学研究"十三五"规划统计专项（SC19TJ008）

核准结项（鉴定等级"优秀"），研究报告受到了省市主要领导的肯定性批示。

本书受益于前期探索性研究，但不是现有成果的汇编，而是前期工作的深入和延续，在科学问题和应用范围等领域有实质性提升。本书的依托项目《四川"一干多支、五区协同"区域旅游发展统计监测评价研究》，分别由 2019 年四川省社科规划"统计发展专项课题"（SC19TJ008）、国家留学基金（201908510015）、成都理工大学"2020 年学习贯彻十九届四中全会精神暨公共事件应急治理专项课题"（GZ2020－YB017）、四川省高校人文社会科学重点研究基地"青藏高原及其东缘人文地理研究中心"、四川省社科重点研究基地（扩展）"国家公园研究中心"和成都理工大学骨干教师发展计划（10912－2019KY52－00940）共同提供资助。《四川省旅游市场运行分析与旅游供给侧改革研究》（四川省统计局 2016 年四川经济结构性改革系列研究项目）、《四川入境旅游发展制约因素与市场拓展研究》（四川旅游发展研究中心项目）均是由我主持的与本书密切相关的前期成果。

本书写作历时 2 年有余，主要是我与成都理工大学旅游与城乡规划学院的胡丹、方艳、依来阿支、余雪、胡小英、杜晓希，四川电影电视学院的秦宏瑶、钟美玲，四川城市职业学院的闵友梅等同事协同攻关、集体智慧的结果。

感谢成都理工大学王尧树、李晓强、刘雨轩、傅滢滢、汪嘉昱、何莉以及成都善旅文化传播有限公司袁旭飞、徐小松等参与本课题前期相关研究的同事。我要特别感谢共同奋斗在文旅战线的同仁——四川省文化和旅游厅严飒爽副厅长及国际交流与合作处（港澳台办公室）袁世军处长、曹倩调研员、崔宏副处长、周江荣副处长，宣传推广处羽欣处长、柴宇主任，财务处罗梅副处长；新华网四川公司李想副总经理；四川省政协港澳台侨外事处陈伦钊处长、李旭科主任；成都文旅集团黄剑鲲副总经理及营销公司谭炀总经理、彭丽霞副总经理、吕慧主任；乐山市文化广播电视旅游局宋秋局长、丁粮权主任；资阳市文化广播电视和旅游局张泽淼副局长；阆中古城景区管理局宋海泉副局长。正是与他们的愉快切磋和深入交流，让我开始深入思考现行区域旅游发展统计监测评价方式的意义和价值，特别是推动旅游统计改革的必要性。

时间仓促，视野局限，难免错漏，敬请斧正，不胜感激。

唐　勇

2021 年 5 月于成都

目 录

第1章　绪论 …………………………………………………（ 1 ）
　1.1　研究背景与意义 ………………………………………（ 1 ）
　1.2　学术史梳理及研究动态 ………………………………（ 3 ）
　1.3　研究内容与目的 ………………………………………（ 6 ）
　1.4　研究范围与数据来源 …………………………………（ 7 ）
　1.5　基本思路与研究方法 …………………………………（ 9 ）
　1.6　重点难点与创新 ………………………………………（ 10 ）

第2章　区域旅游基本面统计监测评价 …………………（ 11 ）
　2.1　四川省区域旅游总收入特征 …………………………（ 12 ）
　2.2　四川省国内旅游经济基本面 …………………………（ 17 ）
　2.3　四川省入境旅游经济基本面 …………………………（ 31 ）
　2.4　出境旅游经济基本面 …………………………………（ 47 ）
　2.5　本章小结 ………………………………………………（ 50 ）

第3章　区域旅游时间序列统计监测评价 ………………（ 53 ）
　3.1　发展速度特征 …………………………………………（ 54 ）
　3.2　周期性特征 ……………………………………………（ 60 ）
　3.3　季节性特征 ……………………………………………（ 64 ）
　3.4　本章小结 ………………………………………………（ 65 ）

第4章　区域旅游时空差异统计监测评价 ………………（ 67 ）
　4.1　标准差 …………………………………………………（ 68 ）
　4.2　变异系数 ………………………………………………（ 68 ）
　4.3　基尼系数 ………………………………………………（ 70 ）
　4.4　锡尔系数 ………………………………………………（ 71 ）
　4.5　年均增长率 ……………………………………………（ 73 ）
　4.6　本章小结 ………………………………………………（ 75 ）

第5章　区域旅游格局演化统计监测评价 ……（77）
5.1　全局空间自相关 ……（78）
5.2　局部空间自相关 ……（78）
5.3　标准差椭圆 ……（81）
5.4　旅游经济重心 ……（83）
5.5　旅游经济水平指数 ……（86）
5.6　地理集中指数 ……（89）
5.7　偏离—份额分析法 ……（89）
5.8　本章小结 ……（94）

第6章　区域旅游经济发展趋势预测 ……（97）
6.1　旅游基本面发展预测 ……（99）
6.2　疫情影响下入境旅游人数预测 ……（118）
6.3　本章小结 ……（123）

第7章　区域旅游高质量协同发展对策 ……（126）
7.1　坚决克服新型冠状病毒肺炎疫情负面影响 ……（126）
7.2　深入推进旅游供给侧结构性改革 ……（127）
7.3　着力解决旅游需求侧深层次矛盾 ……（129）
7.4　切实做好旅游治理端顶层设计 ……（131）

第8章　结语 ……（133）
8.1　结论与讨论 ……（133）
8.2　不足与展望 ……（136）

参考文献 ……（139）
附　表 ……（152）

第 1 章 绪论

1.1 研究背景与意义

1.1.1 研究背景

党的十九大报告指出,"中国经济已由高速增长阶段转向高质量发展阶段"(习近平,2019)。这既是新时代中国经济发展的鲜明特征,也是未来中国旅游经济发展的战略指向。旅游经济既是衡量一个地区对外开放程度、知名度、美誉度和国际竞争力的关键指征,也是加快推进文化强省旅游强省和世界重要旅游目的地建设的应有之义,更是服务国家外交战略、增强国际话语权、拓展区域旅游经济发展空间和大力发展服务贸易的重大举措。近年来,面对世界经济复苏乏力、局部冲突和动荡频发、全球性问题加剧的外部环境,特别是我国经济发展进入新常态等一系列深刻变化和汶川地震、新型冠状病毒肺炎疫情等重大突发灾难事件,四川省旅游经济发展稳中有变、变中有忧。旅游经济关键指标全国排名停滞不前,发展水平、质量与北上广、浙江等一线和部分沿海省市差距逐渐拉大。在此背景下,四川旅游发展必须适应新时代、新阶段和新特征的变化,围绕高质量发展的要求,贯彻落实省委十一届三次、四次全会关于"一干多支,五区协同;四向拓展,全域开放"的战略部署,进行发展理论导向和实践取向变革的深入研究,切实提升旅游发展质量,确保2023年接待入境旅游人次、旅游外汇收入双翻番的目标得以实现。

本书积极响应"中央深改会议"和"十九届四中全会"精神,深入领会习近平总书记在中央政治局常委会会议上关于"构建国内国际双循环相互促进的新发展格局"的重要讲话精神,围绕四川省旅游经济和统计改革发展,特别是"一干多支、五区协同"发展战略和疫情防控阻击战中的重大现实问题开展计量研究。既立足当前,精准揭示四川省旅游经济时间序列的季节性与周期性特征,又放眼长远,科学预测新型冠状病毒肺炎疫情后四川省旅游经济恢复周期。

本书内容包括三个层面：区域旅游基本面及时间序列统计监测评价；区域旅游经济时空演化及趋势预测；区域旅游高质量协同发展对策研究。研究重点在于监测评价四川省21个市州及其五大旅游区发展水平的差异性、动态性与季节性特征。研究难点在于其统计监测评价结论的科学性和趋势预测的准确性依赖于从尽可能长的时间跨度予以观测，同时对于不同的统计监测目标，合理时间尺度上旅游统计指标的恰当选择和方法匹配甚为重要。作为跨学科研究，它涉及统计学、空间计量经济学、经济地理学等社会科学的诸多领域。

1.1.2 研究意义

近二十年，亚洲金融危机、"非典"、汶川地震、雅安地震、九寨沟地震、长宁地震等突发灾害性事件造成四川省旅游经济周期性下跌、区域旅游发展不充分不平衡问题突出（孙滢悦，陈鹏，2020）。"十四五"期间，面临新型冠状病毒肺炎疫情等"突发灾难事件"的持续施压，如何科学解读四川省区域旅游发展水平的空间格局及其演变的季节性、动态性和趋势性特征，是实现"一干多支、五区协同"区域旅游重组优化迫切需要解决的基础性科学问题，也是具有重大历史意义与现实价值的命题。本书所关注的核心科学问题相对于已有研究具有以下独到的学术价值和现实意义：

首先，本书的前瞻性与学科交叉性突出，特别是以区域旅游经济差异和旅游季节性问题为核心的"区域旅游发展统计监测评价"研究，有望进一步推动旅游统计学科建设的理论与实践方面取得新突破，对其他区域旅游发展监测评价有较好的借鉴意义。

其次，围绕四川经济社会和统计改革发展中的重大问题开展调查研究，积极响应"一干多支、五区协同"发展战略，科学监测评价区域旅游经济发展情况，对于适时调整旅游经济发展的增长性目标、短期内将旅游指标恢复到疫情发生前水平提供基础数据支撑，有望为区域旅游经济结构性失衡，特别是区域旅游不充分不平衡问题的解决做出新贡献。

综上，本书将有效服务全省旅游经济高质量协同发展，有望为各级党委、政府解决区域旅游经济不充分不平衡问题和充分发挥四川省超大规模旅游市场优势和旅游内需潜力，重组优化"一干多支、五区协同"旅游经济空间，构建国内国际旅游双循环相互促进的新发展格局，特别是加快旅游经济强省和世界重要旅游目的地建设提供科学决策依据。

1.2 学术史梳理及研究动态

"十三五"期间，四川旅游发展不充分不平衡问题突出（李佳，2015；付洪利等，2015；杨霞等，2016；钟美玲等，2018）。在此背景下，区域旅游发展统计监测评价成为统计学、旅游经济学和旅游地理学的重要议题（Saarinen，2003；Li et al.，2015；Higham et al.，2002；邓明，2008；陈晓等，2009；马颖忆等，2011）。这里通过梳理区域旅游经济差异以及旅游季节性问题的学术史及其动态，以关照区域旅游发展统计监测评价研究进展。

1.2.1 区域旅游经济差异统计监测评价

区域旅游经济差异是普遍存在的社会经济现象（Wang，2013；Yang et al.，2014；苏建军等，2017；张子昂等，2016；胡文海等，2015）。研究区域上，主要分为全国、省域、市域等尺度，尤以省域居多（方叶林等，2013；Deng et al.，2011）。例如，冯迎（2016）、王洪桥（2014）对新疆、浙江以及Deng（2011）等对澳大利亚的研究成果。指标选取上，多采用旅游总收入、国内旅游收入和旅游外汇收入（方叶林等，2014；王凯等，2014）。方法上，多采用标准差和变异系数研究旅游经济的绝对差异和相对差异，运用基尼（Gini）系数研究旅游经济总体差异，使用锡尔（Theil）系数衡量地区间和地区内的差异（陈利等，2014；Wang et al.，2013）。近年来，空间计量经济学、经济增长收敛模型（张子昂等，2016）、空间自相关分析法（Majewska，2015）、主成分分析法（禹真等，2016）及探索性空间数据分析法（郭永锐等，2014；Rey et al.，2006）被逐渐引入。

目前，关于四川旅游经济时空差异的研究较少，仅李佳（2015）、付洪利（2015）、杨霞（2016）、钟美玲（2018）、夏赞才（2020）、陈国柱（2020）、肖利斌（2018）等人的成果可供参考。例如，李佳（2015）、付洪利（2015）等较早发现四川21个地市州的旅游资源和旅游经济存在显著的区域差异，特别是旅游资源禀赋与旅游经济水平存在错位。在此基础上，钟美玲等（2018）利用变异系数、基尼系数、旅游经济水平指数和锡尔系数等方法进一步发现四川省旅游经济绝对差异在逐渐变大，相对差异呈波动特征，旅游经济发展速度与发展水平不平衡，五大旅游区间差异大。近年来，夏赞才、李志远（2020）采用重力模型和空间错位指数定量验证了四川省整体上存在旅游空间错位的现象，发现旅游收入、资源、客流重心有不同程度的错位。然而，陈国柱、王成勇（2020）运用 Dagum 基尼系数及其分解方法以及经济增长收敛模型等方法研究四川省旅游经济的地区差异及收敛性，认为旅游经济总体差异呈现缩小趋势。

综上，前人采用多种方法从不同侧面验证了四川省旅游经济时空差异客观存在的现实，但旅游经济时空差异是否表现出显著的收敛性仍有待进一步验证。对此，我们将在本书第 2 章"区域旅游基本面统计监测评价"、第 4 章"区域旅游时空差异统计监测评价"和第 5 章"区域旅游格局演化统计监测评价"中予以讨论。

1.2.2 区域旅游季节性问题统计监测评价

旅游季节性是指由气候变动、季节变迁、自然灾害等自然因素以及宗教、文化、民族公共节假日、学校假期等综合社会因素直接或间接导致的旅游客流、旅游收入等旅游经济指标在一定时域内出现的周期性变动现象。旅游领域对旅游季节性问题积累了一定的研究成果。例如，陆林（2002）以三亚、北海、普陀山、黄山、九华山为例，比较了海滨型与山岳型旅游地客流季节性变动趋势；Koc（2007）以土耳其入境旅游收入的季节变动为基础对客源市场进行了细分；Jang（2004）系统研究了平滑或者降低旅游季节性影响的措施；Cuccia（2011）以意大利西西里（Sicily）为案例，探讨了文化型旅游地旅游季节性问题等。

对季节性因素进行分析时需要计算季节指数（高孝伟等，2006）。季节指数（Seasonality Indexes）是经济行为、人类活动以及自然现象在某一特定季节（观测时域）观测值的平均值与总体平均值的比率，其应用领域主要包括：气候的季节指数（王立坤等，2002）、紫外线指数（魏敏等，2008）、矿产品价格季节指数（廖作鸿，2008）、供电量预测（陈景鹏，2003）、呼入话务量预测（董云耀等，2008）、公路或铁路交通量预测（童明荣等，2008；常丽新，2006）、GDP 季节调整（张鸣芳，2005）等。季节指数分为年度季节强度指数（Annual Concentration Indices）与月度季节指数（Monthly Seasonal Indices）。前者主要通过测算季节性相关系数（Coefficient of Seasonal Variation）、基尼系数或锡尔系数（Gini Indices or Theil Indices）来反映观测值在年季时间尺度上的变动规律，即"年度季节集中性"（Seasonal Concentration Through The Year）（Fernandez-Morales et al.，2008）。由于没有考虑长期趋势，该系列方法是一种传统的按季平均法，仅对季节指数给出了一个点估计量，其实际应用价值有限。后者以 Box 和 Jenkins（1970）提出的 ARIMA（Autoregressive Integrated Moving-Average Model）自回归求积移动平均模型为代表，反映若干年度内的综合季节性趋势

(Seasonal Pattern along the Year)。其他模型还包括 SARIMA、MARIMA、GARCH 等（Song et al.，2008）。

综上，国内外关于旅游的季节性问题积累了较多前期研究成果（Bar-On，1999；朱红兵等，2011），其季节测算方法先后经历了从描述性统计（Descriptive Statistics）向时间序列（Time-series）演变的历程（林飞等，1999；张国庆等，2008），但季节指数在旅游研究中仍属方兴未艾（王跃军等，2006；郭秀英等，2000；刘芳等，2008；王琪洁等，2004；邓明等；2008）。鉴于此，我们将在本书第 3 章"区域旅游时间序列统计监测评价"予以讨论，并延伸至第 6 章"区域旅游经济发展趋势预测"。

1.2.3　区域旅游高质量协同发展研究

以高质量协同发展为核心的区域旅游经济问题是统计学、经济学和地理学所倡导的重要研究方向。区域旅游高质量协同发展研究发端的时间不长，现有研究主要从区域经济差异与预测（陈秀琼等，2006；姜海宁等，2009；万绪才等，2013；孙根年，2005；周彩屏，2008；朱晓华等，2005）、游客行为特征与旅游流（马秀芳等，2006；席建超等，2004；张宏梅等，2009；马耀峰等，2001；刘法建等，2010），特别是入境旅游影响因素等方面展开（Faulkner，Walmsley，2008；Vietze，2012；Soshiroda，2005；Shi et al.，2012；Saayman et al.，2008）。然而，前期研究尚未将区域旅游经济与高质量协同发展作充分对接（魏敏等，2018；陈昌兵，2018；任保平等，2018；冯俏彬，2018），仅全域旅游、乡村旅游、度假区、文旅融合等议题的高质量发展问题研究的成果可供参考，还没有产生较为系统成熟的理论和较好的方法，甚至研究的逻辑框架和方向重点也在争论变化之中（吕家宝，2019；吴侃侃等，2018；杨文江等，2018）。

就四川而言，现有研究侧重于入境旅游流、市场结构、旅游营销几个方面，相关成果的数据较早，方法上也局限于标准差等传统算法，特别是缺乏对四川旅游经济高质量协同发展问题的必要关注（赵永红等，2015；李创新等，2011；朱华，2008；涂建军，2004；陈坤芳，马耀峰，2015；郭建英等，2011；张毓峰等，2008；唐勇等，2017；宋志金，2015；余蓉等，2007；邢泽斌等，2019）。因此，本书第 7 章尝试对此问题予以解答。

综上，区域旅游发展统计监测评价问题是统计学、旅游经济学和旅游地理学所提倡的重要研究方向。该领域研究发端的时间不长，现有研究主要从区域经济差异以及季节性问题的角度展开，它在旅游研究中的应用仍旧方兴未艾。

就四川而言，现有研究缺乏对五大旅游区高质量协同发展的必要关注，这为本书指明了方向。

1.3 研究内容与目的

1.3.1 研究内容

针对区域旅游经济差异和时间序列演化为核心的"区域旅游发展统计监测评价"研究现状与发展趋势，总体研究框架如下：

（1）区域旅游基本面及时间序列统计监测评价。监测评价四川省旅游市场总体情况以及国内、入境和出境三大旅游市场基本面特征，测算四川省21个市州、五大旅游区等不同地理空间尺度的发展速度，揭示四川省入境旅游人次时间序列周期波动特征。

（2）区域旅游经济时空差异演化及趋势预测。测度四川旅游经济的时间差异，监测空间关联度和差异性、局部相关性与方向性，分析入境客源市场集中性与客源市场结构特征，科学预测新型冠状病毒肺炎疫情后四川省旅游经济恢复周期。

（3）区域旅游高质量协同发展对策研究。从坚决克服新型冠状病毒肺炎疫情负面影响、深入推进旅游供给侧结构性改革、着力解决旅游需求侧深层次矛盾和切实做好旅游治理顶层设计等方面，提出促进区域旅游高质量协同发展的对策建议。

1.3.2 研究目的

通过监测评价四川省21个市州及其五大旅游区的基本面，发展水平的时空差异性、时空演化性与周期性、季节性等时间序列特征，阐明区域旅游发展在时间和空间维度上不充分不平衡问题的严重性和紧迫性，科学预测新型冠状病毒肺炎疫情后四川省旅游经济恢复周期，揭示新时代四川区域旅游发展的现状、问题、趋势、机遇和挑战等内容，探索区域旅游高质量协同发展的理论导向和实践取向变革的新思路和新途径，有望为重组优化"一干多支、五区协同"的旅游经济空间，适时调整旅游经济发展的增长性目标，构建国内国际旅游双循环相互促进的新发展格局，特别是保持增长率在中远期的合理预期和短期内将旅游指标恢复到疫情发生前水平提供科学决策依据。

1.4 研究范围与数据来源

1.4.1 研究范围

四川省第十一届委员会第三次全体会议审议通过了《中共四川省委关于深入学习贯彻习近平总书记对四川工作系列重要指示精神的决定》和《中共四川省委关于全面推动高质量发展的决定》，指出实施"一干多支"发展战略，构建"一干多支、五区协同"区域发展新格局。"一干"指成都，"多支"包括环成都经济圈、川南经济区、川东北经济区、攀西经济区，"五区"为成都平原经济区（含成都和环成都经济圈）、川南经济区、川东北经济区、攀西经济区、川西北生态示范区。

根据不同的功能定位或者不同视角，"五区"的具体名称有所差别。《四川省十三五旅游发展规划》中五大区域名称为成都平原核心旅游区、川西北旅游区、川东北旅游区、攀西旅游区、川南旅游区。本书以四川省21个市州和五大旅游区为研究范围，故采用《四川省十三五旅游发展规划》中五大区域的名称，即成都平原核心旅游区（成都、德阳、绵阳、遂宁、乐山、雅安、眉山、资阳）、川西北旅游区（阿坝、甘孜）、川东北旅游区（广元、南充、广安、达州、巴中）、攀西旅游区（攀枝花、凉山）、川南旅游区（自贡、泸州、内江、宜宾）（图1-1）。

成都平原核心旅游区：以建设中国西部最重要入境旅游目的地为目标，抓住成都市建设国家中心城市契机，提升大熊猫、古蜀文明、三国历史文化、都市休闲、时尚购物的国际影响力，推动成都市率先建成世界重要旅游目的地和西部最大的旅游集散中心，构建环成都都市旅游圈和两山两湖及沱江丘区国际休闲度假旅游产业带，辐射带动全省。以成都、乐山、资阳、峨眉山、简阳国家级旅游业改革创新为示范，加快建设全省旅游业改革创新先导区。

川西北旅游区：以建设世界级生态旅游和文化旅游目的地，民族地区全域旅游示范区为目标，重点瞄准欧美日韩等入境旅游市场，加快大九寨、大贡嘎、大亚丁品牌旅游目的地提质增效的速度，培育民族、民俗文化等旅游品牌，全面启动国道318/317川藏世界旅游目的地建设。加快资源优势转化为经济优势，打造一批高端的特种山地旅游、特色乡村旅游和民族生态文化旅游精品。积极发展大众自助自驾旅游，推进航空线路与落地自驾游线路无缝对接。促进川滇藏大香格里拉区域合作，加强旅游城镇以及沿线旅游厕所、旅游医疗应急救援等公共服务设施和交通等基础设施建设。

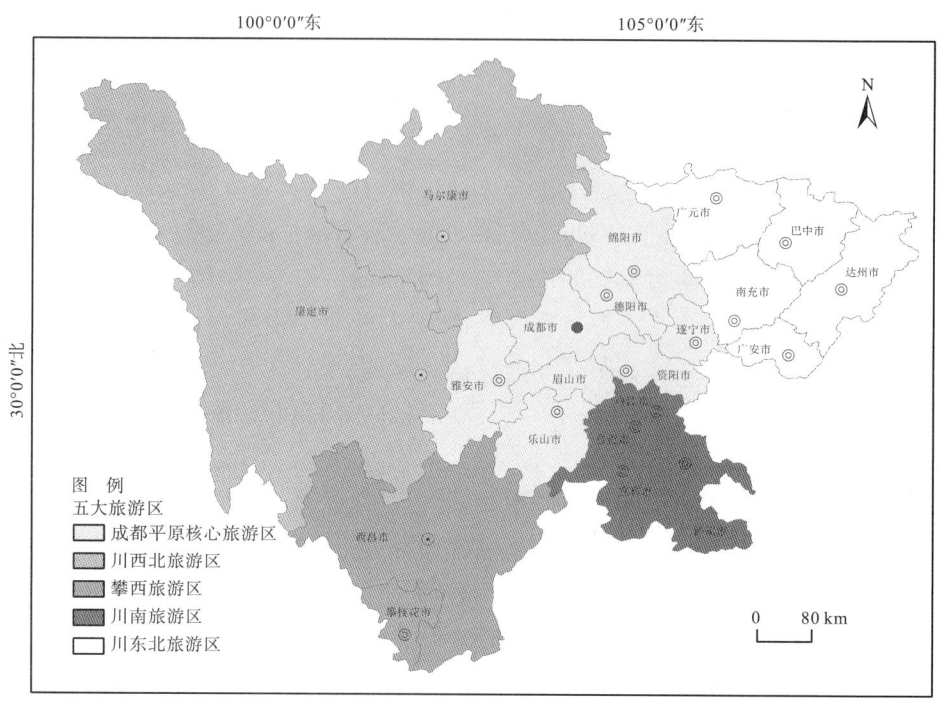

图 1-1　四川省五大旅游区

川东北旅游区：以建设秦巴山地生态旅游、红色旅游和山水休闲度假旅游目的地为目标，以国内客源市场为重点，加快建设中国南方（秦岭南麓）滑雪场项目群和嘉陵江流域文化体验休闲旅游项目群，抓住秦巴山区扶贫攻坚机遇，提升乡村旅游发展，积极创建大巴山国家旅游产业扶贫试验区。推进蜀道申遗和三国历史文化、民宿旅游品牌培育，大力发展"川陕苏区、伟人故里"红色旅游。

攀西旅游区：以建设国际阳光康养旅游度假目的地为目标，积极推动旅游业与阳光康养、生态农业、体育运动、文化创意、影视演艺等融合发展。做好养老、康养市场，重点建设以 G5 京昆高速攀西段为轴线的攀西阳光康养旅游带，以向家坝、溪洛渡等为主体的金沙江、雅砻江上世界高坝峡谷旅游项目群，以汉源、越西、西昌、德昌、米易、会理、会东、攀枝花为代表的阳光度假城市，以泸沽湖摩梭文化、昭觉为龙头的彝族文化旅游精品产品，将四川凉山彝族国际火把节培育成世界性旅游节庆活动。

川南旅游区：以建设南向国际旅游经济走廊为目标，深入推进川南城市群旅游一体化发展，重点服务本地和重庆、云南、贵州游客。结合长江上游生态屏障建设和乌蒙山区扶贫攻坚，推进金沙江流域高坝、峡谷资源综合利用，全面推动生态旅游、乡村旅游、文化旅游发展。围绕长江黄金水道和四川"四江六港"水运体系开发水上旅游产品，大力培育泸州、宜宾为对外旅游开放口岸。

1.4.2　数据来源

选取《四川省旅游统计报表》《四川省旅游统计便览》、四川旅游统计综合管理平台数据、2018 年四川各市州和 12 个国内重要旅游目的地国民经济和社会发展统计公报，以及《四川统计年鉴 2018》《中国统计年鉴》中的旅游总收入、旅游总人数、国内旅游收入、国内旅游人次、入境旅游收入、入境旅游人次、出境旅游人数和年末常住人口数等指标作为基础数据。

1.5　基本思路与研究方法

1.5.1　基本思路

首先，采用同比增长率等指标描绘四川省旅游市场总体情况以及国内、入境与出境三大旅游市场动态特征。其次，使用定基发展速度、环比发展速度揭示不同地理空间尺度时间序列发展速度特征，采用频谱分析法识别周期波动特征，运用月度季节指数揭示指标的季节性特征。再次，运用标准差、变异系数、Gini 系数、Theil 系数、年均增长率测度四川旅游经济的时间差异。从次，运用全局空间自相关指数、局部自相关指数、Moran's I 散点图、LISA 集聚图与标准差椭圆、旅游经济重心、旅游经济水平指数，以及地理集中性指数和偏离－份额分析，分析空间关联度、差异性、方向性和客源市场特征。最后，采用 Holt-Winters 模型、ARIMA 模型对旅游经济时间序列发展趋势予以预测。

1.5.2　研究方法

综合运用标准差、变异系数、Gini 系数测度、Theil 系数、全局空间自相关指数、局部空间自相关指数、季节性强度指数、ARIMA 模型等统计学、旅游经济学、旅游地理学，特别是空间计量经济学等定量研究方法，采用 IBM SPSS、MATLAB、ArcGIS、GeoDa 等分析工具，通过历史考察与理论分析相结合，实证研究和数据分析相渗透的方法进行研究。

1.6 重点难点与创新

1.6.1 重点难点

研究重点：监测评价四川省 21 个市州及其五大旅游区发展水平的差异性、动态性与季节性和趋势性特征，并探索区域旅游发展统计监测评价的新路径和新方法。

研究难点：作为跨学科研究，本研究涉及自然科学与社会科学的诸多领域，需要整合统计学、空间计量经济学、经济地理学各个领域学者的集体智慧，协同攻关；研究结论的科学性依赖于从尽可能长的时间跨度予以监测评价，这对四川省以及市州旅游统计数据的全面收集提出了较高要求；对于不同的统计监测目标，合理时间尺度上对旅游统计指标的恰当选择甚为重要，要求对多个指标进行对比性测算，加大了统计监测的工作量。

1.6.2 创新之处

本书深入研究新时代四川区域旅游发展的现状、问题、趋势、机遇和挑战等内容，着力探索入境旅游高质量协同发展的理论导向和实践取向变革的新思路和新途径，相对于已有研究，其学术思想、学术观点、研究方法等方面的特色和创新之处在于：

第一，从时空耦合的角度，以区域旅游经济差异和旅游季节性问题为核心，开展区域旅游发展统计监测评价，是独特的研究视点，突破了发展速度、增长速度等传统算法，由此步入空间计量统计研究的新视域。

第二，选取四川入境旅游收入、入境旅游人次等前人在四川旅游经济时空差异领域所忽略的指标，并将部分数据更新至 2019 年，这将是全面认识四川国际旅游目的地发展时空格局的最新实证研究成果。

第三，研究方法力求体现跨学科研究的特色，同时具备研究内容和研究团队的交叉和融合，综合使用 20 余种监测评价指标或方法，并引入空间计量经济学方法，融合了空间与定量数据的分析路径，试图提供一个综合的现实图景。

第 2 章　区域旅游基本面统计监测评价

区域旅游基本面是旅游经济统计监测评价的基础性科学问题（陈晓等，2009；叶护平等，2005；滕飞等，2017；He et al.，2004；Massidda et al.，2012；Wang et al.，2013；Iliev，2018）。依据研究的空间尺度，可分为全国、区域、省域、市域。陆林（2005）、陈刚强（2011）等从全国尺度揭示了旅游经济时空分布差异与演变特征；靳诚（2007）、曾鹏（2012）、毕丽芳（2013）、钟学思（2015）等分别对长三角地区、中国十大城市群、西北地区、珠江－西江经济带等跨区域城市旅游规模差异进行研究；李洪娜（2010）、周彩屏（2010）、柳百萍（2011）、赵磊（2011）、刘军胜（2012）、唐承财（2014）等分别研究了辽宁、浙江、江苏、江西、山东等省的旅游经济水平差异。指标选取多采用旅游总收入、国内旅游收入、旅游外汇收入和国内生产总值。方法上，多采用标准差、变异系数、基尼系数、泰尔指数、敛散性研究、探索性空间数据分析（ESDA）等定量研究方法（陆林等，2005；杨风等，2018；Martin，et al.，1999；Kim，et al.，2001）。

近年来，关注四川旅游经济的相关研究较少，仅杨霞（2012）、聂桢祯（2013）、钟美玲（2018）、陈国柱（2019）等人的成果可供参考。杨霞（2012）、钟美玲（2018）、陈国柱（2019）均指出了四川旅游经济区域差异明显的重要特征。研究发现，四川省五大旅游区主要旅游经济指标呈上升趋势，但区域发展不平衡问题凸显。"非典"（2003 年）、汶川地震（2008 年）、雅安地震（2013 年）、九寨沟地震（2017 年）、新型冠状病毒肺炎疫情（2019 年）等重大突发性灾难事件极大地制约了区域旅游高质量协同发展（McAleer，et al.，2010；Rosselló，et al.，2020；Qiu，et al.，2020；马丽君，2009；孙根年等，2011）。

鉴于此，选取四川省的旅游总收入、国内旅游收入、国内旅游人次、旅游外汇收入、入境旅游人次、出境旅游人次等观测指标，监测评价四川省旅游市场总体情况以及国内、入境和出境三大旅游市场数据，揭示旅游经济发展基本面特征。

本章数据使用情况如下：四川省区域旅游总收入特征分析采用2010—2019年四川省旅游总收入和2011—2018年四川省21市州旅游总收入；国内旅游基本面分析采用2010—2019年四川省国内旅游收入和国内旅游人次、2011—2018年四川省21市州国内旅游收入和国内旅游人次；入境旅游基本面分析采用1997—2019年四川省入境旅游人次，2014—2018年国内重要旅游目的地城市（天津、南京、昆明、青岛、武汉、重庆等12个）的入境旅游收入和入境旅游人次，2011—2018年四川省21市州入境旅游收入和入境旅游人次；出境旅游市场基本面分析采用2011—2019年四川省出境旅游人数和2011—2017年四川游客前往俄罗斯旅游人数。

2.1　四川省区域旅游总收入特征

2018年，四川全年实现旅游总收入10112.75亿元，同比增长13.3%，首次迈入旅游"万亿级"产业集群，成为全国5个旅游万亿产业省份之一。从2014年四川旅游总收入首次实现一年增收1000亿元，到2018年首次突破万亿元、迈入"万亿级"产业集群，仅用了五年时间。2019年四川旅游总收入成绩斐然，累计实现旅游总收入11594.32亿元，同比增长14.7%，占全省GDP（46615.80亿元）的24.9%，与去年同期（24.9%）持平。

近十年，四川省旅游总收入同比增长率波动特征显著。首个下行拐点出现于2013年（18.2%），此后两年大幅反弹，但2016年（24.1%）伊始再次出现连续下滑，至2019年（14.7%）略有回升。需要注意的是，2018年全省旅游总收入同比增长率（13.3%）是自2010年来的最低水平（图2-1）。

2017—2019年四川省旅游总收入按季度对比表明，每年第三季度占比最高，第四季度占比最低。各季度四川省旅游总收入持续增加，2019年第三季度旅游总收入指标创近年来单季新高，旅游总收入3315.28亿元，同比增长14.4%。与2017年和2018年各季度旅游总收入同比增长率相比，2019年第三、四季度旅游总收入同比增长最快，分别为14.4%、16.3%；第二季度旅游总收入同比增长呈递减趋势；第一季度旅游总收入同比增长存在小幅波动（图2-2）。

2015—2019年数据显示，四川省旅游总收入月度数据淡旺季特征明显。2月、3月、6月、9月、10月为旺季，1月、4月、11月、12月为淡季，5月、7月、8月为平季。2019年9月旅游总收入再创新高（1445.42亿元），占全年的12.5%，达到了近年来单月旅游总收入最大值（图2-3）。

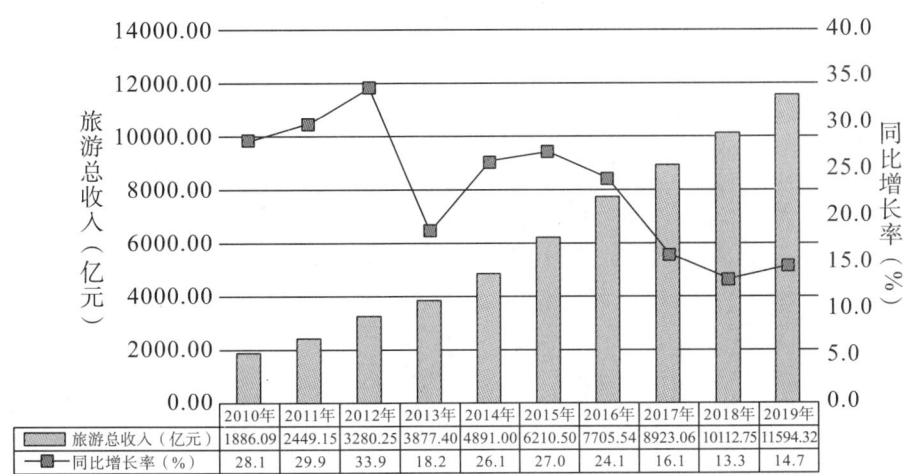

图 2-1　四川省旅游总收入按年柱状对比图（2010—2019 年）

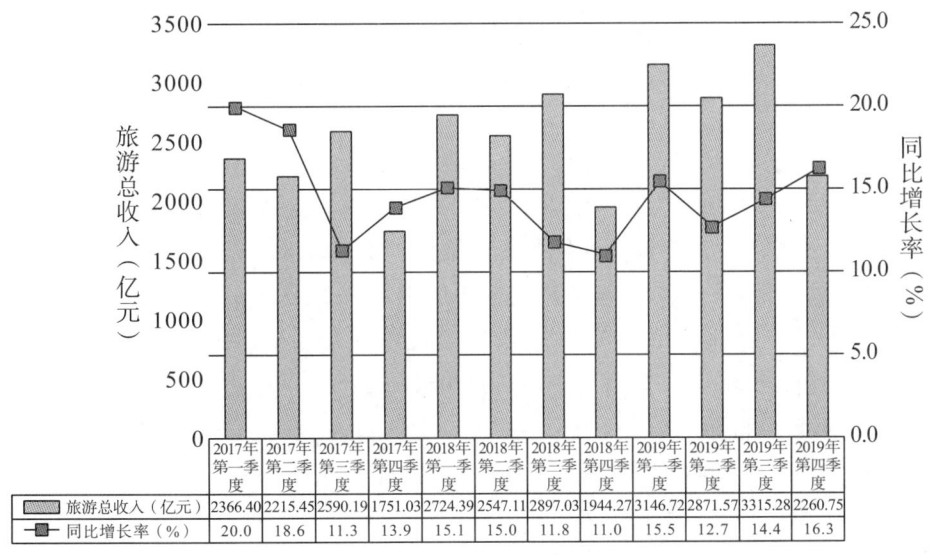

图 2-2　四川省旅游总收入按季柱状对比图（2017—2019 年）

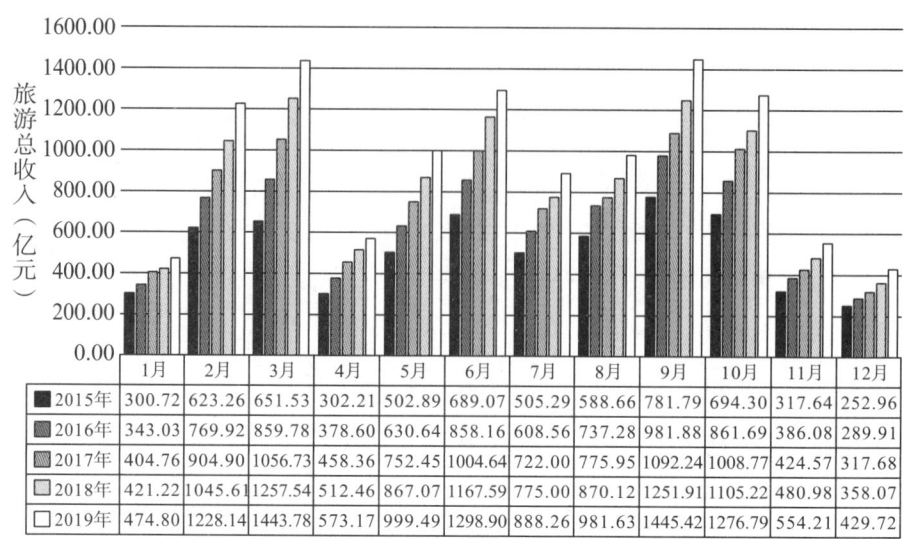

图2-3 四川省旅游总收入按月柱状对比图（2015—2019年）

2015—2018年旅游总收入月均同比增长率逐年下降，于2019年有所回升。2019年旅游总收入月均同比增长率（14.7%）高于2018年（12.6%）2.1个百分点，2018年旅游总收入月均同比增长率（12.6%）低于2017年（15.6%）3个百分点，2017年旅游总收入月均同比增长率（15.6%）低于2016年（23.0%）7.4个百分点，2016年旅游总收入月均同比增长率（23.0%）低于2015年（26.5%）3.5个百分点。其中，2017年旅游总收入月均同比增长率下滑最严重，且2017年8月旅游总收入同比增长率涨幅较小（5.2%），或因2017年8月8日九寨沟地震所影响（图2-4；附表2-1）。

除阿坝州外，2018年全省各地区旅游总收入稳步增长，但增势放缓。南充（26.3%）、成都（22.2%）、达州（22.1%）等8个市州较2017年同期有所增长，其他市州均出现下滑。尤以泸州和德阳下滑最为严重，分别下跌17.3和14.8个百分点（图2-5；附表2-2；附表2-3）。

旅游总收入区域差异明显。2016—2018年除成都市外，排名前三的分别是乐山市、宜宾市和绵阳市，而达州市、资阳市、阿坝州排名靠后。其中，2018年成都市旅游总收入达3712.60亿元，同比增长22.2%，占全省旅游总收入的31.1%；其次是乐山市旅游总收入为892.60亿元，同比增长16.1%，占全省旅游总收入的7.5%；而排名最末的阿坝州旅游总收入只有165.62亿元，同比增长-29.6%，仅占全省旅游总收入的1.4%（图2-5；附表2-2）。

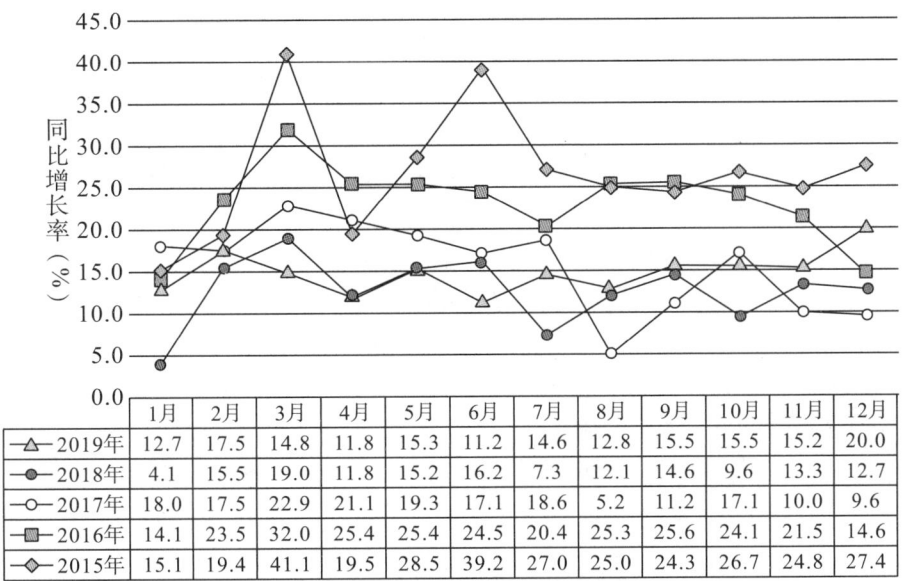

图 2-4　四川省旅游总收入同比增长率按月折线对比图（2015—2019 年）

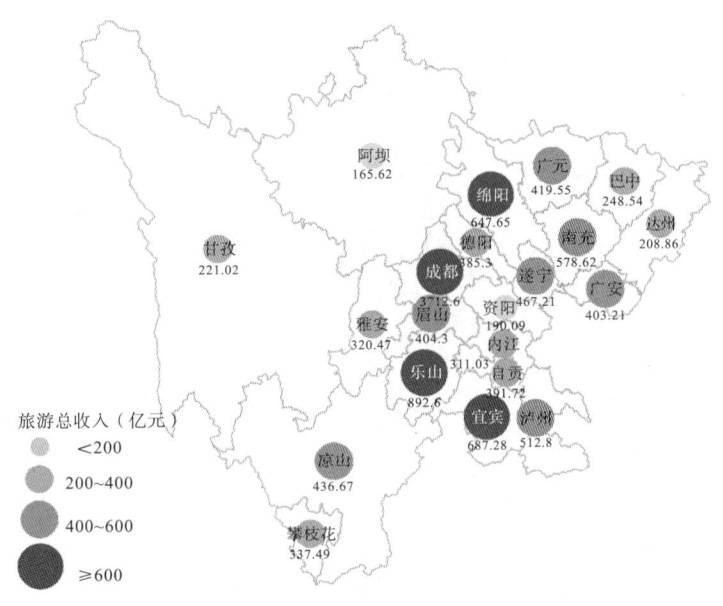

图 2-5　四川省内地市州旅游总收入水平地理空间分布图（2018 年）

与 2017 年相比，2018 年有 8 个市州占全省旅游总收入的比重呈增大趋势，6 个市州的占比保持不变，7 个市州的占比呈现下降趋势。其中，成都占全省旅游总收入的比重从30.6%增至31.1%，宜宾从5.4%增至5.8%，德阳从2.9%增至3.2%，南充和甘孜增幅为0.2个百分点，凉山、广元、雅安增幅为0.1个百分点；市州旅游总收入占全省比重不变的是绵阳（5.4%）、遂宁（3.9%）、攀枝花（2.8%）、巴中（2.1%）、达州（1.7%）和资阳（1.6%）；阿坝占比降幅为1个百分点，乐山、眉山降幅为0.2个百分点，其余4市降幅均为0.1个百分点（附表2-3）。

2018年，成都平原核心旅游区旅游经济总量达7020.22亿元，增速为21.4%，占全省比重为58.78%，较上年占比上升0.55个百分点；川南旅游区达1902.82亿元，增速为20.1%，占全省比重为15.93%，较上年占比下跌0.02个百分点；川东北旅游区达1858.78亿元，增速为21.9%，占全省比重为15.56%，较上年占比上升0.22个百分点；攀西旅游区达774.17亿元，增速为20.9%，占全省比重为6.48%，较上年占比上升0.04个百分点；川西北旅游区达386.64亿元，增速为-3.4%，占全省比重为3.24%，较上年占比下跌0.79个百分点（图2-6；图2-7；附表2-4；附表2-5）。

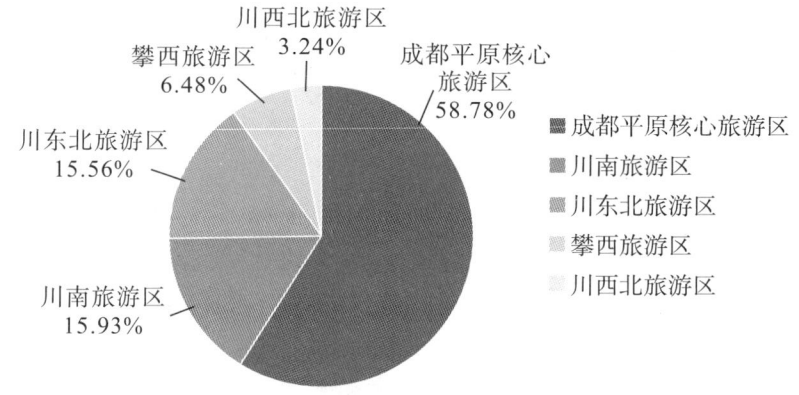

图2-6 四川省五大旅游区旅游总收入饼状图（2018年）

成都平原核心旅游区旅游经济总量大，旅游总收入占全省一半以上。2011—2018年除川西北旅游区外，其余四区旅游总收入均呈逐年递增趋势。川南旅游区、川东北旅游区和攀西旅游区旅游市场运行良好，增长动力充足。然而，川西北旅游区极易受到自然灾害等不确定因素影响，旅游总收入在2016年增长达最大值后呈下降趋势（图2-7）。

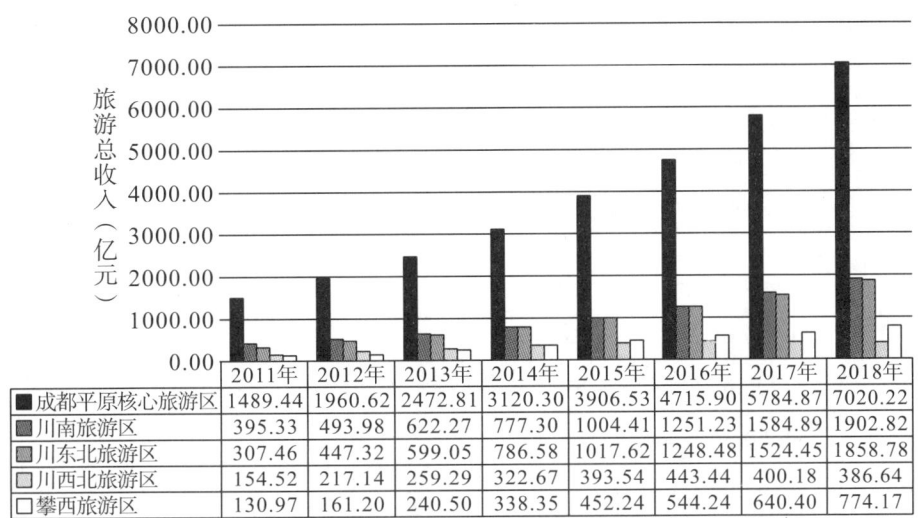

图2-7 四川省五大旅游区旅游总收入柱状对比图（2011—2018年）

2.2 四川省国内旅游经济基本面

2.2.1 国内旅游经济稳步增长

2011—2019年，四川省国内旅游人次增长放缓，但国内旅游收入稳步递增。2019年累计接待国内旅游人数7.51亿人次，同比增长7.0%；实现国内旅游收入11454.48亿元，同比增长14.4%。2019年累计接待国内旅游人次是2010年的2.77倍，国内旅游收入是2010年的6.15倍。

四川省国内旅游人次在2011年同比增长率达最大值，此后持续放缓，该项指标于2019年有所回升。2010年累计接待国内旅游人数2.71亿人次，同比增长23.8%。2011年累计接待国内旅游人数3.50亿人次，同比增长28.9%，是近10年来国内旅游人次同比增长率的最大值。随后国内旅游人次增速持续7年放缓（2012—2018年），其中2013年同比增长率（12.1%）下滑幅度最大，相较上年下跌12.1个百分点。需要注意的是，2018年累计接待国内旅游人数7.02亿人次，同比增长4.9%，是近10年来同比增长率的最小值。2019年国内旅游人次同比增长率（7.0%）略微有所回升（图2-8；附表2-6）。

四川省国内旅游收入逐年递增，但同比增长率波动特征明显。同比增长率首个下行拐点出现于2013年（18.6%），此后两年大幅反弹，2016年（23.8%）

伊始再次出现连续下滑，至 2019 年（14.4%）略有回升。2018 年全省国内旅游收入同比增长率（13.5%）是自 2010 年来的最低水平。该种局面出现的原因可能是 2017 年 8 月 8 日 21 时 19 分发生的九寨沟地震以及 2018 年 6 月 25 日九寨沟景区暴发的严重山洪泥石流灾害。为有效应对山地自然灾害，九寨沟景区采取临时性闭园措施，暂停接待游客，历经两年时间恢复重建（图 2-9）。

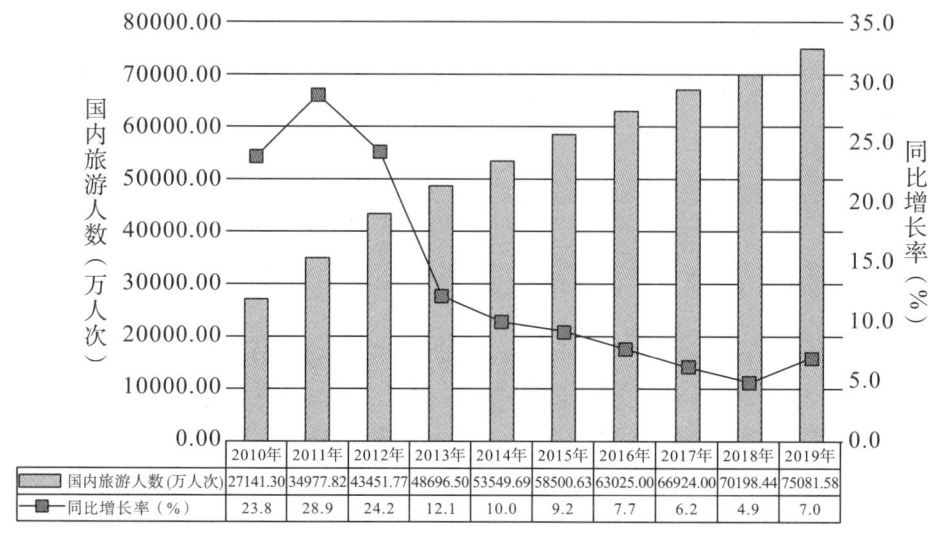

图 2-8　四川省国内旅游人次按年柱状对比图（2010—2019 年）

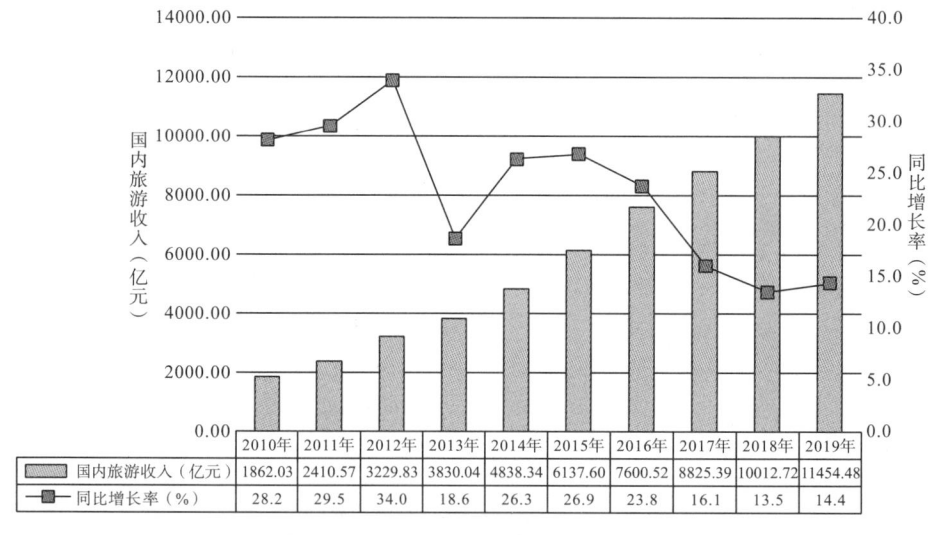

图 2-9　四川省国内旅游收入按年柱状对比图（2010—2019 年）

接待国内旅游人数按季对比表明：近年来，第一季度接待国内旅游人数最多，第四季度接待国内旅游人数最少。2019年第一季度接待国内旅游人数指标创近年单季新高（23825.16万人次），第四季度（13.10%）全省累计接待国内旅游人数同比增长最快，第二季度（2.56%）为近年来同比增长率最低水平（图2-10）。

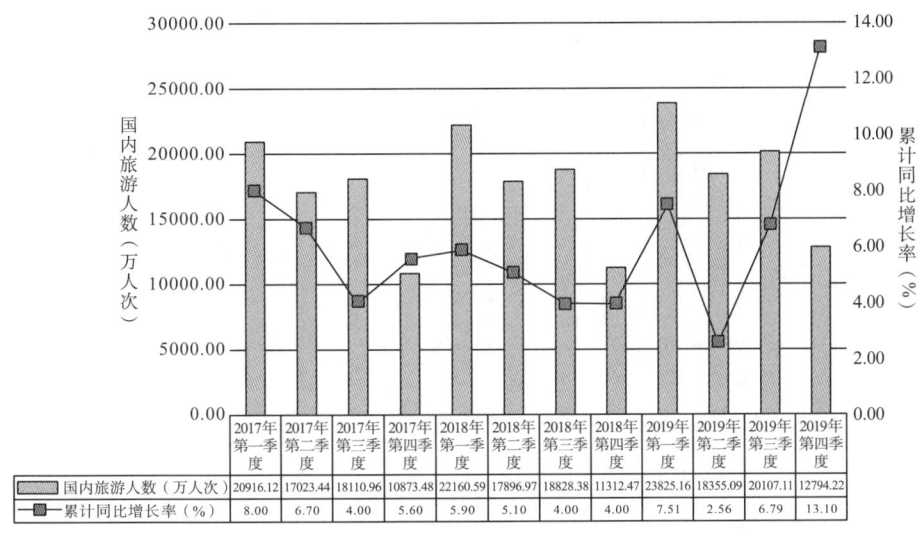

图2-10 四川省国内旅游人数按季柱状对比图（2017—2019年）

2016—2019年接待国内旅游人数及其同比增长率月度数据对比表明，接待国内旅游人次极小值出现于每年的12月，该月同比增长率波动较大。2017年10月（4.2%）和11月（5.4%）同比增长率均低于上年水平，但12月增速（48.3%）大幅回升，远高于上年水平（-62.2%）。2018年10月（4.3%）和11月（7.5%）同比增长率均高于上年水平，但12月增速（-29.8%）却大幅下降，远低于上年水平（48.3%）。2019年10月（7.2%）和11月（9.4%）同比增长率均高于上年同期，且12月（239.9%）出现强势反弹（图2-11）。

2016年国内旅游收入同比增长率有10个月皆高于近五年同期水平；相较而言，2015年该项指标有7个月低于近五年同期水平。2017年累计实现国内旅游收入8825.39亿元。除8月（5.2%）、9月（11.1%）、11月（10.0%）外，同比增长率均保持在17%~23%水平。2018年累计实现国内旅游收入10012.72亿元，其中1月（3.6%）、7月（7.4%）、10月（9.6%）为近五年同期同比增长率最低水平。2019年累计实现国内旅游收入11454.48亿元，其中3月实现1435.05亿元，为近年来该项指标月度最大值（图2-12）。

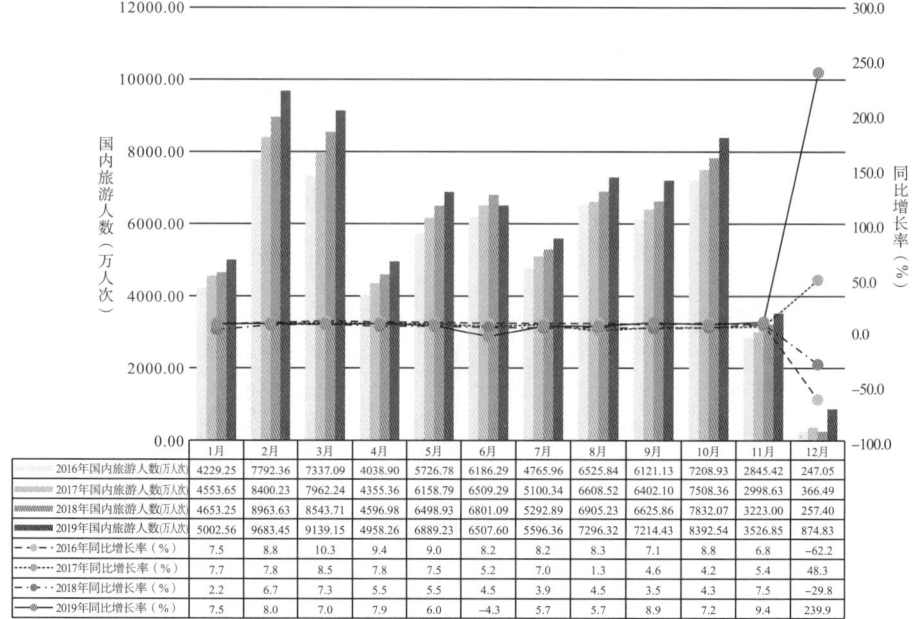

图 2-11 四川省国内旅游人数与同比增长率按月柱状对比图（2016—2019 年）

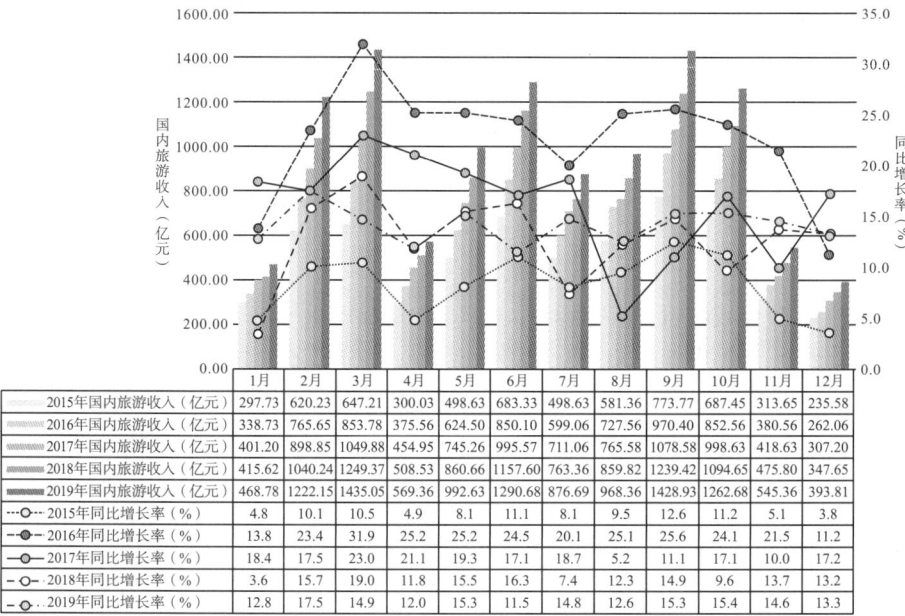

图 2-12 四川省国内旅游收入与同比增长率按月柱状对比图（2015—2019 年）

2.2.2 国内旅游区域差异明显

2016—2018 年，除成都外，排名前三的分别是乐山、宜宾和绵阳，达州、资阳、阿坝排名靠后。2018 年，成都实现国内旅游收入 3616.87 亿元，同比增长 22.8%，占四川省国内旅游收入的 30.5%；其次是乐山（889.47 亿元），同比增长 16.2%，占全省国内旅游收入 7.5%；排名最末的阿坝（165.59 亿元），较上年同比增长率减少 29.4%，仅占全省国内旅游收入的 1.4%（图 2-13；附表 2-2；附表 2-7）。

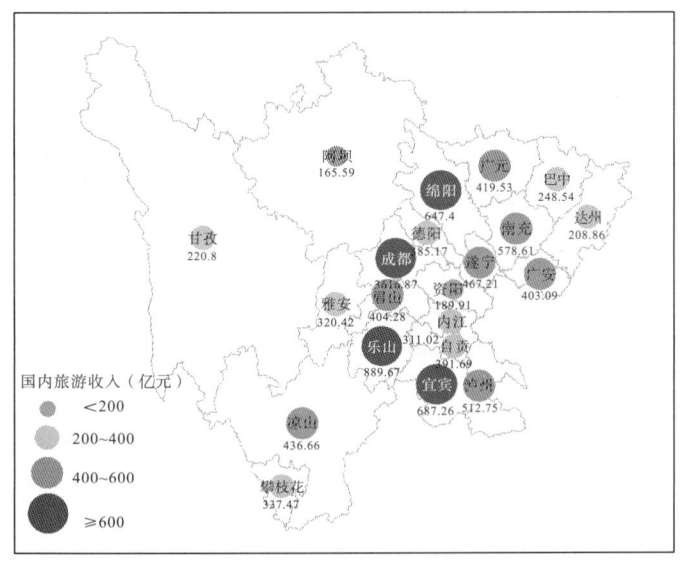

图 2-13　四川省内地市州国内旅游收入水平地理空间分布图（2018 年）

2018 年有 10 个市州占四川省国内旅游收入的比重较上年有所增加，5 个市州的占比保持不变，7 个市州的占比略微下降。成都的比重从 30.0% 增至 30.5%，宜宾从 5.5% 增至 5.8%，绵阳从 5.4% 增至 5.5%。南充（26.3%）、成都（22.8%）、凉山（20.9%）等 8 个市州同比增长率高于 2017 年水平，其他 13 个市州均出现不同程度的下滑。其中，泸州和德阳的下滑最为严重，分别下降 17.3 和 14.8 个百分点。

2016—2018 年，成都、乐山、宜宾、绵阳和南充在四川省各市州国内旅游收入排名中稳居前五。2017 年，德阳上升 4 位，凉山和眉山各上升 2 位，遂宁、自贡、广元、甘孜各上升 1 位，阿坝下降 10 位，广安和资阳各下降

1位，泸州、攀枝花、雅安、内江、巴中和达州排名与2016年保持一致。2018年，广元上升3位，甘孜上升2位，雅安、巴中、资阳各上升1位，阿坝下降4位，眉山、广安、自贡、内江各下降1位，泸州、遂宁、凉山、德阳、攀枝花、达州排名与2017年保持一致（附表2-7）。

2.2.3 国内客源市场结构稳定

2018年四川省纳入统计范围内的旅行社数据显示，国内客源地集中在重庆、贵州、云南和陕西等邻近省市。长三角经济圈中的上海、浙江和江苏；环渤海经济圈的北京、天津和河北；珠三角的广东，华南地区的海南、福建和中部的湖南也是四川省的重要国内客源地。旅行社接待国内游客排名前十五位的省市包括：四川、重庆、上海、北京、贵州、云南、陕西、广东、湖南、浙江、江苏、天津、河北、福建和湖南。

与2017年同期相比，2018年旅行社接待游客省市排名出现小幅变动。四川、重庆、上海、北京、江苏和河北的排名保持不变；贵州上升5位，陕西上升8位；云南、湖南和浙江均下降1位，广东、福建和海南均下降2位，天津下降4位（表2-1）。

表2-1 四川省内旅行社接待国内游客人数分省份前十五位情况表（2017—2018年）

2017年				2018年			
省份	序号	累计接待人数（万人次）	同比增长率（%）	省份	序号	累计接待人数（万人次）	同比增长率（%）
四川	1	272.64	16.5	四川	1	262.41	-3.6
重庆	2	33.90	37.5	重庆	2	38.85	14.7
上海	3	27.62	-6.5	上海	3	23.35	-13.7
北京	4	24.63	-7.6	北京	4	22.05	-10.3
云南	5	16.88	-8.8	贵州	5	15.48	42.1
广东	6	15.81	-10.6	云南	6	13.61	-19.4
海南	7	14.01	-2.8	陕西	7	12.06	89.7
天津	8	12.04	-28.9	广东	8	12.00	-24.1
浙江	9	10.95	-9.9	海南	9	10.40	-25.8
贵州	10	10.89	28.2	浙江	10	10.21	-6.8

续表2-1

2017年				2018年			
省份	序号	累计接待人数（万人次）	同比增长率（%）	省份	序号	累计接待人数（万人次）	同比增长率（%）
江苏	11	10.15	-13.3	江苏	11	8.98	-11.6
福建	12	9.09	-9.6	天津	12	8.96	-25.6
河北	13	8.00	-12.0	河北	13	7.53	-5.9
湖南	14	7.98	7.9	福建	14	6.45	-29.0
陕西	15	6.36	1.7	湖南	15	6.17	-22.7

2018年四川省接待贵州和陕西旅游人数呈爆发式增长，但福建、天津和海南等12省市降幅明显。2017年12月6日西成高铁开通促使陕西赴川游客人数大幅增加，当年陕西入川游客人数同比增速（89.7%）居首位，其次为贵州（42.1%）和重庆（14.7%）。相较而言，四川（-3.6%）、浙江（-6.8%）、河北（-5.9%）同比小幅下降，上海（-13.7%）、北京（-10.3%）、云南（-19.4%）、广东（-24.1%）、海南（-25.8%）、江苏（-11.6%）、天津（-25.6%）和湖南（-22.7%）同比降幅较大，福建（-29.0%）下降近三成。由此，需要关注上述国内客源市场同比下跌严重、增长乏力的省市（图2-14）。

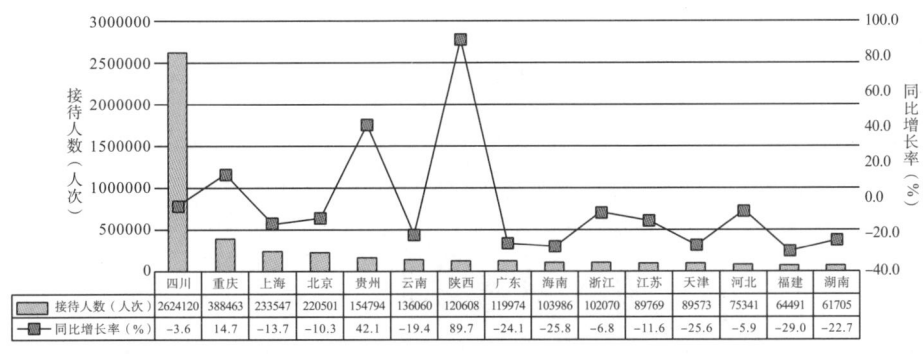

图2-14　2018年四川省接待国内游客人数分省份前十五位（累计排序）

2.2.4　五大旅游区发展不均衡

2018年，成都平原核心旅游区实现国内旅游收入6920.73亿元，接待国内游客人数56496.03万人次，分别占全省总量的58.44%、51.58%；川南旅游区实现国内旅游收入1902.72亿元，接待国内游客人数20640.76万人次，分别占全省总量的16.07%、18.85%；川东北旅游区实现国内旅游收入1858.63亿元，接待国内游客人数20585.37万人次，分别占全省总量的15.69%、18.80%；攀西旅游区实现国内旅游收入774.13亿元，接待国内游客人数7217.50万人次，分别占全省总量的6.54%、6.59%；川西北旅游区实现国内旅游收入386.39亿元，接待国内游客人数4581.94万人次，分别占全省总量的3.26%、4.18%（图2-15；图2-16；表2-2）。

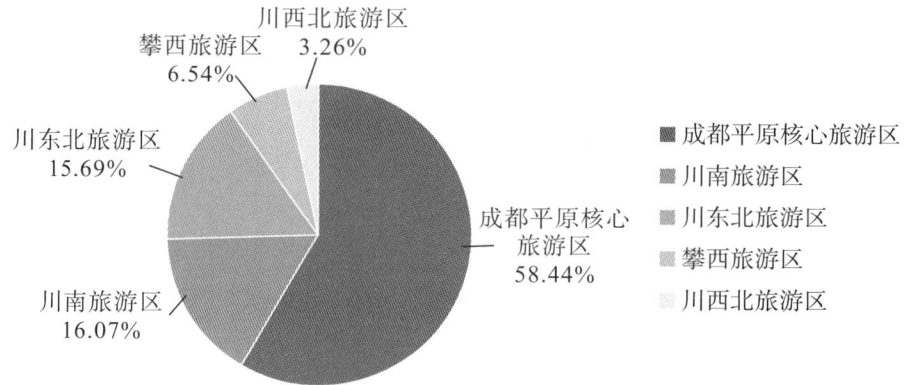

图2-15　2018年四川省五大旅游区实现国内旅游收入饼状图

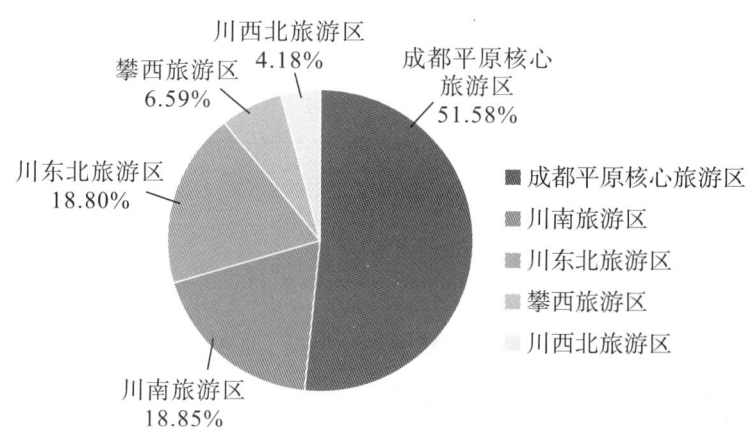

图2-16　2018年四川省五大旅游区接待国内旅游人数饼状图

表2-2 2018年四川省五大旅游区国内旅游接待人数和收入情况表

地区	国内游客人数			国内旅游收入		
	万人次	同比增长率（%）	占比（%）	亿元	同比增长率（%）	占比（%）
四川省	70198.44	4.9	100.0	10012.72	13.5	100.00
成都市	24017.29	16.0	21.93	3616.87	22.8	30.54
德阳市	4332.50	29.7	3.96	385.17	35.2	3.25
绵阳市	6383.40	20.6	5.83	647.40	21.4	5.47
遂宁市	4971.36	14.1	4.54	467.21	21.3	3.95
资阳市	2549.97	13.6	2.33	189.91	17.3	1.60
眉山市	4790.71	10.0	4.37	404.28	13.4	3.41
乐山市	5710.22	11.9	5.21	889.47	16.2	7.51
雅安市	3740.58	17.2	3.42	320.42	25.6	2.71
成都平原核心旅游区	56496.03	16.3	51.58	6920.73	21.7	58.44
内江市	4286.88	10.0	3.91	311.02	18.1	2.63
自贡市	4620.41	14.8	4.22	391.69	14.9	3.31
泸州市	5198.37	5.3	4.75	512.75	16.1	4.33
宜宾市	6535.10	25.2	5.97	687.26	27.6	5.80
川南旅游区	20640.76	14.2	18.85	1902.72	20.1	16.07
南充市	5736.50	19.6	5.24	578.61	26.3	4.89
达州市	2831.08	26.8	2.58	208.86	22.1	1.76
巴中市	2936.81	11.7	2.68	248.54	18.4	2.10
广元市	5028.86	11.4	4.59	419.53	25.4	3.54
广安市	4052.12	4.5	3.70	403.09	14.9	3.40
川东北旅游区	20585.37	14.0	18.80	1858.63	21.9	15.69
攀枝花市	2566.36	10.7	2.34	337.47	20.8	2.85
凉山州	4651.14	5.2	4.25	436.66	20.9	3.69
攀西旅游区	7217.50	7.1	6.59	774.13	20.9	6.54
阿坝州	2369.47	-18.4	2.16	165.59	-29.4	1.40
甘孜州	2212.47	34.0	2.02	220.80	34.4	1.86
川西北旅游区	4581.94	0.6	4.18	386.39	-3.1	3.26

成都平原核心旅游区旅游经济总量大，是四川省旅游经济发展的重要支柱地区。2014年，接待国内旅游人数35518.38万人次，实现国内旅游收入3070.83亿元。2015年，接待国内旅游人数39989.22万人次，实现国内旅游收入3836.66亿元。2016年，接待国内旅游人数43223.52万人次，实现国内旅游收入4613.01亿元。2017年接待国内旅游人数48587.27万人次，实现国内旅游收入5688.79亿元。2018年，接待国内旅游人数56496.03万人次，国内旅游收入比2014年增加了一倍多，达到6920.73亿元（图2-17）。

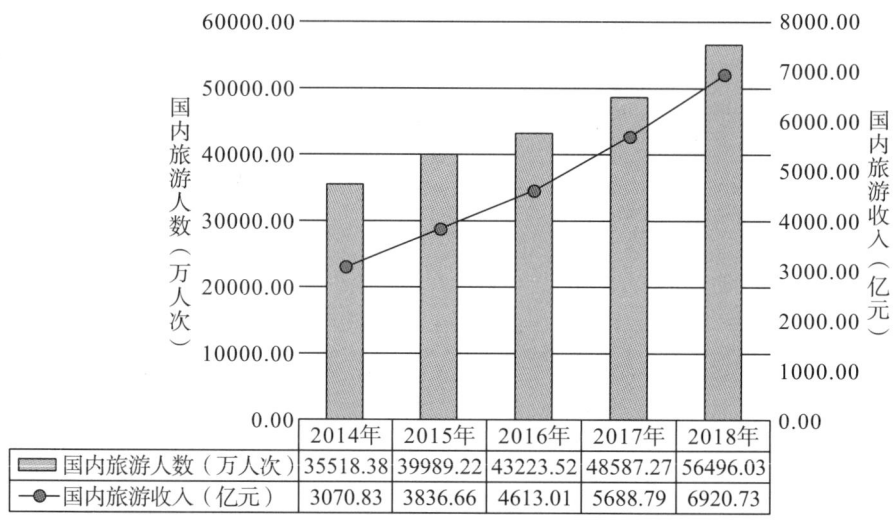

图2-17 成都平原核心旅游区国内旅游人数与旅游收入柱状对比图
（2014—2018年）

成都平原核心旅游区所辖8市发展极不均衡。2014—2018年，成都实现国内旅游收入占全省的1/4，占该区域的1/2，首位城市地位十分稳固。2014—2018年，成都累计接待国内游客10.18亿人次，占该区域比重的45.49%；其次分别是乐山和绵阳，分别占该区域比重的10.02%和9.87%；遂宁、眉山、德阳、雅安分别占该区域比重的8.40%、8.18%、6.44%、6.02%；资阳累计接待国内游客1.25亿人次，占该区域比重的5.59%，为该区域最低（图2-18；附表2-7；附表2-8）。

近五年，川南旅游区接待国内旅游人数和实现国内旅游收入指标均稳步递增。2014年，接待国内旅游人数9698.36万人次，实现国内旅游收入777.17亿元。2015年，接待国内旅游人数12132.07万人次，实现国内旅游收入1004.19亿元。2016年，接待国内旅游人数14384.83万人次，实现国内旅游收入 1251.08 亿元。2017 年，接待国内旅游人数 18077.03 万人次，实现国内旅游收入 1584.78 亿元。2018 年，接待国内旅游人数 20640.76 万人次，实现国内旅游收入 1902.72 亿元（图 2-19）。

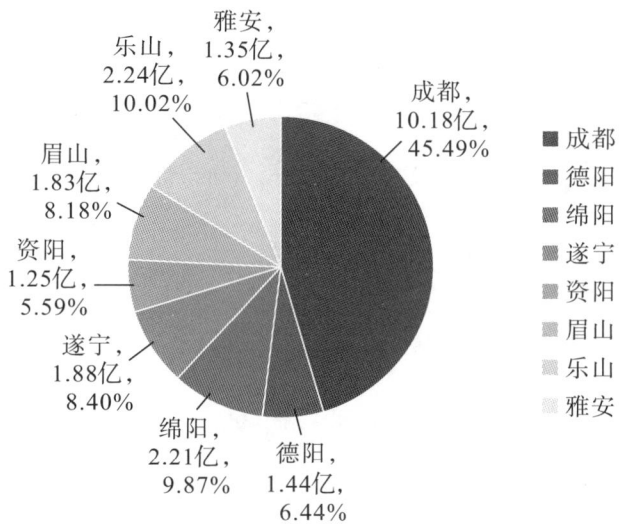

图 2-18 成都平原核心旅游区 8 市累计接待国内旅游人数饼状对比图
（2014—2018 年）

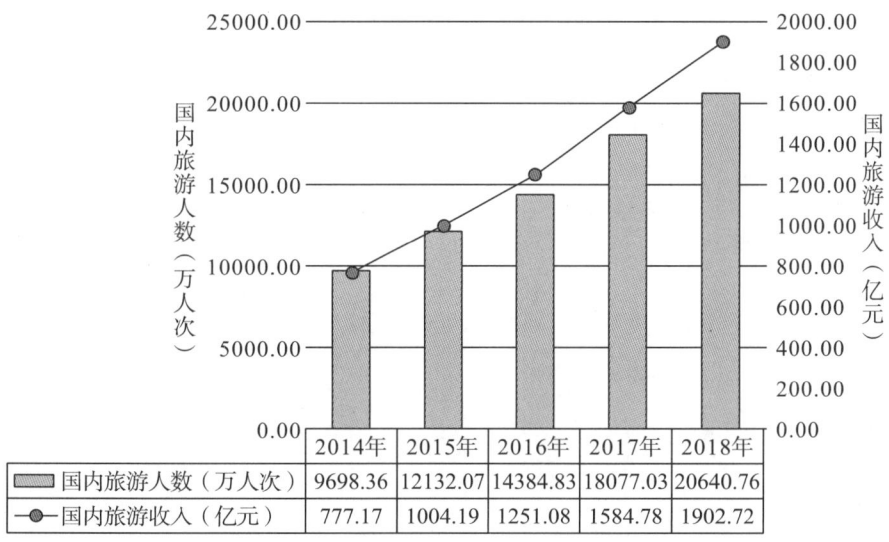

图 2-19 川南旅游区国内旅游人数与旅游收入柱状对比图（2014—2018 年）

川南旅游区国内旅游市场发展较为平衡。2014—2018 年，宜宾累计接待国内旅游人数 2.23 亿人次，占该区域的 29.82%，略领先于其他三市；泸州累计接待国内旅游人数 1.95 亿人次，占该区域的 26.08%；自贡累计接待国内旅游人数 1.66 亿人次，占比 22.20%；内江累计接待国内旅游人次最少（1.64 亿人次），占比 21.89%（图 2－20；附表 2－7；附表 2－9）。

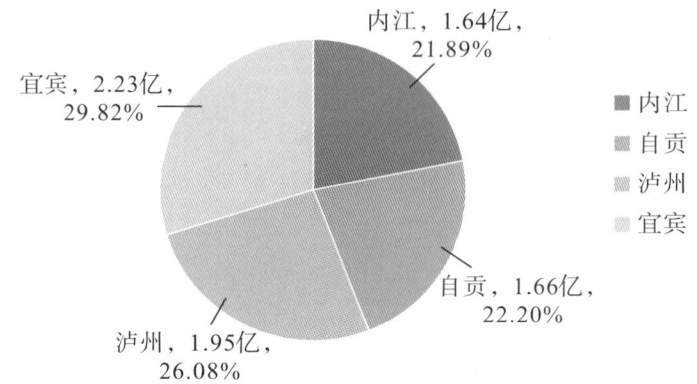

图 2－20　川南旅游区累计接待国内旅游人数饼状对比图（2014—2018 年）

川东北旅游区发展提速，旅游市场影响逐渐加大。2014 年，接待国内旅游人数 11130.73 万人次，实现国内旅游收入 885.38 亿元。2015 年，接待国内旅游人数 13526.25 万人次，实现国内旅游收入 1017.39 亿元。2016 年，接待国内旅游人数 15563.62 万人次，实现国内旅游收入 1248.23 亿元。2017 年，接待国内旅游人数 18053.19 万人次，实现国内旅游收入 1524.25 亿元。2018 年，接待国内旅游人数 20585.37 万人次，实现国内旅游收入 1858.63 亿元（图 2－21）。

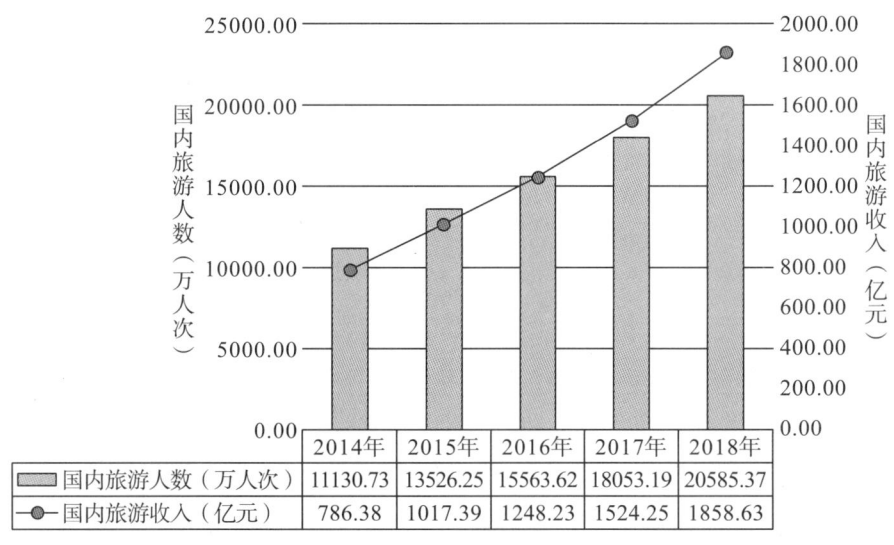

图 2－21　川东北旅游区国内旅游人数与旅游收入柱状对比图（2014—2018 年）

2014—2018 年，南充旅游经济处于川东北旅游区中的领先地位，累计接待国内旅游人次 2.16 亿人次，占该区域比重 27.37%。其次是广元（1.94 亿人次）和广安（1.74 亿人次），分别占比为 24.55% 和 22.07%。达州（0.99 亿人次）和巴中（1.06 亿人次）不论是在该区域还是在全省范围都处于相对靠后的位置，旅游经济发展滞后（图 2-22）。

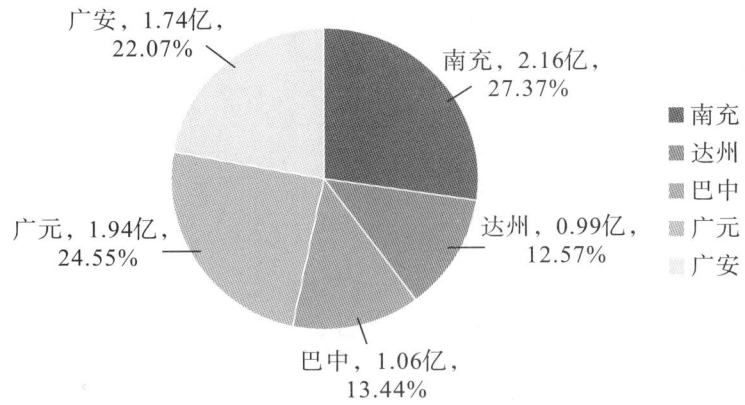

图 2-22　川东北旅游区 5 市累计接待国内旅游人数饼状对比图（2014—2018 年）

攀西旅游区总量偏小，但凉山和攀枝花排名靠前。2014—2018 年，攀西旅游区占全省经济总量不高，但凉山旅游收入位列全省第 8~10 名、攀枝花稳居第 14 位。其中，2014 年，接待国内旅游人数 4519.97 万人次，实现国内旅游收入 338.31 亿元。2015 年，接待国内旅游人数 5389.37 万人次，实现国内旅游收入 452.20 亿元。2016 年，接待国内旅游人数 6143.68 万人次，实现国内旅游收入 544.20 亿元。2017 年，接待国内旅游人数 6736.66 万人次，实现国内旅游收入 640.36 亿元。2018 年，接待国内旅游人数 7217.50 万人次，实现国内旅游收入 744.13 亿元（图 2-23；附表 2-6）。

川西北旅游区旅游经济总量小，但增长潜力巨大。2014—2016 年，川西北旅游区连续两年接待国内旅游人次和实现国内旅游收入稳步增长。2014 年，接待国内旅游人数 3654 万人次，实现国内旅游收入 319.81 亿元。2015 年，接待国内旅游人数 4290.30 万人次，实现国内旅游收入 390.98 亿元。2016 年，接待国内旅游人数 5040.88 万人次，实现国内旅游收入 441.74 亿元，为近年来最大值。2017 年伊始，川西北旅游区发展进入平台期。2017 年，接待国内旅游人次大幅下跌至 4555.71 万人次水平，国内旅游收入减少至 398.94 亿元。2018 年，接待国内旅游人次同比增加仅 0.6 个百分点，国内旅游收入同比下降3.1个百分点。需要注意的是，2018年该旅游区增长乏力，阿坝州接待国内旅游人次（-18.4%）和实现国内旅游收入（-29.4%）两项指标同比大幅下挫（图2-24；图2-25；附表2-8；附表2-9）。

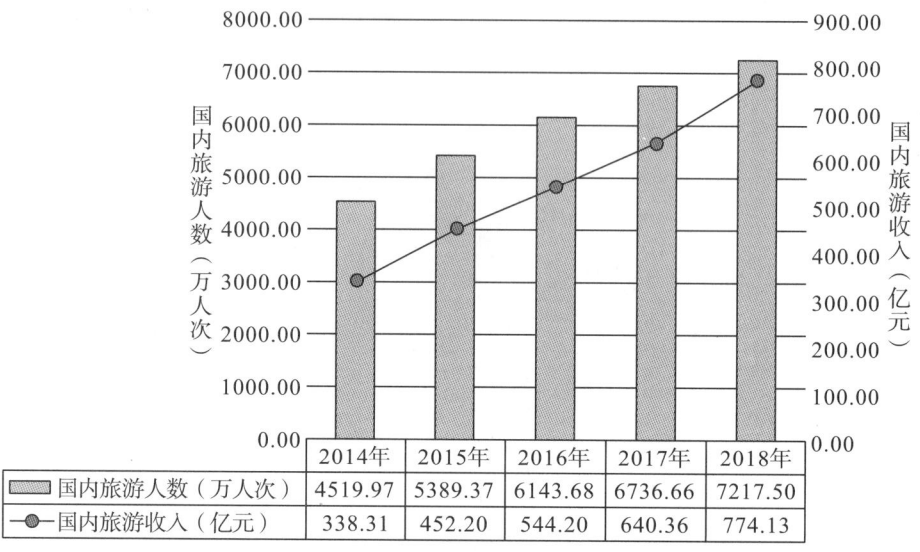

图2-23 攀西旅游区国内旅游人数与旅游收入柱状对比图（2014—2018年）

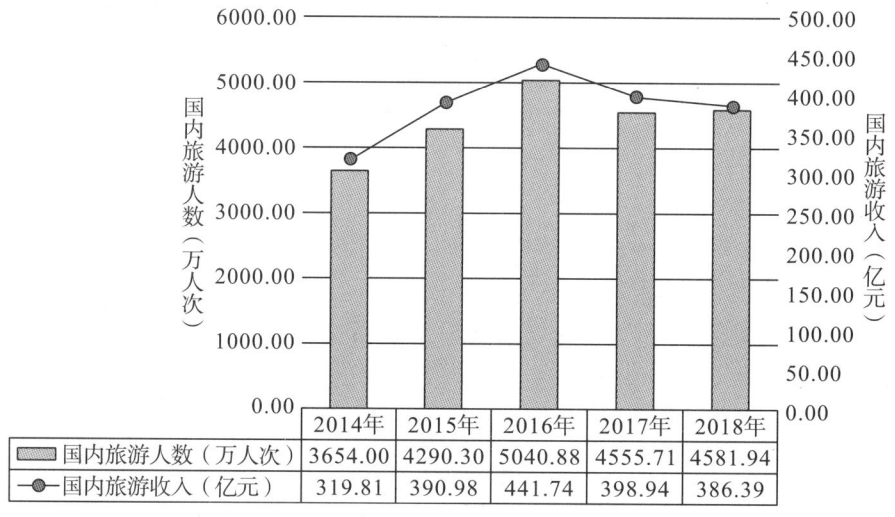

图2-24 川西北旅游区国内旅游人数与旅游收入柱状对比图（2014—2018年）

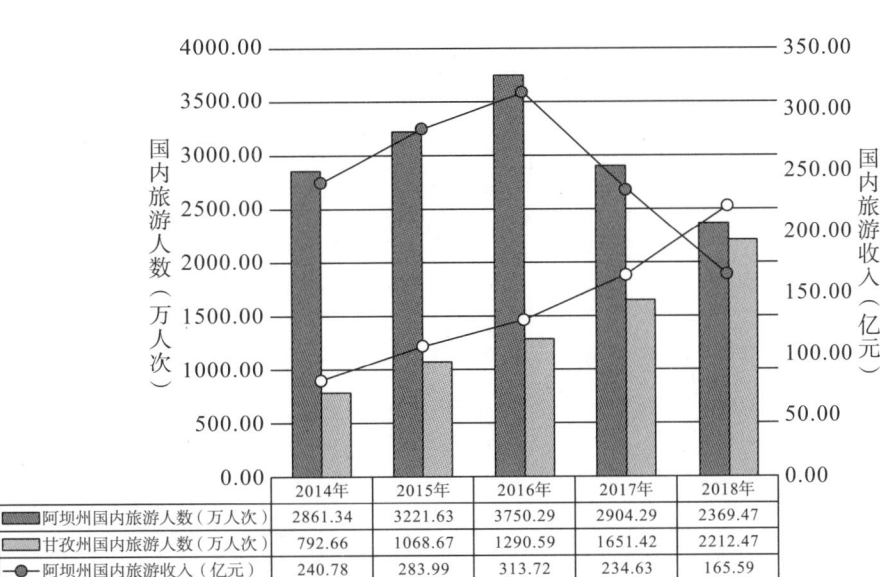

图 2-25 甘孜州、阿坝州国内旅游人数与旅游收入柱状对比图（2014—2018 年）

2.3 四川省入境旅游经济基本面

2.3.1 入境旅游发展水平差距突显

近年来，四川入境旅游水平排名停滞不前，居于全国中游。四川省入境游客接待量从 2011 年的 163.97 万人次增长到 2018 年的 369.82 万人次，增长翻 2.56 倍。全国排名从 2008 年的 24 位上升至 2018 年的 13 位，近五年保持在 13~14 位区间。总体来看，四川省入境旅游关键性指标的全国排名停滞不前，不仅与北上广、浙江、广西、云南、福建、浙江、山东、江苏等沿海或沿边省市存在差距，也落后于陕西、湖北、安徽等中西部内陆省份（表 2-3；附表 2-10）。

表 2-3 全国入境旅游水平排名（2014—2018 年）

2018 年		2017 年		2016 年		2015 年		2014 年	
省份	名次	省份	名次	省份	名次	省份	名次	省份	名次
广东	1	广东	1	广东	1	广东	1	广东	1
上海	2	浙江	2	上海	2	上海	2	上海	2
云南	3	上海	3	福建	3	云南	3	北京	3

续表2-3

2018年		2017年		2016年		2015年		2014年	
广西	4	福建	4	云南	4	浙江	4	浙江	4
福建	5	云南	5	浙江	5	广西	5	福建	5
浙江	6	安徽	6	广西	6	北京	6	山东	6
陕西	7	广西	7	北京	7	福建	7	江苏	7
山东	8	山东	8	陕西	8	山东	8	广西	8
湖北	9	北京	9	湖北	9	湖北	9	云南	9
江苏	10	陕西	10	江苏	10	江苏	10	安徽	10
北京	11	江苏	11	山东	11	陕西	11	湖北	11
安徽	12	湖北	12	安徽	12	安徽	12	陕西	12
四川	13	四川	13	四川	13	四川	13	辽宁	13
湖南	14	湖南	14	辽宁	14	辽宁	14	四川	14
辽宁	15	河南	15	湖南	15	湖南	15	湖南	15
重庆	16	辽宁	16	重庆	16	内蒙古	16	内蒙古	16
江西	17	新疆	17	内蒙古	17	江西	17	江西	17
内蒙古	18	重庆	18	江西	18	吉林	18	黑龙江	18
河南	19	江西	19	吉林	19	重庆	19	吉林	19
吉林	20	内蒙古	20	河南	20	河南	20	重庆	20
海南	21	河北	21	黑龙江	21	黑龙江	21	河南	21
黑龙江	22	吉林	22	河北	22	天津	22	天津	22
新疆	23	贵州	23	天津	23	河北	23	河北	23
河北	24	海南	24	海南	24	贵州	24	海南	24

总体规模偏小，发展水平差距加大。四川省入境游经济总体规模上不去，2018年接待入境游客数（369.82万人次）仅占全国入境过夜游客数（6290万人次）的5.88%，不及广东（3748.06万人次）的1/10，约为上海（742.02万人次）、云南（706.08万人次）的1/2，与陕西的差距进一步拉大至67.32万人次（表2-4）。

表2-4 四川省入境旅游水平区域对比（2014—2018年）

单位：万人次

	四川	云南	广东	浙江	上海	陕西
2008年	69.95	250.00	2568.00	540.00	526.00	126.00
2009年	84.99	284.49	2747.80	570.64	533.39	145.08
2010年	104.93	329.15	3140.93	684.71	733.72	212.17
2011年	163.97	395.38	3331.63	773.69	668.61	270.41
2012年	227.34	457.84	3489.43	865.93	651.23	335.24
2013年	209.56	287.88	3397.90	337.57	614.09	253.47
2014年	240.17	286.56	3355.43	370.88	639.62	266.30
2015年	273.20	570.08	3450.35	459.02	635.59	293.03
2016年	308.79	600.38	3507.21	525.59	690.43	338.20
2017年	336.17	667.69	3647.56	549.15	1211.70	512.44
2018年	369.82	706.08	3748.06	456.76	742.04	437.14

2018年，成都市接待入境旅游人次在副省级城市中位列第五，在北上广深等12个重要旅游目的地城市中列第七位。高于天津（58.96万人次）、南京（81.06万人次）、昆明（142.20万人次）、青岛（153.60万人次）、武汉（276.23万人次）、重庆（279.98万人次）、厦门（282.18万人次）等城市，但与北上广深等一线旅游目的地城市差距较大，不及上海（742.04万人次）的1/2、广州（900.63万人次）的2/5、深圳（1220.21万人次）的1/3（图2-26；表2-5）。

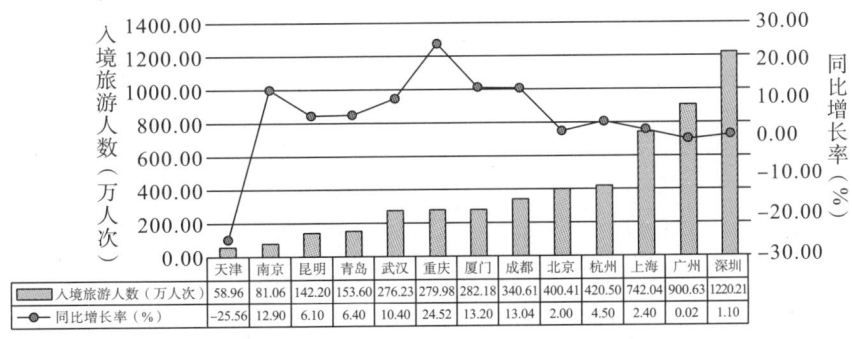

图2-26 2018年国内重要旅游目的地城市接待入境旅游人次数对比①

---

① 数据来源：各城市国民经济和社会发展统计公报、统计局、旅游局。

2018年，成都旅游外汇收入（14.50亿美元）在国内重要旅游目的地城市中列第九位，入境旅游高质量发展不足。成都与武汉（18.83亿美元）、重庆（21.90亿美元）较为接近，高于昆明（6.84亿美元）、南京（8.83亿美元）、青岛（11.60亿美元）、天津（11.10亿美元），但与上海（72.61亿美元）相差近5倍、广州（64.82亿美元）相差近4.5倍、北京（55.16亿美元）相差近4倍（图2-27；表2-6）。

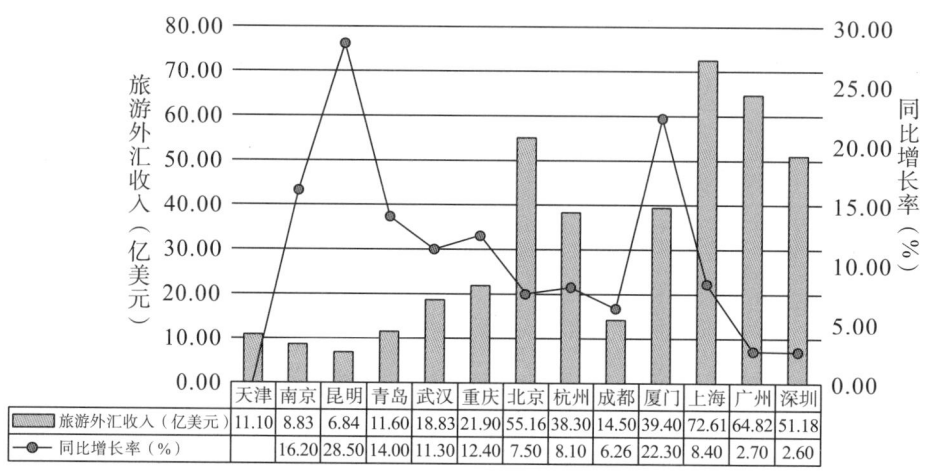

图2-27 2018年国内重要旅游目的地城市国际旅游收入对比

表2-5 国内主要城市入境旅游人数对比（2014—2018年）①

城市	2014年		2015年		2016年		2017年		2018年	
	入境旅游人数（万人次）	同比增长率（%）	入境旅游人数（万人次）	同比增长率（%）	入境旅游人数（万人次）	同比增长率（%）	入境旅游人数（万人次）	同比增长率（%）	入境旅游人数（万人次）	同比增长率（%）
天津	76.63	1.02	78.53	2.45	82.43	4.97	79.21	-3.91	58.96	-25.56
南京	56.62	9.20	58.81	3.90	63.78	8.50	71.76	12.50	81.06	12.90
昆明	119.21	-3.20	114.49	-4.00	123.47	7.80	134.07	8.60	142.20	6.10
青岛	128.05	3.60	133.81	4.50	141.05	5.40	144.37	2.40	153.57	6.40
武汉	170.58	5.70	202.35	18.60	224.94	11.40	250.31	11.10	276.23	10.40
重庆	123.36	6.65	148.10	20.06	180.89	22.14	224.85	24.30	279.98	24.52
北京	427.45	-5.00	419.96	-1.80	416.53	-0.80	392.56	-5.80	400.41	2.00

① 数据来源：各城市国民经济和社会发展统计公报、统计局、旅游局。天津、重庆同比增长率经计算得出。

续表2-5

城市	2014年		2015年		2016年		2017年		2018年	
	入境旅游人数（万人次）	同比增长率（%）	入境旅游人数（万人次）	同比增长率（%）	入境旅游人数（万人次）	同比增长率（%）	入境旅游人数（万人次）	同比增长率（%）	入境旅游人数（万人次）	同比增长率（%）
杭州	326.13	3.20	341.56	4.70	363.23	6.30	402.23	10.70	420.51	4.50
成都	197.80	12.11	230.14	16.35	272.31	17.78	301.34	10.66	340.61	13.04
厦门	182.89	9.60	202.63	10.80	228.50	12.80	249.33	9.10	282.18	13.20
上海	639.62	4.20	653.59	2.20	690.43	5.60	719.33	4.20	742.04	3.20
广州	783.30	2.00	803.58	2.60	861.87	7.30	900.48	4.50	900.63	0.02
深圳	1182.18	-2.70	1218.70	3.10	1171.18	-3.90	1207.01	3.10	1220.21	1.10

表2-6 国内主要城市旅游外汇收入对比（2014—2018年）①

城市	2014年		2015年		2016年		2017年		2018年	
	旅游外汇收入（亿美元）	同比增长率（%）	旅游外汇收入（亿美元）	同比增长率（%）	旅游外汇收入（亿美元）	同比增长率（%）	旅游外汇收入（亿美元）	同比增长率（%）	旅游外汇收入（亿美元）	同比增长率（%）
天津	29.92	15.50	32.98	10.20	35.57	7.90	37.52	5.50	11.10	—
南京	5.53	19.70	5.75	4.00	6.76	5.70	7.6	12.80	8.83	16.20
昆明	3.97	-1.50	4.4	10.80	4.82	9.50	5.32	10.50	6.84	28.50
青岛	8.20	3.70	9.18	11.60	9.8	6.80	10.2	4.10	11.6	14.00
武汉	9.34	2.20	12.00	28.50	15.10	13.00	16.93	11.70	18.83	11.30
重庆	13.54	6.80	14.69	8.40	16.87	14.90	19.48	15.50	21.90	12.40
北京	46.10	-3.90	46.00	-0.10	50.70	10.10	51.30	1.20	55.16	7.50
杭州	23.18	7.30	29.31	7.10	31.49	7.50	35.43	12.50	38.30	8.10
成都	7.40	8.87	8.73	17.87	12.42	42.27	13.07	5.23	14.50	6.26
厦门	18.09	9.80	19.96	10.30	27.69	38.70	32.21	16.30	39.40	22.30
上海	57.05	6.80	59.60	4.50	65.30	9.60	66.99	4.40	72.61	8.40
广州	54.75	5.90	56.96	4.00	62.72	10.10	63.14	7.60	64.82	2.70
深圳	45.66	0.80	49.68	8.80	47.71	-4.00	49.86	5.50	51.18	2.60

① 数据来源：各城市国民经济和社会发展统计公报、统计局、旅游局。部分城市统计口径调整，数据不能简单对比。天津同比增长率缺失。部分城市旅游外汇收入包含一日游收入。

2014—2018年，13个重要旅游目的地城市接待入境旅游人数同比增长率色阶图显示，重庆、成都、武汉、厦门、南京、杭州同比增速相对较快。其中，重庆接待入境旅游人次同比呈持续上升趋势，且同比增长最快，其余城市同比增长率均有不同程度波动。天津、北京、深圳、昆明在部分年份同比呈负增长、同比波动较大，尤其天津2018年接待入境旅游人次同比下滑明显（−25.56％）（图2−28）。

	2014年	2015年	2016年	2017年	2018年
天津	1.02	2.45	4.97	−3.91	−25.56
北京	−5.00	−1.80	−0.80	−5.80	2.00
上海	4.20	2.20	5.60	4.20	3.20
深圳	−2.70	3.10	−3.90	3.10	1.10
青岛	3.60	4.50	5.40	2.40	6.40
广州	2.00	2.60	7.30	4.50	0.02
昆明	−3.20	−4.00	7.80	8.60	6.10
杭州	3.20	4.70	6.30	10.70	4.50
南京	9.20	3.90	3.90	12.50	12.90
厦门	9.60	10.80	12.80	9.10	13.20
武汉	5.70	18.60	11.40	11.10	10.40
成都	12.11	16.35	17.78	10.66	13.04
重庆	6.65	20.06	22.14	24.30	24.52

图2−28 国内重要旅游目的地城市接待入境旅游人数同比增长率色阶图（2014—2018年）[①]

2.3.2 入境旅游快速增长困难加大

近二十年，亚洲金融危机（1998年）、"非典"（2003年）、汶川地震（2008年）、雅安地震（2013年）、九寨沟地震（2017年）等重大突发灾害性事件对四川省极度脆弱的入境旅游经济造成持续打压，由此出现5年一轮的周期性下跌，且下跌周期有缩短的趋势。2003年（−32.40％）、2008年（−59.00％）和2013年（−7.80％）接待入境旅游人数同比增长率均有不同程度下降。2014—2019年，接待入境旅游人数同比增幅较稳定，维持在9.90％～14.60％。2019年12月爆发的新型冠状病毒肺炎疫情对四川省入境旅游的负面影响有待进一步评估（图2−29）。

---

① 数据来源：各城市国民经济和社会发展统计公报、统计局、旅游局。天津、重庆同比增长率经计算得出。

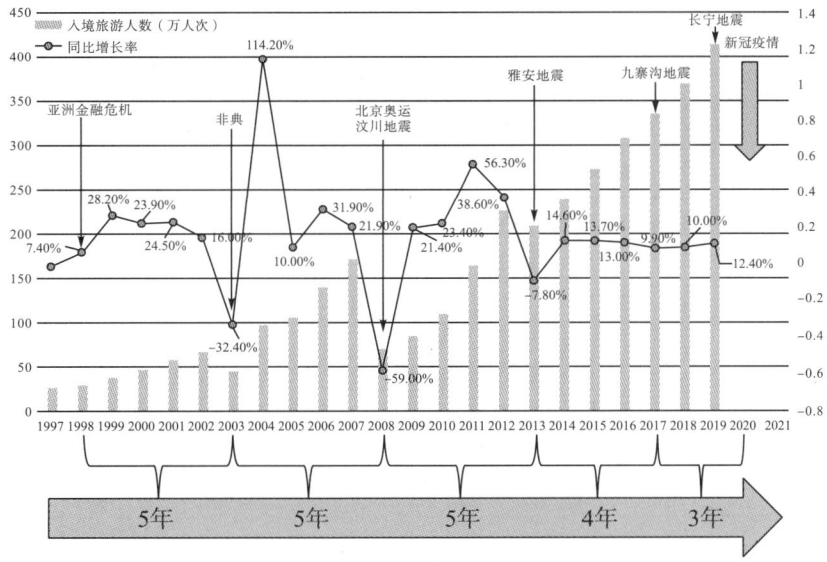

图 2-29　四川省入境旅游人数及同比增长率（1997—2019 年）①

2019 年，四川省累计接待入境游客 414.78 万人次，同比增长 12.4%，其中接待外国人 313.09 万人次，同比增长 12.4%，占入境旅游人数比重为 75.5%。2018 年，累计接待入境游客 369.82 万人次，同比增长 10.0%，其中接待外国人 276.47 万人次，占入境旅游人数比重为 74.8%。需要注意的是，2018 年 12 月接待入境游客 24.11 万人次，同比增长 23.0%，同比增长率为 2018 年月度最大值。2017 年，累计接待入境游客 336.17 万人次，同比增长 9.9%，其中接待外国人 241.29 万人次，同比增长 10.6%，占入境旅游人数比重为 71.8%。2016 年，累计接待入境游客 308.79 万人次，同比增长 13.0%，其中接待外国人 219.23 万人次，同比增长 13.3%，占入境旅游人数比重为 71.0%（附表 2-11；附表 2-12）。

2.3.3　入境旅游不充分不平衡叠加

近年来，成都接待入境旅游人次占四川省的比重逐年加大。2014 年，成都接待入境游客 197.8 万人次，占全省的 82.36%。2015 年，接待入境游客 230.14 万人次，占全省的 84.24%。2016 年，接待入境游客 272.31 万人次，占全省的 88.19%。2017 年，接待入境游客 301.34 万人次，占全省的 89.64%。2018 年，接待入境游客 340.61 万人次，占全省 92.1%，是乐山的

---

① 数据来源：四川省旅游统计便览。

14.6 倍（排名第二）、甘孜州的 258 倍（排名第三）、资阳的 315 倍（排名第四）。这凸显了市州旅游资源禀赋与入境游经济错位发展问题，特别是不充分不平衡叠加的矛盾（表 2-7；表 2-8）。

表 2-7　成都接待入境旅游人数占四川的比重（2014—2018 年）

年份	成都入境旅游人数（万人次）	四川省入境旅游人数（万人次）	成都占比
2014	197.8	240.17	82.36%
2015	230.14	273.2	84.24%
2016	272.31	308.79	88.19%
2017	301.34	336.17	89.64%
2018	340.61	369.82	92.10%

表 2-8　2018 年四川省入境旅游人数分地区排名情况表①

名次	地区	入境旅游人数（万人次）	名次	地区	入境旅游人数（万人次）
1	成都市	340.61	12	自贡市	0.12
2	乐山市	23.32	13	广元市	0.09
3	甘孜州	1.32	14	宜宾市	0.09
4	资阳市	1.08	15	南充市	0.06
5	绵阳市	0.85	16	凉山州	0.05
6	广安市	0.80	17	眉山市	0.05
7	德阳市	0.34	18	内江市	0.02
8	雅安市	0.33	19	达州市	0.02
9	阿坝州	0.24	20	遂宁市	0.01
10	泸州市	0.24	21	巴中市	0.00
11	攀枝花市	0.15	—	—	—

仅以成都与乐山的入境旅游人数对比为例，成都入境旅游领跑全省的发展特征越发凸显。2006—2013 年，乐山入境市场与成都入境市场的差距逐年拉大，由 2006 年的 3.67 倍扩大到 2013 年的 16.31 倍。2014 年以后，成都领先

---

① 数据来源：四川省旅游统计报表。

乐山的倍数维持在 13.12~15.47 倍水平（表 2-9）。

表 2-9　成都与乐山入境旅游人数对比情况表（2006—2018 年）①

年份	成都入境旅游人数（万人次）	乐山入境旅游人数（万人次）	倍数（成都/乐山）
2006	57.97	15.81	3.67
2007	73.68	19.42	3.79
2008	47.20	6.46	7.31
2009	58.87	6.07	9.70
2010	73.20	8.10	9.04
2011	121.64	12.84	9.47
2012	158.19	27.23	5.81
2013	176.43	10.82	16.31
2014	197.8	12.79	15.47
2015	230.14	17.42	13.21
2016	272.31	20.75	13.12
2017	301.34	21.24	14.19
2018	340.61	23.32	14.61

五大旅游区入境旅游发展极不均衡。2011—2018 年，成都平原核心旅游区占全省接待入境旅游人数和实现外汇收入两项观测指标的比重逐年增大，凸显了省内其他旅游区入境旅游发展不充分、不平衡的矛盾。成都平原核心旅游区接待入境旅游人数从 2011 年占比 65.80% 增加到 2018 年的 99.13%，实现外汇收入占比从 87.58% 增加到 99.46%。相较而言，川东北旅游区和川西北旅游区均曾于 2011 年对成都平原核心旅游区形成挑战。例如，2011 年，川东北旅游区接待入境旅游人数 51.11 万人次，占比位列全省第二（23.92%）。但令人遗憾的是，该项指标占比逐年递减，至 2018 年仅占全省的 0.26%。再如，2011 年，川西北旅游区实现外汇收入曾高达 6720.81 万美元，占比 23.92%，位列全省第二，但此后逐年下跌，2018 年仅有 378.56 万美元，占比跌至 0.26%。

川南旅游区和攀西旅游区入境旅游最弱，幅波动特征也相对显著。以 2011 年为基期，川南旅游区接待入境旅游人数 0.94 万人次，占比 0.44%；实现外汇收入 241.72 万美元，占比 0.41%。2012 年，接待入境旅游人数和实现外汇收入分别小幅增至 1.66 万人次和 525.31 万美元，占比分别为 0.73% 和

---

① 数据来源：四川省旅游统计便览和四川旅游统计报表。

0.66%。2013年，两项指标分别回落至0.60万人次和210.32万美元，占比仅为0.29%和0.28%。2014年两项观察指标持续走低，2015年小幅回升，此后3年均现颓势。攀西旅游区外汇收入占比以2012年（291.37万美元，占比0.37%）为拐点一路下挫，入境旅游人数指标表现出更为复杂的小幅震荡特征，2014—2018年占比维持在0.06%～0.08%（表2-10；表2-11；附表2-13；附表2-14）。

表2-10 四川省五大旅游区旅游外汇收入及占全省比重情况表（2011—2018年）

单位：万美元

年份		四川省	成都平原核心旅游区	川南旅游区	川东北旅游区	攀西旅游区	川西北旅游区
2011	旅游外汇收入	59382.55	52041.70	241.72	383.80	36.63	6720.81
	占比	—	87.58%	0.41%	0.65%	0.06%	11.31%
2012	旅游外汇收入	79814.67	71517.31	525.31	808.30	291.37	6672.38
	占比	—	89.60%	0.66%	1.01%	0.37%	8.36%
2013	旅游外汇收入	76476.08	71757.31	210.32	346.97	28.54	4132.93
	占比	—	93.83%	0.28%	0.45%	0.04%	5.40%
2014	旅游外汇收入	85768.11	80520.55	204.96	327.05	63.44	4652.10
	占比	—	93.88%	0.24%	0.38%	0.07%	5.42%
2015	旅游外汇收入	118087.06	113159.89	352.14	369.61	67.24	4138.18
	占比	—	95.83%	0.30%	0.31%	0.06%	3.50%
2016	旅游外汇收入	124596.98	121219.65	213.92	347.90	60.03	2755.49
	占比	—	97.29%	0.17%	0.28%	0.05%	2.21%
2017	旅游外汇收入	144653.62	142302.81	159.00	296.35	63.02	1832.44
	占比	—	98.37%	0.11%	0.20%	0.04%	1.27%
2018	旅游外汇收入	151164.79	150352.19	153.52	227.21	53.30	378.56
	占比	—	99.46%	0.10%	0.15%	0.04%	0.25%

表2-11 四川省五大旅游区入境旅游人数及占全省比重情况表（2011—2018年）

单位：万人次

年份		四川省	成都平原核心旅游区	川南旅游区	川东北旅游区	攀西旅游区	川西北旅游区
2011	入境旅游人数	163.97	140.57	0.94	51.11	0.06	20.96
	占比	—	65.80%	0.44%	23.92%	0.03%	9.81%

续表2—11

年份		四川省	成都平原核心旅游区	川南旅游区	川东北旅游区	攀西旅游区	川西北旅游区
2012	入境旅游人数	227.34	194.96	1.66	2.64	0.86	27.23
	占比	—	85.75%	0.73%	1.16%	0.38%	11.98%
2013	入境旅游人数	209.56	192.51	0.60	1.08	0.08	15.29
	占比	—	91.86%	0.29%	0.52%	0.04%	7.30%
2014	入境旅游人数	240.17	216.52	0.67	1.10	0.20	21.69
	占比	—	90.15%	0.28%	0.46%	0.08%	9.03%
2015	入境旅游人数	273.20	253.91	1.17	1.27	0.18	16.65
	占比	—	92.95%	0.43%	0.46%	0.07%	6.09%
2016	入境旅游人数	308.79	292.88	0.78	1.25	0.24	13.65
	占比	—	94.84%	0.25%	0.40%	0.08%	4.42%
2017	入境旅游人数	336.17	325.75	0.57	1.20	0.24	8.41
	占比	—	96.90%	0.17%	0.36%	0.07%	2.50%
2018	入境旅游人数	369.82	366.60	0.48	0.98	0.21	1.57
	占比	—	99.13%	0.13%	0.26%	0.06%	0.42%

2.3.4 入境旅游客源结构趋于稳定

从全球客源市场空间分布来看，亚洲仍是四川省的主要客源市场。第二梯队为欧洲、美洲，最后是大洋洲与非洲。2019年，亚洲客源市场占比57%；第二梯队的欧洲、美洲的比重分别为22%、12%；最后是大洋洲与非洲，仅占5%和1%的比重。2019年，四川省接待外国人313.09万人次，占全省入境旅游人数的75.5%。朝鲜（348.4%）、巴基斯坦（346.2%）等新兴客源地增幅巨大，超过300%，瑞士（186.4）、印度（130.9）等新兴客源地增幅超过100%（图2—30；附表2—16）。

传统入境客源市场巩固，新兴入境客源地增多。2014—2019年，中国台湾地区、美国、中国香港地区仍然稳居前三名，为主要入境客源市场。近年来，四川省排名前十二位的传统入境客源市场包括：中国台湾地区、美国、中国香港地区、日本、英国、德国、马来西亚、新加坡、中国澳门地区、韩国、加拿大、法国。泰国和印度尼西亚的排名波动较大。其中，泰国于2015年居第13位，2016年、2017年排名保持不变，2018年上升至第7位，2019年再次上升一位，居第 6 位；2015—2017 年，印度尼西亚连续三年都未能进入入境客源市场排名前十五位名单，于 2018 年首次上榜，居第 15 位，2019 年仍保持这一排名（图 2-32；附表 2-15；附表 2-16）。

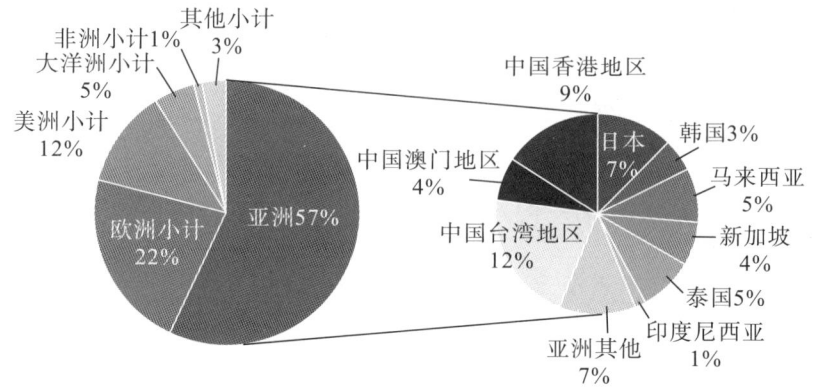

图 2-30 2019 年四川省入境旅游客源市场比重饼状图

2019 年，除中国台湾地区和印度尼西亚两客源地名次与去年同期保持一致外，其余客源地排名均有 1~3 名的小幅波动。中国台湾地区（11.9%）、印度尼西亚（12.8%）、美国（15.4%）和泰国（18.8%）保持稳定增长；日本（23.5%）、德国（29.5%）、法国（30.4%）、韩国（33.7%）、马来西亚（36.4%）呈现较快增长；中国澳门地区（86.5%）呈现爆发式增长。需要注意的是，排名前十五位入境客源地中，新加坡（-5.7%）、中国香港地区（-10.3%）、英国（-10.5%）、加拿大（-16.5%）入川游客量同比出现不同程度下降（图 2-31）。

	2018年				2019年		
名次	国家（地区）	人数（万人次）	同比增长率（%）	名次	国家（地区）	人数（万人次）	同比增长率（%）
1	中国台湾地区	43.70	1.5	1	中国台湾地区	48.83	11.9
2	中国香港地区	40.84	-7.1	2	美国	38.04	15.4
3	美国	33.02	-13.0	3	中国香港地区	36.54	-10.3
4	英国	27.35	18.2	4	日本	30.45	23.5
5	日本	24.69	16.5	5	英国	24.44	-10.5
6	新加坡	18.72	23.4	6	泰国	21.02	18.8
7	泰国	17.73	118.0	7	德国	19.95	29.5
8	澳大利亚	15.89	33.9	8	马来西亚	19.69	36.4
9	德国	15.43	16.7	9	新加坡	17.63	-5.7
10	马来西亚	14.46	-10.2	10	中国澳门地区	16.31	86.5
11	韩国	8.89	-37.7	11	澳大利亚	16.07	1.3
12	加拿大	8.84	-8.9	12	韩国	11.81	33.7
13	中国澳门地区	8.82	12.0	13	法国	9.69	30.4
14	法国	7.47	-26.2	14	加拿大	7.35	-16.5
15	印度尼西亚	4.80	67.8	15	印度尼西亚	5.41	12.8

图 2-31 四川省排名前十五位的入境客源地柱状对比图（2018 年和 2019 年）

2013—2018年，成都市排名前十五位入境旅游客源市场与四川省保持高度一致，仅位次改变。2018年，成都入境旅游客排名前五的国家（地区）分别为中国台湾地区（39.49万人次）、中国香港地区（37.04万人次）、美国（32.14万人次）、英国（26.21万人次）、日本（22.66万人次），占成都市接待入境旅游客数近一半（46.26%）。排名6~15位的依次是新加坡、泰国、澳大利亚、德国、马来西亚、加拿大、韩国、法国、中国澳门地区、印度尼西亚（表2－12）。

2018年，成都接待前十五位入境客源地人数同比增幅差距较大。15个国家（地区）中，9个为正增长，6个呈现负增长，其中韩国（－41.77%）下降幅度最大。泰国（128.52%）、印度尼西亚（62.07%）、澳大利亚（34.4%）、新加坡（25.32%）等新兴客源地增长势头强劲。港澳台等传统市场中，中国香港地区（－3.46%）小幅下滑，中国澳门地区（52.24%）、中国台湾地区（20.51%）呈较快增长态势。其中，中国澳门地区增速喜人，需特别关注（图2－32）。

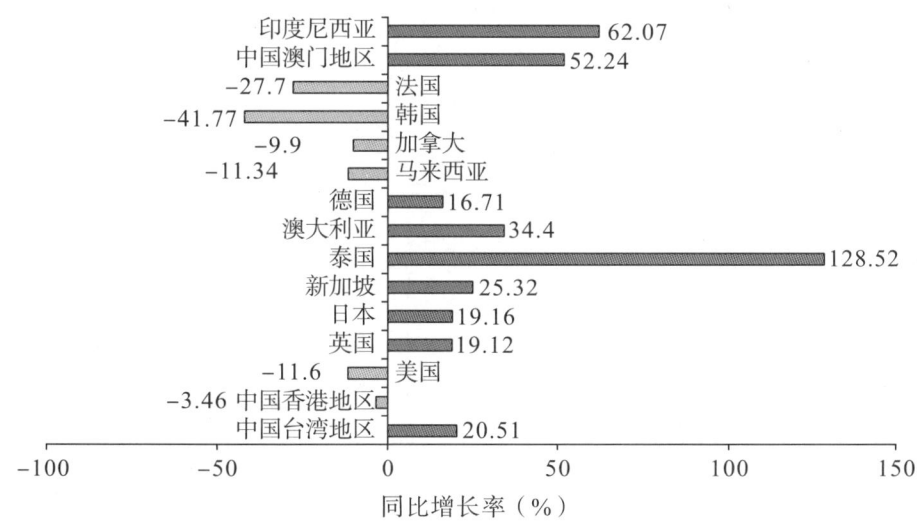

图2－32　2018年成都接待入境客源地前十五位同比增长率条形图

中国台湾地区、中国香港地区、美国稳居前三名。2018年，印度尼西亚代替意大利进入前十五；英国、日本、加拿大和中国澳门地区排名与过去两年同期保持一致；中国台湾地区、新加坡、泰国、澳大利亚和印度尼西亚分别上升至第1名、第6名、第7名、第8名、第15名；中国香港地区、美国、马来西亚、韩国以及法国分别下降至第2名、第3名、第10名、第12名和第13名（图2－33）。

表2-12 成都主要入境客源市场统计（2013—2018年）

排名	2013年 国家（地区）	万人次	2014年 国家（地区）	万人次	2015年 国家（地区）	万人次	2016年 国家（地区）	万人次	2017年 国家（地区）	万人次	2018年 国家（地区）	万人次
1	中国香港地区	24.19	中国香港地区	27.75	中国香港地区	30.05	中国香港地区	34.27	中国香港地区	38.38	中国台湾地区	39.49
2	美国	19.90	美国	23.45	美国	26.90	美国	31.65	美国	36.38	中国香港地区	37.04
3	中国台湾地区	18.55	中国台湾地区	21.31	中国台湾地区	25.36	中国台湾地区	29.17	中国台湾地区	32.78	美国	32.14
4	日本	12.90	日本	14.58	日本	16.55	英国	19.43	英国	22.01	英国	26.21
5	英国	11.99	英国	14.14	英国	14.47	日本	17.79	日本	19.04	日本	22.66
6	新加坡	8.35	新加坡	9.67	韩国	11.70	韩国	13.68	马来西亚	14.99	新加坡	17.45
7	韩国	7.63	韩国	9.56	马来西亚	11.36	马来西亚	13.52	新加坡	13.93	泰国	16.69
8	澳大利亚	6.88	澳大利亚	8.09	新加坡	10.64	新加坡	12.55	德国	12.72	澳大利亚	15.30
9	马来西亚	6.71	马来西亚	7.51	德国	9.14	德国	10.73	韩国	12.67	德国	14.84
10	德国	5.53	德国	6.57	澳大利亚	8.59	澳大利亚	9.95	澳大利亚	11.39	马来西亚	13.28
11	法国	4.63	法国	6.12	加拿大	6.75	加拿大	7.97	加拿大	9.21	加拿大	8.29
12	加拿大	4.57	加拿大	5.53	法国	6.70	法国	7.93	法国	9.14	韩国	7.36
13	泰国	4.50	泰国	4.78	泰国	5.34	泰国	6.47	泰国	7.30	法国	6.60
14	意大利	2.36	意大利	2.64	中国澳门地区	2.91	中国澳门地区	3.79	中国澳门地区	4.29	中国澳门地区	6.52
15	中国澳门地区	2.23	中国澳门地区	2.63	意大利	2.38	意大利	2.69	意大利	3.17	印度尼西亚	4.18

2016年		2017年		2018年	
国家（地区）	人数（万人次）	国家（地区）	人数（万人次）	国家（地区）	人数（万人次）
中国香港地区	34.27	中国香港地区	38.38	中国台湾地区	39.49
美国	31.65	美国	36.38	中国香港地区	37.04
中国台湾地区	29.17	中国台湾地区	32.78	美国	32.14
英国	19.43	英国	22.01	英国	26.21
日本	17.79	日本	19.04	日本	22.66
韩国	13.68	马来西亚	14.99	新加坡	17.45
马来西亚	13.52	新加坡	13.93	泰国	16.69
新加坡	12.55	德国	12.72	澳大利亚	15.30
德国	10.73	韩国	12.67	德国	14.84
澳大利亚	9.95	澳大利亚	11.39	马来西亚	13.28
加拿大	7.97	加拿大	9.21	加拿大	8.29
法国	7.93	法国	9.14	韩国	7.36
泰国	6.47	泰国	7.30	法国	6.60
中国澳门地区	3.79	中国澳门地区	4.29	中国澳门地区	6.52
意大利	2.69	意大利	3.17	印度尼西亚	4.18

图 2-33 排名前十五位的入境客源地柱状对比图（2016—2018 年）

2.3.5 入境旅游质量性指标不达标

人均花费偏低，人均停留时间偏短。四川省入境游市场表现出消费水平相对较低、消费潜力尚待挖掘的特征。2001—2016 年，入境游客在川人均天花费总体水平有所提高，但涨幅较小，除 2006 年以外均低于全国人均天花费。四川省入境游客人均停留时间较短（1.85 天），远远低于全国入境游客人均停留时间（6.68 天）（表 2-13）。

表 2-13 入境旅游者在川停留时间及花费（2001—2016 年）

年份	人均停留时间（天/人次）			人均天花费（美元/天）		
	四川	全国	差值	四川	全国	差值
2001	1.8	6.1	-4.3	163.00	139.00	24.0
2002	1.8	6.1	-4.3	165.00	140.00	25.0
2003	1.8	6.1	-4.3	165.00	140.00	25.0
2004	1.8	5.8	-4.0	168.00	157.00	11.0
2005	1.8	6.0	-4.2	165.50	154.20	11.3
2006	1.6	6.3	-4.7	174.98	164.29	10.7
2007	1.7	6.3	-4.6	179.29	179.79	-0.5

续表2-13

年份	人均停留时间（天/人次）			人均天花费（美元/天）		
	四川	全国	差值	四川	全国	差值
2008	1.8	6.3	-4.5	173.39	186.18	-12.8
2009	2.0	6.8	-4.8	175.63	180.77	-5.1
2010	1.8	6.7	-4.9	175.45	184.01	-8.6
2011	2.1	6.7	-4.6	176.69	195.38	-18.7
2012	1.9	6.6	-4.7	176.63	195.53	-18.9
2013	1.9	6.6	-4.7	185.15	200.17	-15.0
2014	1.9	7.0	-5.1	185.59	212.25	-26.7
2015	1.9	7.1	-5.2	210.69	237.75	-27.1
2016	1.8	7.1	-5.3	207.75	219.84	-12.1

旅游漏损严重，旅游逆差不断加大。2019年，四川省主要的出境游客人数与入境游客人数相比，差额较大的有泰国（38.40万人次）、越南（22.20万人次）、中国香港地区（29.39万人次）、中国台湾地区（46.49万人次）、美国（35.72万人次）、英国（22.41万人次）6个国家（地区）。其中，与5个国家（地区）存在较大逆差：泰国（-384019人次）、越南（-222046人次）、菲律宾（-75320人次）、俄罗斯（-36834人次）、缅甸（-391260人次）（图2-34；表2-14）。

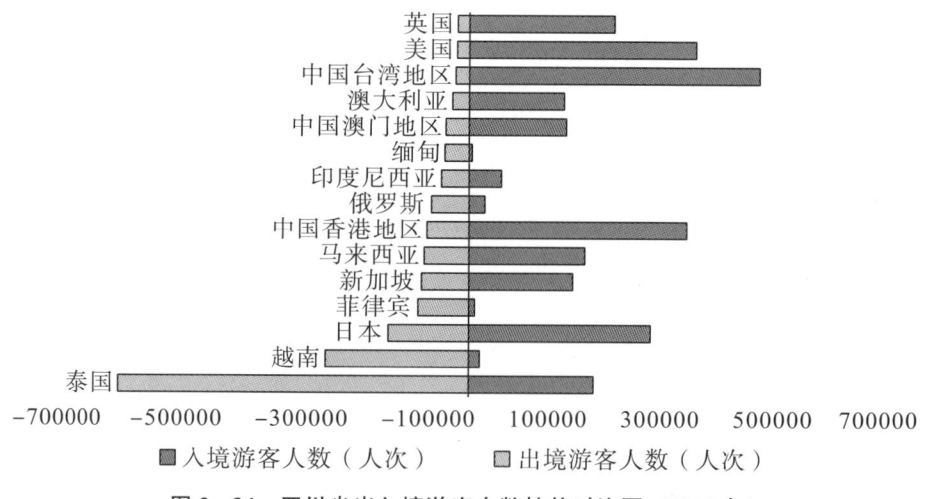

图2-34 四川省出入境游客人数柱状对比图（2019年）

表 2-14　四川省出入境游客客源地及目的地游客人数对比（2019 年）

客源地及目的地	入境游客人数（人次）	出境游客人数（人次）	逆差（人次）
泰国	210171	594190	-384019
越南	17911	239957	-222046
日本	304525	135672	168853
菲律宾	10471	85791	-75320
新加坡	176341	80465	95876
马来西亚	196862	77191	119671
中国香港地区	365422	71527	293895
俄罗斯	26181	63015	-36834
印度尼西亚	54052	47012	7040
缅甸	3876	43002	-39126
中国澳门地区	163146	39907	123239
澳大利亚	160677	29345	131332
中国台湾地区	488281	23431	464850
美国	380391	23217	357174
英国	244416	20287	224129

2.4　出境旅游经济基本面

2.4.1　出境旅游市场平稳发展

2011—2015 年，四川省出境旅游市场增速较快。其中，2011 年，出境旅游人数 56.52 万人次，同比增长 19.0%。2012 年，出境旅游人数 67.22 万人次，同比增长 18.9%。2013 年，出境旅游人数 74.20 万人次，同比增长 10.4%。2014 年（123.79 万人次）和 2015 年（195.80 万人次）同比增长率分别为 66.8% 和 58.2%。2016—2019 年，进入相对稳定的发展阶段，逐渐回归理性。其中，2016—2017 年，出境旅游人数同比增长率分别下降 6.2%、9.0%；2018 年，出境游客人数累计 170.48 万人次，同比小幅增长 2.10%；2019 年，同比增长率回升至 9.5% 水平，出境游客人数累计 184.39 万人次（图 2-35）。

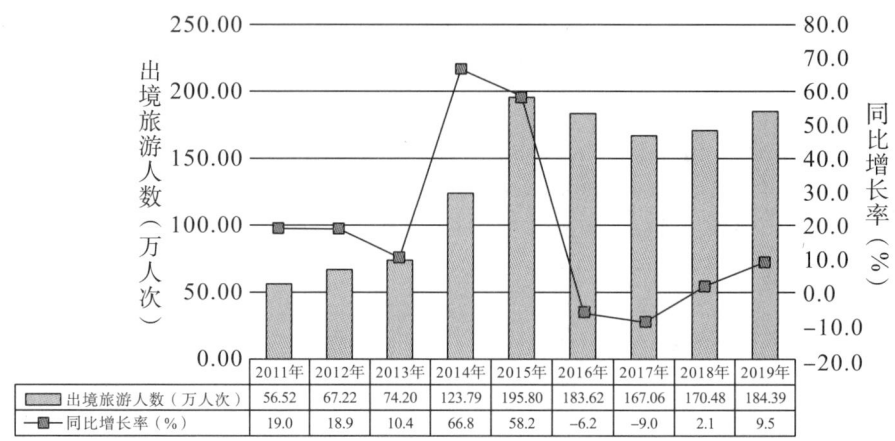

图 2-35　2011—2019 年四川省出境旅游人数及同比增长率

2.4.2 出境旅游目的地结构稳定

2015—2019 年，四川省出境旅游目的地主要集中在港澳台、东南亚、日韩等周边国家（地区），少部分集中在俄罗斯、英国、美国等欧美国家。其中，泰国为四川省第一大出境目的地，越南、日本紧随其后。出境目的地排名前十五位的国家（地区）仅个别发生变化。稳居前 15 位的国家（地区）包括如下 10 个：泰国、越南、日本、新加坡、马来西亚、中国香港地区、俄罗斯、中国澳门地区、中国台湾地区、美国（附表 2-17）。

2019 年，缅甸（4.3 万人次）首次进入出境目的地前十五位，居第 10 位，同比增长 295.5%。菲律宾（106.5%）、日本（25.4%）增幅也较大。美国（-25%）、中国澳门地区（-19.2%）、印度尼西亚（-8.1%）、中国台湾地区（-2.9%）、新加坡（-1.9%）、马来西亚（-0.9%）出现不同程度的同比下降（图 2-36）。

2018 年，出境目的地前十五位国家（地区）中 10 个国家（地区）呈下降趋势，分别是中国台湾地区（-34.1%）、中国澳门地区（-33.6%）、中国香港地区（-32.1%）、越南（-29.7%）、英国（-15.6%）、法国（-15.4%）、菲律宾（-15.3%）、澳大利亚（-7.6%）、美国（-2.2%）和日本（-2.1%）。其中，港澳台降幅较大，同比下降 32.1%，居降幅前三（图 2-37）。

第2章 区域旅游基本面统计监测评价

2018年			2019年		
目的地	出境人数	同比增长率（%）	目的地	出境人数	同比增长率（%）
泰国	57.03	28.1	泰国	59.42	4.4
越南	22.51	−29.7	越南	24.00	7.0
日本	10.88	−2.1	日本	13.57	25.4
新加坡	8.26	29.4	菲律宾	8.58	106.5
马来西亚	7.81	40.8	新加坡	8.05	−1.9
中国香港地区	7.08	−32.1	马来西亚	7.72	−0.6
俄罗斯	5.66	44.9	中国香港地区	7.15	4.2
印度尼西亚	5.12	68.5	俄罗斯	6.30	11.7
中国澳门地区	5.07	−33.6	印度尼西亚	4.70	−8.1
菲律宾	4.15	−15.3	缅甸	4.30	295.5
美国	3.12	−2.2	中国澳门地区	3.99	−19.2
澳大利亚	2.87	−7.6	澳大利亚	2.93	2.9
中国台湾地区	2.58	−34.1	中国台湾地区	2.34	−2.9
英国	2.03	−15.6	美国	2.32	−25.0
法国	1.85	−15.4	英国	2.03	1.6

图 2−36　四川省排名前十五位的出境目的地柱状对比图（2018—2019 年）

2017年			2018年		
目的地	出境人数	同比增长率（%）	目的地	出境人数	同比增长率（%）
泰国	44.53	7.2	泰国	57.03	28.1
越南	32.04	−9.7	越南	22.51	−29.7
日本	11.11	−32.9	日本	10.88	−2.1
中国香港地区	10.42	−35.0	新加坡	8.26	29.4
中国澳门地区	7.65	−47.2	马来西亚	7.81	40.8
新加坡	6.38	−3.1	中国香港地区	7.08	−32.1
马来西亚	5.55	−17.9	俄罗斯	5.66	44.9
菲律宾	4.90	152.9	印度尼西亚	5.12	68.5
中国台湾地区	3.91	−23.6	中国澳门地区	5.07	−33.6
俄罗斯	3.90	33.1	菲律宾	4.15	−15.3
美国	3.19	53.5	美国	3.12	−2.2
澳大利亚	3.11	87.9	澳大利亚	2.87	−7.6
印度尼西亚	3.04	49.6	中国台湾地区	2.58	−34.1
韩国	2.72	−79.9	英国	2.03	−15.6
英国	2.40	123.3	法国	1.85	−15.4

图 2−37　四川省排名前十五位的出境目的地柱状对比图（2017—2018 年）

2.4.3　出境旅游市场易受影响

出境旅游意愿受到航空安全事故、恐怖袭击、自然灾害等旅游目的地安全问题的负面影响。马航 MH17 坠毁以及亚航 QZ8501 失联等重大航空灾难事件（2014 年），以及德国之翼航空 9525 号班机空难（2015 年）、埃及航空事件

（2016年）等航空安全事故对游客心理的负面影响在短时期内难以消除。泰国曼谷市中心发生爆炸、巴黎恐怖袭击事件以及俄罗斯车臣共和国、伊拉克、菲律宾、索马里、刚果等部分国家（地区）安全形势复杂敏感（2015年），叙利亚恐怖袭击（2016年）、欧洲恐怖袭击和美国校园枪击案（2017年）、法国暴动和斯特拉斯堡市枪击事件（2018年）等恐怖袭击、绑架、凶杀等恶性事件一定程度地降低了游客前往上述旅游安全堪忧的国际目的地的出游意愿。中东呼吸综合征和尼泊尔 Ms.8.1 级地震（2015年）、寨卡病毒（2016年）、泰国苏梅岛登革热疫情（2017年）、东南亚暴雨频发、台风"山竹"来袭、普吉岛沉船事故、澳大利亚飓风（2018年）等自然灾害也对四川游客的出境旅游意愿造成了严重的负面影响。

日美放宽签证限制、成都至美国直飞航线开通、英国放宽对中国游客签证等（2015年）对于四川省出境旅游提供了极大便利。需要注意的是，2018年世界杯在俄罗斯举行，当年前往俄罗斯的四川游客数量大幅增加，达56566人次，同比增加44.9%（图2-38）。

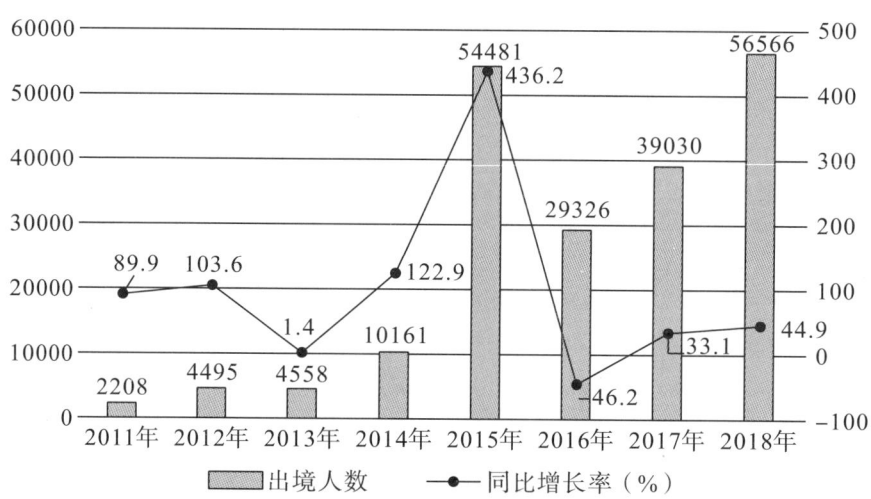

图2-38　四川省游客前往俄罗斯旅游人数及同比增长率（2011—2018年）

2.5　本章小结

选取2002—2019年四川省旅游总收入、国内旅游收入、国内旅游人数、入境旅游人数、旅游外汇收入、出境旅游人数这几项指标，对旅游市场总体情况以及国内、入境与出境三大旅游市场动态特征及其主要问题进行分析，结果表明：

从 2014 年四川省首次实现旅游总收入增收 1000 亿元，到 2018 年旅游总收入首次突破万亿元、迈入"万亿级"产业集群，仅用了五年时间，体现了旅游经济增长的巨大动能。近十年，四川省旅游总收入同比增长率波动特征明显、季度和月度季节性特征显著，成都平原核心旅游区的旅游总收入占全省一半以上（冯晓兵等，2017；袁利等，2018）。因此，四川省旅游总收入所表现出的上述基本面特征加剧了五大旅游区不充分、不平衡的尖锐矛盾。

近年来，四川省国内旅游人次增长放缓，国内旅游收入稳步递增，但后者的同比增长率表现出了明显的波动特征以及月、季两个时尺度上的季节性特征。四川省国内客源地相对稳定，主要聚集于周边省份，以及长三角经济圈、环渤海经济圈、珠三角经济圈等经济较为发达的省市，但 2018 年上海、北京、云南、广东、海南、江苏、天津、湖南、福建下跌严重、增长乏力。在"构建国内国际双循环相互促进的新发展格局"的重要讲话精神的指引下，如何扭转北上广等四川省国内旅游重点市场的颓势，是新常态下"四项拓展、全域开放"的重要增长性目标。同时，四川省五大旅游区国内旅游接待人次和旅游收入不充分不平衡问题也是亟待关注的影响区域旅游经济持续、健康发展的重要靶点。

重大突发灾害性事件对四川省入境旅游周期性下跌造成的影响是需要被关注的首要问题。同时，入境旅游经济指标排名停滞不前、总体规模偏小、发展水平差距加大、质量性指标不达标等问题和短板与旅游资源大省的地位极不相符。2018 年，成都市接待入境旅游人数在副省级城市中列第五位，在北上广深等 12 个重要旅游目的地城市中列第七位，国际旅游收入在国内重要旅游目的地城市中仅列第九位，提示入境旅游高质量发展不足、有较大上升空间。

虽然中国不同区域尺度旅游经济发展差异是客观存在的现实（钟学思，2015；唐承财等，2014；陈晓等，2009；叶护平等，2005；滕飞等，2017；谢泽氡等，2020），但成都入境旅游领跑全省的特征亦凸显了市州和区域旅游资源禀赋与入境旅游经济错位发展问题，特别是不充分不平衡叠加的矛盾。川东北旅游区和川西北旅游区曾于 2011 年对成都平原核心旅游区形成挑战，但近年来入境旅游观测指标总体上持续走低；相较而言，川南旅游区和攀西旅游区入境旅游最弱，幅波动特征也相对显著。因此，充分发挥以成都市为核心的成都平原核心旅游区的引领作用，积极实现省内市州和其他旅游区的协同发展，努力缩小差距、发挥潜力、迎头赶上是解决"畸重畸轻"问题和实现高质量协同发展的重要指向。

四川省入境客源结构较为稳定。这与龚丽娟（2017）、王克军（2017）、薛华菊（2014）的前期研究结果类似。在关注入境旅游的同时，也应转变对出境旅游的认识。近年来，四川省出境旅游市场增速较快。出境旅游目的地主要集中在港澳台、东南亚、日韩等周边国家（地区），少部分集中在俄罗斯、英国、美国等欧美国家。因此，既要看到四川省旅游漏损严重、旅游逆差不断加大的问题，更要清晰地认识到出境旅游快速增长的动因是综合国力增强的必然结果。如何提升四川省内旅行社的外联能力、增强参与国际旅游竞争的能力、培育国际化的旅游市场主体，是文化和旅游行业主管部门在政策上需要积极引导的重要方向。

综上，本章初步探测了四川省旅游市场的总体情况以及国内、入境与出境三大旅游市场的动态特征。对于区域旅游经济统计指标的季节性波动特征和时空差异性特征，将于后续章节予以进一步探讨。

第3章 区域旅游时间序列统计监测评价

四川省是发展旅游较早的省份，旅游业已成为四川省支柱产业，在经济建设中扮演着重要的作用（宋慧娟，2019）。如前所述，四川省从2014年首次实现旅游总收入增收1000亿元，到2018年旅游总收入首次突破万亿元、迈入"万亿级"产业集群，仅用了五年时间，体现了旅游经济增长的巨大动能。2019年累计实现旅游总收入11594.32亿元，同比增长14.7%，占全省GDP（46615.8亿元）的24.9%。近十年，四川省旅游总收入同比增长率波动特征明显、季度和月度季节性特征显著。因此，对省域、五大旅游区等不同尺度经济地理单元的旅游发展速度的时间序列特征、周期性和季节性特征予以科学监测评价显得尤为重要。

定基发展速度与环比发展速度是时间序列处理及其关键信息提取的重要方法（Cang，2012；董礼华，2009）。例如，使用上述方法描述居民消费价格变化情况（栾惠德，2007；桂文林等，2012），或对中国、日本以及美国的土地价格增长进行对比分析（岑树田，2013）。近年来，定基发展速度与环比发展速度被广泛应用于区域旅游时间序列研究。贾天理（2011）通过测算2000—2009年四川省旅游总收入环比发展速度，发现除2008年有所下降外，其余年份旅游总收入均保持两位数增长。

旅游季节性及周期性问题是旅游发展不平衡的重要原因（Hylleberg，1992；邓明，2008；Higham et al.，2002；BarOn，1975；Hartman et al.，1986；Hinch et al.，1997）。影响季节变动的因素包括气候、节假日、节庆活动、居民出游习惯等（冯学钢等，2014；Butler，1994；周永振，2011；黄和平，2015）。中国的旅游季节性规律很大程度上与法定假日调整密切相关，也与休闲政策与城乡居民休闲特征存在关联（秦宏瑶等，2014）。季节指数常用于分析季节性因素，应用领域包括气候、矿产价格、供电量、航空客运量、公路交通量等（王立坤等，2002；廖作鸿，2008；陈景鹏，2003；张永莉等，2008；秦宏瑶等，2016；童明荣等，2008），特别是旅游季节性问题（秦宏瑶等，2014；陆林等，2002；Koc，2007；Jang，2004；林德荣等，2015）。其测算方法先后经历了从描述性统计向时间序列演变的历程（Cuccia et al.，2011）。年度季节强度指数主要通过测算季节性相关系数、基尼指数或泰尔指数来反映观测值在年季时间尺度的变动规律，仅对季节指数给出了一个点的估计量（Fernandez-Morales et al.，2008）；月度季节指数以 Box 和 Jenkins 提出的 ARIMAs 模型为代表，反映若干年度内的综合季节性趋势。其他模型还包括 SARIMA、MARIMA、GARCH 等（Song et al.，2008；徐克帅，2010；朱红兵，2011）。

本章选取旅游总收入、旅游外汇收入、国内旅游人数及入境旅游人数作为监测指标，计算 2002—2019 年时间段监测指标的定基发展速度与环比发展速度，揭示省域及五大旅游区等不同尺度时间序列发展特征；使用滤波分解的方法对增长率周期和增长周期两种方式的周期成分进行划分，得到趋势成分和周期成分的结果图示，揭示四川省入境旅游人数时间序列周期波动特征，并采用"谷—谷"法确定波动周期。

3.1 发展速度特征

3.1.1 定基发展速度

定基发展速度是指在时间序列中，报告期发展水平与固定基期发展水平对比所得的相对数。通过对其测算，可以表明某项指标在一定时期内总体发展速度，故亦称为"总速度"（陶为群，2009）。定基发展速度越大，报告期的发展水平越高于基期水平。计算公式如下：

$$F = \frac{a_n}{a_0} \tag{3-1}$$

式中，F 为定基发展速度；a_0 为固定基期的发展水平；a_n 为第 n 年发展水平。

以 2002 年为基础年（基期），计算四川省 2002—2019 年国内旅游人数、入境旅游人数、旅游总收入的定基发展速度。总体上，四川省接待国内旅游人数定基发展速度逐年增大。2003—2007 年缓慢上升，保持在 $1.16 \leqslant F \leqslant 2.57$ 水平。其中，2003—2007 年逐年递增，至 2007 年达 2.57。2008 年受汶川地震以及金融危机等因素影响，小幅下挫至 2.42。2009—2019 年，定基发展速度指标实现了翻倍，从 2009 年的 3.04 快速增至 2019 年的 10.40（表 3-1；

图 3-1)。

表 3-1 四川省接待国内旅游人数与接待入境旅游人数定基发展速度 (2002—2019 年)

年份	国内旅游人数(万人次)	定基发展速度	入境旅游人数(万人次)	定基发展速度	年份	国内旅游人数(万人次)	定基发展速度	入境旅游人数(万人次)	定基发展速度
2002	7218.00	—	66.72	—	2011	34977.82	4.85	163.97	2.46
2003	8403.00	1.16	45.09	0.68	2012	43451.77	6.02	227.34	3.41
2004	11426.00	1.58	96.62	1.45	2013	48696.50	6.75	209.56	3.14
2005	13163.99	1.82	106.28	1.59	2014	53549.69	7.42	240.17	3.60
2006	16580.56	2.30	140.18	2.10	2015	58500.63	8.10	273.20	4.09
2007	18569.69	2.57	170.87	2.56	2016	63025.00	8.73	308.79	4.63
2008	17456.00	2.42	69.95	1.05	2017	66924.00	9.27	336.17	5.04
2009	21922.14	3.04	84.99	1.27	2018	70198.44	9.73	369.82	5.54
2010	27141.30	3.76	104.93	1.57	2019	75081.58	10.40	414.78	6.22

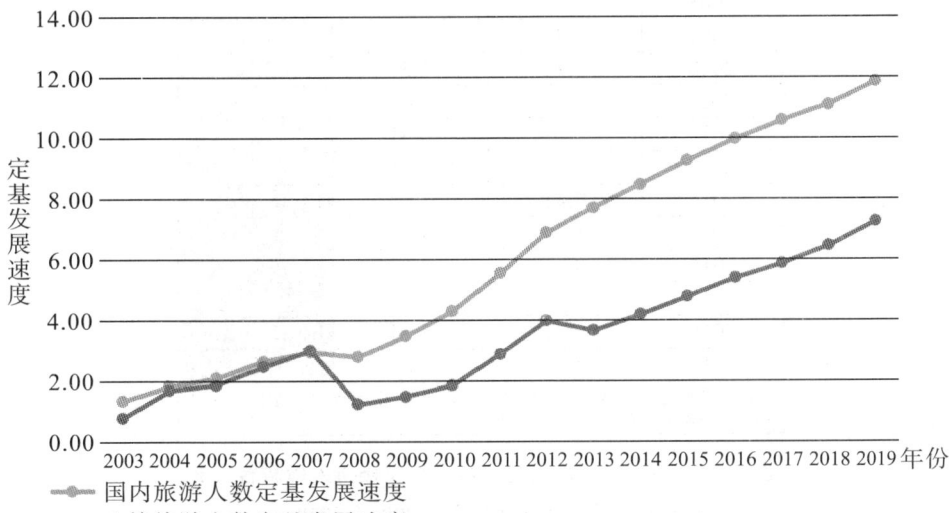

图 3-1 四川省接待国内旅游人数与接待入境旅游人数定基发展速度对比图
(2003—2019 年)

四川省接待入境旅游人数与其国内旅游人数指标有着较为相似的定基发展速度演化特征,即整体上逐年增大,但 2008 年和 2013 年分别出现不同程度的震荡下挫。2003—2007 年,定基发展速度表现为缓慢上升态势,从 2003 年的

0.68 增至 2007 年的 2.56，但 2008 年下挫至 1.05。2009—2012 年再次持续抬升，至 2012 年达 3.41。经历了 2013 年（$F=3.14$）的小幅下挫，该项指标持续走高，于 2019 年达到极值（$F=6.22$）。

近年来，接待国内旅游人数与接待入境旅游人数的定基发展速度差距逐渐加大。2003—2007 年，二者定基发展速度差值较小（$0.01 \leqslant \Delta F \leqslant 0.49$），表现出协同发展的特征。然而，2008—2012 年，定基发展速度差值逐年增加，从 1.37 增加至 2.61，接待入境旅游人数定基发展速度显著快于接待国内旅游人数。2013 年伊始，差值进一步扩大，大致在 $3.61 \leqslant \Delta F \leqslant 4.19$ 水平波动（图 3－2）。

年份	F_1	F_2	ΔF
2002	—	—	—
2003	1.17	0.68	0.49
2004	1.58	1.45	0.13
2005	1.82	1.59	0.23
2006	2.30	2.10	0.20
2007	2.57	2.56	0.01
2008	2.42	1.05	1.37
2009	3.04	1.27	1.77
2010	3.76	1.57	2.19
2011	4.85	2.46	2.39
2012	6.02	3.41	2.61
2013	6.75	3.14	3.61
2014	7.42	3.60	3.82
2015	8.10	4.09	4.01
2016	8.73	4.63	4.10
2017	9.27	5.04	4.23
2018	9.73	5.54	4.19
2019	10.40	6.22	4.18

备注：F_1 为国内旅游人数定基发展速度；F_2 为入境旅游人数定基发展速度；ΔF 为国内与入境旅游人数定基发展速度差值

图 3－2　四川省接待国内游客人数与接待入境游客人数定基发展速度差值色阶图（2003—2019 年）

四川省旅游总收入定基发展速度呈快速上升态势。以 2002 年为基期，除 2008 年有所下降外（$F=2.87$），17 年间增长近 30 倍。2003 年，旅游总收入定基发展速度仅为 1.11，到 2019 年高达 30.50。旅游总收入从 2002 年的 380.20 亿元增长至 2019 年的 11594.32 亿元（表 3－2）。

表 3-2　四川省旅游总收入定基发展速度（2002—2019 年）

年份	旅游总收入（亿元）	定基发展速度	年份	旅游总收入（亿元）	定基发展速度
2002	380.20	—	2011	2449.15	6.44
2003	420.80	1.11	2012	3280.25	8.63
2004	566.23	1.49	2013	3877.40	10.20
2005	721.26	1.90	2014	4891.04	12.86
2006	979.57	2.58	2015	6210.50	16.33
2007	1217.31	3.20	2016	7705.54	20.27
2008	1091.52	2.87	2017	8923.06	23.47
2009	1472.48	3.87	2018	10112.75	26.60
2010	1886.09	4.96	2019	11594.32	30.50

3.1.2　环比发展速度

环比发展速度是时间序列中报告期发展水平与前期发展水平之比（陶为群，2009）。环比发展速度按时间顺序连续地反映当前阶段比上一阶段的变动情况，能及时准确地反映指标的转折点（董礼华，2009）。计算公式如下：

$$C = \frac{a_n}{a_{n-1}} \tag{3-2}$$

式中，C 表示环比发展速度；a_n 表示第 n 年的发展水平；a_{n-1} 表示第 $n-1$ 年的发展水平。

环比发展速度可反映某项指标逐年的发展状况，环比发展速度越大，则相较于上阶段发展水平越高。在一定时期内增长幅度越均衡，则发展越稳定。根据公式（3-2），计算四川省不同尺度区域旅游总收入的环比发展速度。

2003—2019 年，四川省旅游总收入环比发展速度除 2008 年小于 1 以外，其他年份介于 1.1～1.36，变化幅度小，趋于平稳状态，局部有所波动。2003—2004 年、2006 年、2009 年、2011 年、2014—2015 年环比发展速度上升，2005 年、2007 年、2008 年、2010 年、2013 年、2016—2019 年环比发展速度一定程度下滑（表 3-3）。

表3-3 四川省旅游总收入环比发展速度（2002—2019年）

年份	旅游总收入（亿元）	环比发展速度	年份	旅游总收入（亿元）	环比发展速度
2002	380.20	—	2011	2449.15	1.30
2003	420.80	1.11	2012	3280.25	1.34
2004	566.23	1.35	2013	3877.40	1.18
2005	721.26	1.27	2014	4891.04	1.26
2006	979.57	1.36	2015	6210.50	1.27
2007	1217.31	1.24	2016	7705.54	1.24
2008	1091.52	0.90	2017	8923.06	1.16
2009	1472.48	1.35	2018	10112.75	1.13
2010	1886.09	1.28	2019	11594.32	1.15

2011—2018年，成都平原核心旅游区环比发展速度介于1.21~1.32，整体呈下降趋势。2012年环比发展速度值最高（$C=1.32$），2012—2016年由1.32降至1.21，2017年有所回升（$C=1.23$），2018年降至1.21。川西北旅游区除2017年（$C=0.90$）、2018年（$C=0.97$），环比发展速度大于1（$1.13 \leq C \leq 1.41$），2012年达最大值（$C=1.41$），2017年为最小值（$C=0.90$）。川东北旅游区环比发展速度逐年下降，其环比发展速度介于1.22~1.45。攀西旅游区环比发展速度波动性强，介于1.18~1.49，2013年达最大值（$C=1.49$），2017年为最小值（$C=1.18$）。其中，2012—2013年递增，2013—2017年下降，至2018年小幅回升（$C=1.21$）。川南旅游区环比发展速度波动特征明显，介于1.20~1.29，2015年达到最大值（$C=1.29$），2018年为最小值（$C=1.20$）。2012年为1.25，2013年升至1.26，2014年降至1.25。2015年和2017年上升，而2016年与2018年再次出现下降。

综上，五大旅游区环比发展速度表现出差异化的增长特征。成都平原核心旅游区、川西北旅游区、川东北旅游区、攀西旅游区环比发展速度呈现逐年小幅下降趋势；川西北旅游区表现出相对较强的波动性特征，攀西旅游区次之（表3-4）。

表3-4 四川省五大旅游区旅游总收入环比发展速度（2011—2018年）

年份	成都平原核心旅游区	川西北旅游区	川东北旅游区	攀西旅游区	川南旅游区
2011	—	—	—	—	—
2012	1.32	1.41	1.45	1.23	1.25
2013	1.26	1.19	1.34	1.49	1.26
2014	1.26	1.24	1.31	1.41	1.25
2015	1.25	1.22	1.29	1.34	1.29
2016	1.21	1.13	1.23	1.20	1.25
2017	1.23	0.90	1.22	1.18	1.27
2018	1.21	0.97	1.22	1.21	1.20

相较于五大旅游区尺度，市州尺度环比发展速度波动特征和区域差异化特征更为显著。2012—2013年、2016—2018年2个时段，21个市州的旅游总收入环比发展速度有明显的波谷与波峰，但整体呈减小的趋势，最大环比发展速度从2012年的2.07降至2018年的1.35。

2012—2018年，广安、巴中、绵阳、广元、攀枝花整体的旅游总收入环比发展速度位于前列，表明其旅游总收入增长较快。2012年，广安的环比发展速度最大（$C=2.07$），其次依次是广元（$C=1.55$）、阿坝（$C=1.45$）、绵阳（$C=1.41$）、巴中（$C=1.38$）。2013年，环比发展速度最大的是甘孜州（$C=1.75$），其次依次是攀枝花（$C=1.53$）、巴中（$C=1.51$）、绵阳（$C=1.50$），最小的是雅安（$C=0.89$）。2016年，雅安（$C=1.36$）和泸州（$C=1.31$）环比发展速度最快，巴中、广元、眉山并列第三（$C=1.28$），资阳排名末尾（$C=0.6$）。

相较于其他市州，资阳和阿坝州环比发展速度波动大。资阳、阿坝州2012年的环比发展速度都达最大值，分别为1.32、1.45，但近三年来旅游环比发展速度都出现小于1的情况，介于0.63～0.75。成都、乐山、眉山、南充、达州、宜宾、遂宁旅游总收入环比发展速度介于1.20～1.37，波动幅度较小，处于较平稳增长状态。近三年，成都、遂宁、乐山、眉山、阿坝州、广元、广安、巴中的环比发展速度小幅下降。绵阳、德阳、甘孜州、凉山州环比发展速度个别年份增长幅度大，最大值分别达1.50、1.50、1.75、1.47（表3-5）。

表 3-5　四川省各市州旅游总收入环比发展速度（2012—2018 年）

市州\年份	2012	2013	2014	2015	2016	2017	2018
成都	1.30	1.26	1.25	1.23	1.23	1.20	1.22
德阳	1.31	1.37	1.30	1.29	1.22	1.50	1.35
绵阳	1.41	1.50	1.35	1.24	1.23	1.26	1.21
遂宁	1.27	1.27	1.20	1.25	1.24	1.24	1.21
乐山	1.36	1.18	1.21	1.29	1.25	1.23	1.16
雅安	1.25	0.89	1.54	1.40	1.36	1.23	1.26
眉山	1.37	1.32	1.25	1.28	1.28	1.21	1.13
资阳	1.32	1.27	1.26	1.21	0.63	1.15	1.17
甘孜州	1.20	1.75	1.27	1.35	1.19	1.28	1.34
阿坝州	1.45	1.08	1.24	1.18	1.10	0.75	0.70
广元	1.55	1.36	1.41	1.31	1.28	1.27	1.25
南充	1.27	1.35	1.21	1.27	1.16	1.22	1.26
广安	2.07	1.31	1.44	1.26	1.23	1.16	1.15
达州	1.23	1.22	1.20	1.24	1.25	1.22	1.22
巴中	1.38	1.51	1.35	1.46	1.28	1.26	1.18
攀枝花	1.32	1.53	1.47	1.35	1.20	1.15	1.21
凉山州	1.17	1.47	1.36	1.33	1.21	1.20	1.21
宜宾	1.27	1.26	1.23	1.30	1.27	1.28	1.28
自贡	1.22	1.18	1.25	1.24	1.14	1.20	1.15
泸州	1.26	1.35	1.29	1.38	1.31	1.33	1.16
内江	1.24	1.28	1.24	1.24	1.26	1.22	1.18

3.2　周期性特征

　　周期波动是一种客观存在的经济现象，旅游业作为宏观经济的一部分，也表现出由扩张到紧缩的周期波动特征。研究分析入境旅游周期波动，识别市场发展的不同阶段,对于掌握入境旅游发展规律,科学制定发展政策等方面具有重要的现实意义。

采用三种滤波分解的方法对增长率周期和增长周期两种方式的周期成分进行划分。数据样本选择方面,三种滤波分解的序列数据均是 1997 年至 2019 年年度数据。其中,增长率周期的序列数据是四川省入境旅游人数年度增长率;增长周期的序列数据是对四川省入境旅游人数数据取对数所得的序列。

3.2.1 滤波分析

3.2.1.1 HP 滤波

HP 滤波方法是由 Hodrick 和 Prescott 在 1980 年研究战后美国经济周期的成果中首次提出的,其实质是过滤掉低频的趋势成分,保留高频的周期成分。设 $\{Y_t\}$ 是包含趋势成分和波动成分的经济时间序列,$\{Y_t^T\}$ 是其中含有的趋势成分,$\{Y_t^C\}$ 是其中含有的波动成分,则

$$Y_t = Y_t^T + Y_t^C \qquad t = 1, 2, \cdots, T$$

计算 HP 滤波就是从 $\{Y_t\}$ 中将 Y_t^T 分离出来。时间序列 $\{Y_t\}$ 中的不可观测部分趋势 $\{Y_t^T\}$ 常被定义为下面最小化问题的解:

$$\min \sum_{t=1}^{T} \{(Y_t - Y_t^T)^2 + \lambda [c(L) Y_t^T]^2\}$$

其中:$c(L)$ 是延迟算子多项式,有

$$c(L) = (L^{-1} - 1) - (1 - L)$$

则 HP 滤波的问题就是使下面损失函数最小,即

$$\min \sum_{t=1}^{T} \{(Y_t - Y_t^T)^2 + \lambda \sum_{t=2}^{T-1} [(Y_{t+1}^T - Y_t^T) - (Y_t^T - Y_{t-1}^T)]^2\}$$

最小化问题用 $[c(L)Y_t^T]^2$ 来调整趋势的变化,随着 λ 的增大而增大。HP 滤波依赖于参数 λ。当序列为年度数据时,$\lambda=100$;当序列为季度数据时,$\lambda=1600$;当序列为月度数据时,$\lambda=14400$。

两类数据序列均为年度数据,故两种周期类型的 λ 取值皆为 100,得到趋势成分和周期成分的结果(图 3-3;附表 3-4;附表 3-5)。

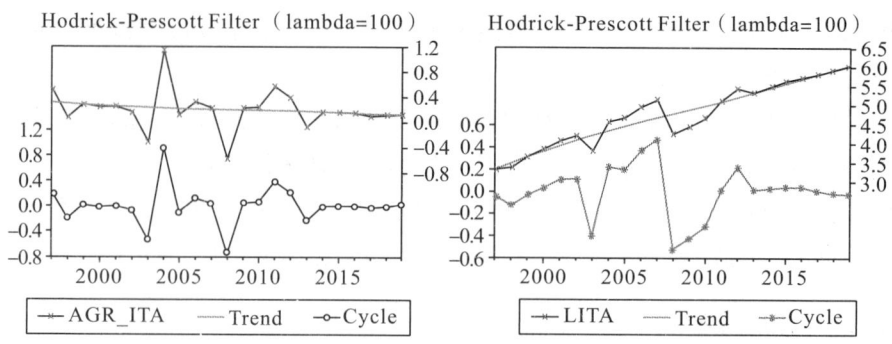

图 3-3 入境旅游人数增长率周期和增长周期的 HP 滤波分解图

3.2.1.2 BP 滤波

带通滤波（Band-pass Filter，BP）基于频域分析，能够根据研究者事先设定的循环成分的性质，通过设定频率响应函数等手段得到权重，通过对原序列加权近似得到满足事先设定性质的循环成分。常用的两种带通滤波方法是 BK（Baxter-King）滤波（1999）和 CF（Christiano-Fitzgerald）滤波（2003）。

同前，两类数据序列为年度数据，且 BK 滤波分解公式为 3 阶中心移动平均，故两种周期类型的滞后阶数值均取 3，周期范围区间值是 [2，8]，得到趋势成分和周期成分的结果（图 3-4；附表 3-4；附表 3-5）。

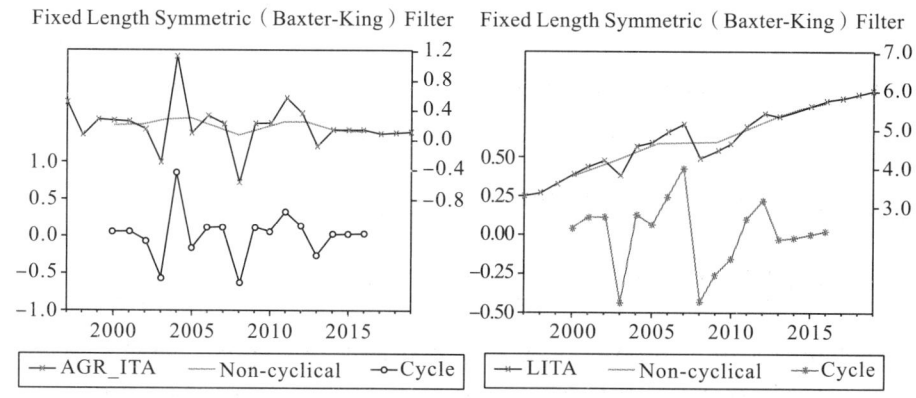

图 3-4 入境旅游人数增长率周期和增长周期的 BK 滤波分解图

3.2.1.3 CP 滤波

两种周期类型序列数据均是带截距的单位根过程，故 CF 滤波分解中的平稳性假定都选择随机游走的形式，得到趋势成分和周期成分的结果（图 3-5；附表 3-4；附表 3-5）。

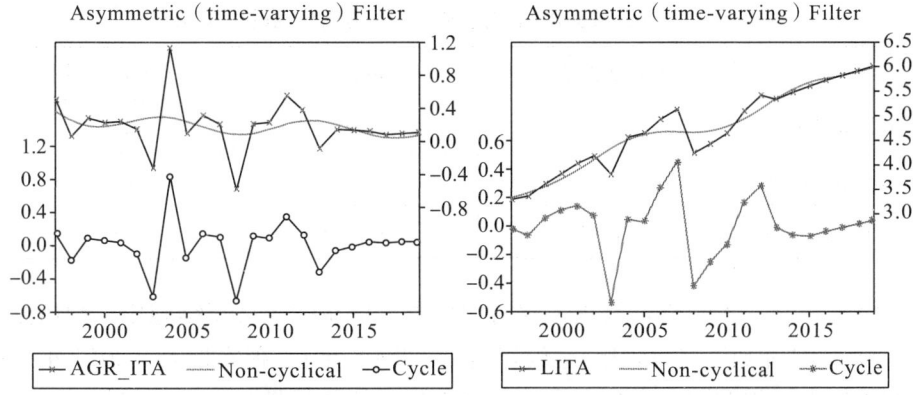

图 3-5　入境旅游人数增长率周期和增长周期的 CF 滤波分解图

3.2.2　周期性识别

确定一个完整的周期，可以采取从一个波峰到另一个波峰，或者从一个波谷到另一个波谷的方法。采用"谷—谷"法确定周期，从入境旅游人数增长率序列的 HP 滤波、BK 滤波、CF 滤波分解图可以看出，不同滤波分解方法所得的周期结果基本相同，1997—2019 年四川省入境旅游大致经历了 4~5 个周期：1997—2003 年、2004—2008 年、2009—2013 年、2014—2017 年、2018 年开始尚未完成，平均每个周期约为 5 年，其中最近的 2 个周期波动的幅度较小，说明四川省入境旅游经济增长的稳定性增强。

为了验证不同滤波对周期划分的相关性，进一步就不同周期类型下的三种滤波分解后得到的周期成分序列进行相关分析。结果显示：不同滤波周期成分之间的相关系数较高，且通过了显著性检验，表明在不同周期类型下，三种滤波方法分解所得的周期成分一致性较好，分解结果具有相对稳定性，周期划分合理（表 3-6；表 3-7）。

表 3-6　不同滤波分解得到的增长率周期成分间的相关系数 1

	HP 滤波周期	BK 滤波周期	CF 滤波周期
HP 滤波周期	1.0000	0.9879	0.9844
BK 滤波周期	0.9879	1.0000	0.9961
CF 滤波周期	0.9844	0.9961	1.0000

表 3-7　不同滤波分解得到的增长率周期成分间的相关系数 2

	HP 滤波周期	BK 滤波周期	CF 滤波周期
HP 滤波周期	1.0000	0.9607	0.9034
BK 滤波周期	0.9607	1.0000	0.9758
CF 滤波周期	0.9034	0.9758	1.0000

综上，近二十余年，天灾人祸对四川省入境旅游经济持续施压。频谱分析结果显示："非典"（2003 年）、汶川地震（2008 年）、雅安地震（2013 年）使得四川省入境旅游同比增长率大致出现 5 年一轮的周期性下降。2013 年以来，重大突发灾害性事件及其对应的同比增长率下降周期呈现不规则变化，有缩短为 3~4 年的趋势。九寨沟地震（2017 年）距上一次同比增长率下降时间为 4 年，而新型冠状病毒肺炎疫情距前一次下降仅 3 年，提示为非周期性下降。新的重大突发灾害性事件的类型、强度等虽不可知，但周期性规律表明下一次的同比增长率快速下降将较大概率发生于 2023—2025 年区间。

3.3　季节性特征

季节分解模块包括加法模型和乘法模型。加法模型：$Z_t = Tr_t + Sn_t + Cl_t + e_t$；乘法模型：$Z_t = Tr_t \times Sn_t \times Cl_t \times e_t$。式中，$t$ 为时间序列；Z_t 为月度季节指数；Tr_t 为线性趋势；Sn_t 为季节变化；Cl_t 为循环变化；e_t 为误差。四川省入境旅游季节变动与时间数列的长期趋势大致成正比，且时间数列图大致呈喇叭状或放射状，故采用乘法模型。

经季节分解，求得月度季节指数（Z_t）。当 $Z_t > 100$ 时为旺季，当 $Z_t < 100$ 时为淡季。结果表明：四川省入境旅游淡旺季差异明显。旺季集中于 6~10 月，1 月、2 月、3 月、4 月、5 月、11 月、12 月为淡季。最大值出现在 9 月（$Z_t = 155.4$），最小值则在 4 月（$Z_t = 58.2$）。在未考虑寒暑假的情况下，美国的独立日（7 月）、劳动节（9 月）、日本的山之日（8 月）、秋分节（9 月）为代表的主要客源地的法定节假日，与四川省入境旅游季节变动特征存在差异化的对应关系（表 3-8）。

表 3-8 四川省入境旅游季节因子与法定节假日对应关系

月份	季节因子（Z_t）	四季	法定节假日（2020年）		
			中国	美国	日本
1	59.3	冬	元旦节：1月1日	新年、马丁·路德·金纪念日	新年、建国纪念日
2	62.0	冬	春节：1月24日—2月2日	总统日	天皇诞辰
3	80.1	春			春分节
4	58.2	春	清明节：4月4日—6日		昭和日
5	92.1	春	劳动节：5月1日—5日	阵亡将士纪念日	宪法纪念日、绿之日、儿童节、海之日、体育日
6	124.8	夏	端午节：6月25日—27日		
7	140.0	夏		独立日	
8	141.1	夏			山之日
9	155.4	秋		劳动节	敬老节、秋分节
10	140.8	秋	中秋节/国庆节：10月1日—8日		
11	79.4	秋		感恩节	文化日、劳动日
12	66.9	冬		圣诞节	圣诞节

3.4 本章小结

选取旅游总收入、旅游外汇收入、国内旅游人数以及入境旅游人数作为指标，计算不同尺度下各指标的定基与环比发展速度，从时间维度角度分析了四川省整个区域、五大区以及21市州不同尺度的旅游发展情况。取得的主要认识和结果如下：

首先，自然灾害、全球流行病、经济危机等重大突发灾害性事件不同程度地影响旅游经济增长（邵云等，2009；Mcaleer et al.，2010；Jin et al.，2019）。四川省定基发展速度呈增长态势，除2008年受自然灾害以及金融危机等影响，定基发展速度有所下降外，其他年份定基发展速度都在逐年增加。旅游经济发展速度放缓这一结果与邵云对震后四川旅游经济研究结果一致（邵云等,2009)。四川省入境旅游人数逐年上升(李琳,2007;袁利等,2018),但入境旅游人数与国内旅游人数的定基发展速度发展不均衡,表现为入境旅游人数的定基发展速度大于国内旅游人数的定基发展速度。

其次,四川省内旅游经济增长具有不均衡性及波动性。四川省旅游总收入环比发展速度除2008年小于1以外,其他年份值介于1.1~1.36,变化幅度小,旅游总收入趋于平稳状态。2017—2018年,川西北旅游区发展相对缓慢,川南旅游区平稳增长。近年来,成都平原核心旅游区、川西北旅游区、川东北旅游区、攀西旅游区增长指数有小幅下降。从21市州的旅游收入环比发展速度来看,市州增幅参差不一。主要集中于成都平原核心旅游区与川东北旅游区的市州,如成都、遂宁、乐山、眉山、阿坝州、广元等,增长指数出现下降。由此印证了前人发现四川省旅游经济绝对差异增大,相对差异减少,五大旅游区经济增幅失衡的结论(杨霞等,2012;付洪利等,2015;钟美玲等,2018)。

最后,使用滤波分解的方法对增长率周期和增长周期两种方式的周期成分进行划分,得到趋势成分和周期成分的结果图示,揭示四川省入境旅游人数时间序列周期波动特征。进而采用"谷—谷"法确定周期,结果表明:1997—2019年四川省入境旅游大致经历了4~5个周期:1997—2003年、2004—2008年、2009—2013年、2014—2017年、2018年开始尚未完成,由此说明时间序列存在长度约为5年的周期。

综上,对省域、区域、市州尺度旅游经济发展进行时间序列特征分析,掌握其波动规律,有望为旅游发展战略制定、精准施策提供理论依据。下一步,探究区域旅游发展不均衡的影响因素,尤其是近几年增长指数有小幅度下降的市州旅游经济发展的制约因素,有望为推动"一干多支、五区协同"区域经济发展新格局的形成提供基础数据。

第4章 区域旅游时空差异统计监测评价

区域旅游经济差异是普遍存在的现象，也是旅游统计监测评价热点问题（方叶林等，2013；徐东文等，2013）。受旅游资源、社会经济、市场区位、交通区位、基础设施等条件的影响，旅游经济发展水平呈现出非均衡性（王建军，2012；周成等，2014）。前期研究表明，四川省21个市州、五大旅游区等不同空间尺度以及国内旅游和入境旅游等不同经济指标差距显著。因此，需要对旅游经济差异进行测度，了解差异的现状以及差异的构成，从而为解决区域旅游经济差异问题、促进区域旅游经济协调发展提供参考。

区域旅游经济时空差异是研究的重要内容，涉及旅游与经济增长的关系、旅游经济与生态环境协调发展、旅游经济差异的驱动因素、测度方法和旅游经济差异调控等诸多方面（李秋雨等，2020；瞿华，2014；黄明凤等，2014）。测度指标多选取旅游总收入、国内旅游收入、旅游外汇收入和国内生产总值（GDP）（郭永锐等，2014；徐东文等，2013；马仁锋等，2015）。前人采取标准差、变异系数、基尼系数（Gini）、锡尔系数（Theil）等经典统计分析方法对不同时段、不同尺度（三大地带、省域、市域、县域）的旅游经济差异进行测度（陈晓等，2009；方叶林等，2013；陈利等，2014；田里等，2018）。例如，冯迎（2016）、王洪桥（2014）对新疆、浙江等的研究。然而，关于四川省作为旅游目的地的旅游经济时空差异的研究较少，仅李佳（2015）、付洪利（2015）、杨霞（2012）、陈国柱（2020）、杨风（2018）等人的成果可供参考。例如，陈国柱（2020）以四川省21个市州为研究对象，运用Dagum基尼系数及其分解方法以及经济增长收敛模型等方法，对四川省2002—2017年旅游经济差异进行研究。

鉴于此，通过经典统计方法全面探讨四川省、21个市州和五大旅游区旅游经济时空差异情况，揭示四川省旅游经济的时空差异及其变化规律。首先，选取四川省21个市州2011—2018年的旅游总收入、国内旅游收入和旅游外汇收入，以及2011—2018年各市州年末常住人口作为测度旅游经济差异的主要指标，综合运用标准差和变异系数测度市州旅游经济的绝对差异和相对差异；

其次,采用基尼系数(Gini)测度四川省旅游经济时间差异,揭示国内旅游和入境旅游对四川省旅游经济差异贡献度;最后,利用锡尔系数(Theil)测度五大旅游区区间差异和区内差异,并使用年均增长率测度市州旅游经济发展速度差异[①]。

本章数据使用情况如下:标准差和变异系数采用2011—2018年四川省旅游总收入及21个市州旅游总收入,年均增长率采用2011—2018年四川省21个市州旅游总收入,基尼系数(Gini)采用2011—2018年四川省旅游总收入、21个市州旅游总收入、四川省国内旅游收入、21个市州国内旅游收入和四川省外汇旅游外汇收入、21个市州外汇旅游外汇收入,数据来源于《四川省旅游统计报表》《四川省旅游统计便览》;锡尔系数(Theil)采用2011—2018年四川省旅游总收入、21个市州旅游总收入和年末常住人口数,数据来源于《四川省旅游统计报表》《四川省旅游统计便览》《四川统计年鉴2018》和2018年四川省各市州国民经济和社会发展统计公报。

4.1 标准差

标准差(S_t)是用于计算四川省旅游经济绝对差异。其计算公式如下:

$$S_t = \sqrt{\sum_{i=1}^{n}(Y_{ti}-Y_i)^2/n} \qquad (4-1)$$

式中,Y_{ti}代表第t年第i个市州的旅游收入;Y_i表示第t年全部市州的旅游平均收入;n表示市州个数(朱士鹏等,2013)。

根据公式(4-1),计算出旅游经济的标准差。标准差由2011年的158.98显著扩大到2018年的724.47,说明四川省旅游经济绝对差异逐渐变大(图4-1)。

4.2 变异系数

变异系数(V_t)是用于计算四川旅游经济相对差异。其计算公式如下(朱士鹏等,2013):

---

① 区域旅游时空差异统计监测评价部分内容来源于课题组阶段成果《四川省旅游经济时空差异测度》。

$$V_t = S_t/Y_t \tag{4-2}$$

式中，S_t 代表第 t 年四川省旅游经济绝对差异；Y_t 表示第 t 年全部市州的旅游平均收入（朱士鹏等，2013）。根据公式（4-2），计算出旅游经济的变异系数。变异系数则是经历了一个下降—上升—下降—上升的过程。2012 年（V_t＝1.32）处于相对低位，2018 年达到最大值（V_t＝1.50），2013—2016 年变异系数持续下降，2017 年上升。表明四川省旅游经济相对差异呈现波动状态，2013—2016 年相对差异不断缩小，2017—2018 年差距又逐渐拉大（图 4-2）。

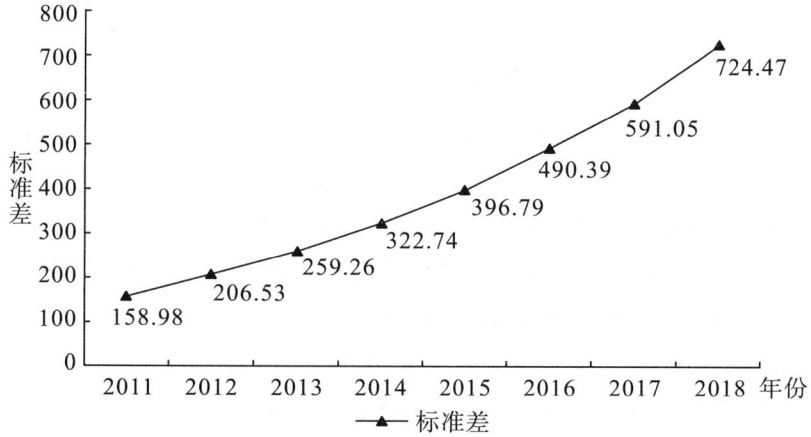

图 4-1 四川省旅游经济绝对差异

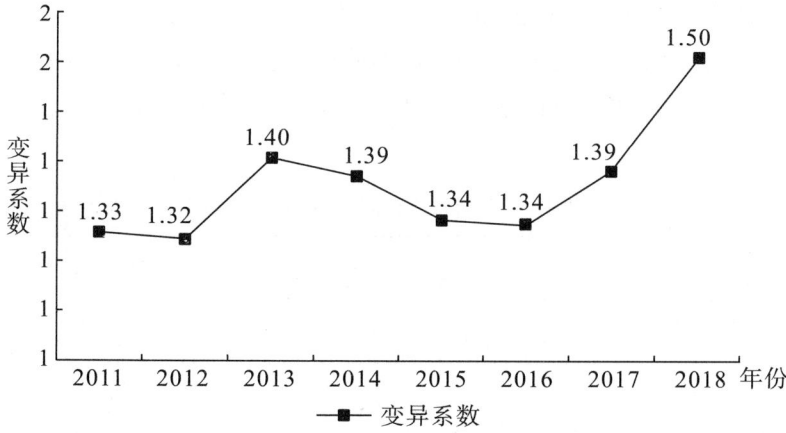

图 4-2 四川省旅游经济相对差异

4.3 基尼系数

基尼系数（Gini）除了能体现旅游经济总体差异，还能分解为国内旅游和入境旅游 2 个部分，以分别测算它们对旅游总体差异的贡献程度。其计算公式如下：

$$G = \frac{2}{n}\sum_{i=1}^{n} y_i - \frac{n+1}{n} \tag{4-3}$$

$$G = \sum \frac{u_a}{u} C_a = \sum S_a C_a \tag{4-4}$$

式中，y_i 表示排名第 i 位的市州旅游总收入在全省所占的比重（按升序排列，$y_1 < y_2 < \cdots < y_n$）；n 表示市州个数；C_a 表示第 a 组分的基尼系数；u_a、u 分别表示第 a 组分旅游收入与旅游总收入；S_a 表示第 a 组分收入所占比重，因此 $(S_a C_a/G) \times 100\%$ 为 a 组分对全省差异的贡献率（陈智博等，2008）。

2011—2018 年，旅游总收入的基尼系数均高于 0.4 的"警戒线"，表明旅游经济内部结构差异显著（表 4-1；图 4-3）。从旅游总收入来看，2011—2018 年旅游总收入基尼系数（Gini）呈现上升趋势。其中，2011—2013 年呈现上升态势，2013—2016 年呈现出下降趋势，2017—2018 年逐年上升，2018 年达到最大值（0.6846）。一方面，旅游总收入和国内旅游收入的基尼系数（Gini）折现基本重合，国内旅游收入与旅游总收入的基尼系数（Gini）变化趋势一致，其主要原因在于国内旅游收入是旅游总收入的主要来源，几乎逼近旅游总收入；另一方面，四川旅游外汇收入在旅游总收入中占比较小，形成短板。

表 4-1　2011—2018 年四川省旅游经济基尼系数（Gini）分解结果

	年份	2011	2012	2013	2014	2015	2016	2017	2018
基尼系数（Gini）	旅游总收入	0.4210	0.4287	0.5260	0.5230	0.5017	0.4985	0.5731	0.6846
	国内旅游收入	0.4135	0.4216	0.5211	0.5187	0.4967	0.4904	0.5693	0.6820
	旅游外汇收入	0.9048	0.8849	0.9204	0.9166	0.9265	0.9383	0.9398	0.9436
贡献率（%）	国内旅游收入	96.70	96.83	97.86	98.11	97.79	97.43	98.21	98.63
	旅游外汇收入	3.30	3.17	2.14	1.89	2.21	2.57	1.79	1.36

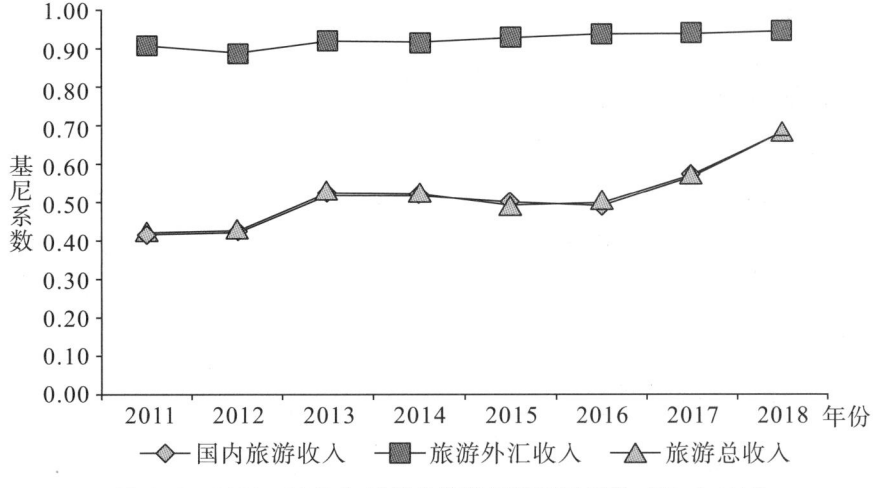

图 4-3 2011—2018 年四川省旅游经济基尼系数（Gini）对比

2011—2018 年，旅游外汇收入基尼系数（Gini）整体较为平稳，呈小幅上升趋势。2012 年和 2014 年小幅下降，2015—2018 年持续上升，表明旅游经济差异在逐渐变大。旅游总收入、国内旅游收入与旅游外汇收入的基尼系数（Gini）相比较而言，旅游外汇收入远大于国内旅游收入和旅游总收入的基尼系数（Gini）。由此，四川省国内旅游经济发展水平差异低于国际旅游。

21 个市州在旅游外汇收入方面差异悬殊。从对总差异的贡献率看，国内旅游收入所占比重远高于旅游外汇收入，始终超过 96%，最高达 98.63%，而旅游外汇收入贡献率始终为个位数。旅游外汇收入所占旅游总收入比重小，对总差异的影响并不大。因此，四川省旅游经济总体差异主要受国内旅游经济差异的影响。

4.4 锡尔系数

锡尔系数（Theil）不仅能考察全省的总体差异，也能将总体差异分解为区内差和区间差，用以测算各组分对总差异的影响程度。其分解计算公式如下：

$$T = T_w + T_B = \sum_i \frac{Y_i}{Y} \left(\sum_j \frac{Y_{ij}}{Y_i} \log \frac{Y_{ij} Y_i^{-1}}{P_{ij} P_i^{-1}} \right) + \sum_i \frac{Y_i}{Y} \log \frac{Y_i Y^{-1}}{P_i P^{-1}}$$

(4-5)

式中，T 为锡尔指数，表示总体差异；T_w 表示五大旅游区区内差异；T_B 表示五大旅游区区间差异；Y 表示四川省旅游总收入；P 表示四川省年末常住人口数；Y_i、P_i 分别表示 i 旅游区的旅游总收入和年末常住人口数；Y_{ij}、P_{ij} 分别表示 i 旅游区的第 j 市的旅游总收入和人口数（陈晓等，2009）。

锡尔系数（Theil）用于测算旅游经济发展的均衡情况，锡尔系数（Theil）越大表示旅游经济差异越大；反之，锡尔系数（Theil）越小表示旅游经济发展越均衡。锡尔系数（Theil）除了可以测算整个区域的旅游经济均衡状况，也能测算区域之间的差异。相较前几种方法，它的优势在于可以用来揭示旅游经济差异的区域构成，即区内差异（陈晓等，2009）。

四川省以及五大区之间旅游经济不平衡的状况逐年缓解，旅游经济差异逐渐缩小。选取 2011—2018 年四川省各市州旅游总收入和年末常住人口作为测算指标，根据公式（4-5）分别计算出 2011—2018 年四川省、五大旅游区区间及区内旅游总收入的锡尔系数（Theil）。从整个区域来看，2011—2012 年四川省锡尔系数（Theil）出现小幅增长，2012—2018 年呈现出下降趋势。五大旅游区区间差与全省总差异相比，除 2011—2012 年表现为下降外，其余年份变化趋势一致（表 4-2）。

表 4-2 2011—2018 年四川省锡尔系数（Theil）及其分解结果

年份	全省	成都平原	川西北	川东北	攀西	川南	旅游区间
2011	0.0815	0.0264	0.0072	0.0031	0.0018	0.0033	0.0382
2012	0.0837	0.0247	0.0092	0.0050	0.0022	0.0029	0.0370
2013	0.0717	0.0212	0.0054	0.0054	0.0028	0.0021	0.0316
2014	0.0692	0.0189	0.0051	0.0068	0.0037	0.0020	0.0290
2015	0.0638	0.0179	0.0041	0.0067	0.0037	0.0017	0.0263
2016	0.0612	0.0171	0.0035	0.0069	0.0043	0.0014	0.0235
2017	0.0529	0.0150	0.0007	0.0070	0.0039	0.0013	0.0201
2018	0.0497	0.0138	0.0000	0.0071	0.0039	0.0015	0.0187

五大旅游区锡尔系数（Theil）变化趋势差异性较大。五大旅游区中旅游经济差异最大的是成都平原，远高于其余四个旅游区。成都平原、川西北、川南三大旅游区的锡尔系数（Theil）整体呈现下降态势。其中，成都平原下降幅度最大，由 2011 年的 0.0264 下降到 2018 年的 0.0138。相较而言，川东北和攀西区内差异总体上呈递增趋势。其中，川东北上升幅度最大，由 2011 年的 0.0031 上升到 2018 年的 0.0071。2011 年，五大旅游区锡尔系数（Theil）

对比看，排名依次为成都平原、川西北、川南、川东北、攀西。2018年旅游经济差异最大依然为成都平原，其次是川东北、攀西、川南，川西北为最末。

近年来，五大旅游区内部旅游总收入差异发生巨大变化，但成都平原中的成都、德阳、绵阳、遂宁、乐山、雅安、眉山和资阳8个市州的差异逐渐减小，这对推进区域协调发展具有重大意义。成都旅游经济常年一枝独秀，与其他市州存在差异是必然现象。变化最大的川西北地区，由2011年的第二名下降到2018年的最后一名，表明阿坝和甘孜两个市州差距逐渐缩小，旅游经济发展逐渐均衡化。

从对总差异的影响程度来看，对全省总差异贡献程度最大的是五大旅游区之间的差距，其次是成都平原核心旅游区，2011—2012年对差异贡献最小的是攀西旅游区（$T=0.0018$），2013—2016年是川南旅游区，2017—2018年贡献最小的为川西北旅游区（图4-4）。

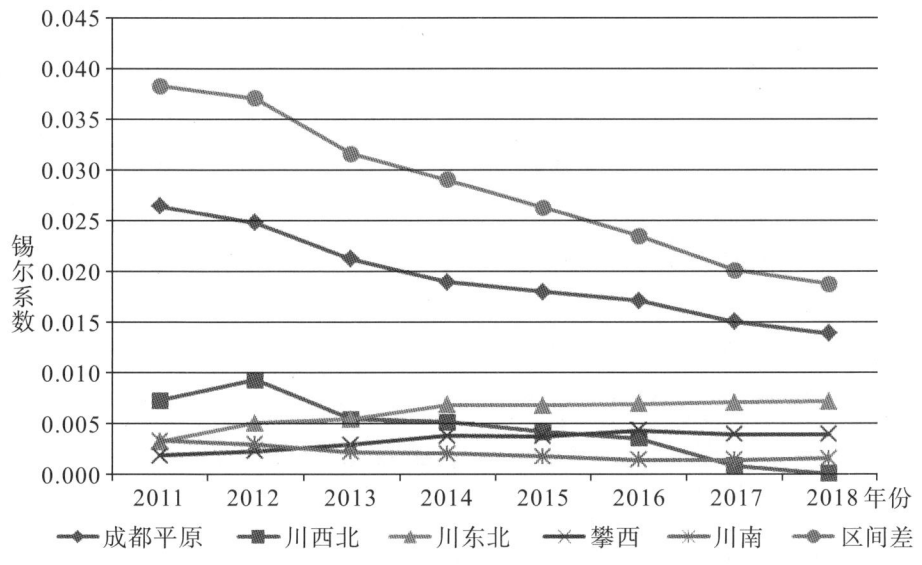

图4-4　五大旅游区区间差与区内差异

4.5　年均增长率

年均增长率可以测算各个市州的旅游经济水平发展速度差异。其计算公式如下：

$$m = \sqrt[n]{\frac{B}{A}} - 1 \qquad (4-6)$$

式中，B 表示最后一年旅游总收入；A 表示第一年旅游总收入；n＝年数－1。

采用 2011—2018 年四川省 21 个市州旅游总收入指标，根据公式（4-6）计算出四川各市州旅游总收入年均增长率，以此测算各个市州的发展速度差异。结果表明（表 4-3）：

市州旅游总收入年均增长率参差不齐，除阿坝州、资阳和自贡外，其余市州旅游总收入增长率均维持在 20% 以上。市州旅游经济发展不平衡，但均保持较高增长速度。根据旅游总收入年均增长率将 21 个市州划分成 3 个档次。第一档次为高速增长区域（30%～35%），包括广安、巴中、广元、德阳、甘孜州、攀枝花和绵阳 7 个市州，其中广安旅游总收入年均增长最快，高达 34.72%；第二档次为较高速增长区域（25%～29%），涉及泸州和眉山；第三档次为中速增长区域（20%～24%），有成都、遂宁、乐山、内江和达州 5 个市；第四档次为低速增长区域（0%～19%），包括自贡、资阳和阿坝州。由于增速较低的市州较少，于是统一并入第四档次。需要注意的是，2016 年简阳从资阳划出，由成都代管。因此，资阳旅游总收入降低，其年均增长率低（11.90%）。

一方面，四川省旅游经济发展速度不一，空间差异明显，排名第一的广安（34.72%）年均增长率比排名最后的阿坝（4.16%）高出 30.56%；另一方面，部分市州旅游总收入并不高，但是发展速度却相对较快，拥有巨大发展潜力。而成都旅游总收入年均增长率虽然排在中下位置（14 名），但是也保持较高的增长速度（24.35%）。事实上，成都旅游总收入常年一枝独秀，已经拥有很好的成绩，高速增长对其而言具有一定难度（表 4-3）。

表 4-3 2011—2018 年四川省各市州旅游总收入年均增长率

排名	市州	年均增长率（%）	排名	市州	年均增长率（%）
1	广安市	34.72	12	眉山市	25.87
2	巴中市	34.22	13	南充市	24.88
3	广元市	34.20	14	成都市	24.35
4	德阳市	33.24	15	遂宁市	24.09
5	甘孜州	33.02	16	乐山市	23.91
6	攀枝花市	31.17	17	内江市	23.82
7	绵阳市	31.12	18	达州市	22.63
8	泸州市	29.48	19	自贡市	19.74

续表4-3

排名	市州	年均增长率（%）	排名	市州	年均增长率（%）
9	凉山州	27.33	20	资阳市	11.90
10	宜宾市	26.77	21	阿坝州	4.16
11	雅安市	26.00			

4.6　本章小结

选取2011—2018年四川省21个市州旅游总收入、国内旅游收入和旅游外汇收入作为测度指标，运用标准差、变异系数、基尼系数（Gini）、锡尔指数（Theil）和旅游经济增长率等方法对四川旅游经济时空差异进行测算，取得了如下认识与成果：

首先，四川省旅游经济绝对差异逐渐变大，相对差异呈现波动状态。2011—2018年四川省旅游经济时间差异特征与前人对四川省2000—2013年的研究结论相符（付洪利等，2015；杨霞等，2012），也与新疆、吉林情况相似（张子昂等，2016；朱麟奇等，2016）。相较于李佳（2015）对2011年四川省旅游经济水平空间差异的研究结论，从更长时间验证四川省各市州的旅游经济空间差异及其变化特征。2011—2018年旅游总收入的基尼系数（Gini）均高于0.4的"警戒线"，表明旅游经济内部结构差异显著。21个市州国际旅游经济发展差异远大于国内旅游，但对总差异影响程度最大的是国内旅游经济差异。旅游总收入主要由国内旅游收入构成，因此旅游总收入和国内旅游收入的基尼系数（Gini）折线基本重合，国内旅游收入与旅游总收入的基尼系数（Gini）变化趋势一致。

其次，四川省以及五大旅游区之间旅游经济不平衡的状况逐年缓解，旅游经济差异逐渐缩小。五大旅游区锡尔系数（Theil）变化趋势区别较大，其中差异最大的是成都平原旅游区，远高于其余四个旅游区。对全省总差异贡献程度最大的是五大旅游区之间的差距，其次是成都平原旅游区。锡尔系数（Theil）算出的结果与钟美玲（2018）研究结果不一致，可能的原因在于官方公布的统计数据不闭合使然。锡尔系数（Theil）其中一个计算步骤为每个旅游区旅游总收入除以全省旅游总收入，钟美玲使用的旅游总收入为官方数据，但官方数据并不是每个市州旅游总收入的和。

最后，四川省各市州旅游经济发展虽不平衡，但均保持较高的增长速度。

各市州旅游总收入年均增长率参差不齐，除阿坝州、资阳和自贡外，其余市州旅游总收入增长率都在20%以上。高速增长区域包括广安、巴中、广元、德阳、甘孜州、攀枝花和绵阳7个市州，其中广安旅游总收入增长率高达34.72%，展现出较强的潜力。

  本章相较于第2章区域旅游基本面分析而言，采用经典统计方法进一步揭示了旅游经济时间差异特征。由于数据、方法、视角等局限，研究结论的科学性还有待后续研究予以验证与深入。例如，旅游人数重复计算、数据统计口径不合理和统计方法存在矛盾等；区域面积、人口规模等客观条件会对区域的可比性造成一定影响。后续研究希望在此基础上，从资源禀赋、经济发展水平、配套设施（Li et al.，2015）、交通及旅游投资等维度（苏建军等，2017），深入探讨其差异形成的机理以及缩小差异的对策建议。鉴于本章计量经济学方法忽略了研究区的空间位置问题，故下一章将采用空间统计方法进一步揭示旅游经济的空间格局。

第 5 章　区域旅游格局演化统计监测评价

区域旅游经济空间格局作为普遍存在的社会经济现象（Saarinen，2003；Li et al.，2015），是近期旅游经济学与旅游地理学共同关注的热点领域（Yang，2014；苏建军等，2017；张子昂等，2016；胡文海等，2015）。区域经济空间差异相较于时间差异而言，更加注重地区的空间位置及其联系。空间自相关、标准差椭圆和重心模型等是测度旅游经济空间格局常用的方法，SSM 模型、波士顿矩阵理论模型、亲景度指标和集中指数通常用于旅游客源市场结构和集中性特征分析（张毓峰等，2008；郭剑英等，2011）。前人通过测算世界、中国、省域的重心及其移动轨迹，揭示了经济重心等的空间分布格局及其规律，为促进区域协调发展、解释经济和人口空间错位问题提供重要参考（李小云等，2017；涂建军等，2018）。

区域经济空间结构演化及其影响因素成为重要的问题域（薛明月等，2020）。研究尺度涉及全国、省域、市域、县域；研究方法由标准差、变异系数、基尼系数和锡尔系数等传统方法向多元线性回归分析、主成分分析和探索性空间数据分析转变（ESDA）（彭睿娟，2017；薛明月等，2020；孙盼盼等，2014）。标准差、变异系数和锡尔系数等计量统计方法可研究旅游经济时空差异特征，但多是传统的统计方法，空间统计方法使用较少。

近年来，四川省旅游经济发展水平不充分、不平衡问题突出（李佳，2015；付洪利等，2015；钟美玲等，2018）。就四川而言，仅李佳（2015）、付洪利（2015）、杨霞（2012）等人的成果可供参考。鉴于此，选取四川省旅游外汇收入、旅游总收入作为测度指标，采用 ArcGIS10.2 和 GeoDa 探索性空间数据分析技术，综合运用全局空间自相关指数、局部自相关指数、Moran's I 散点图和 LISA 集聚图揭示四川入境旅游经济空间相关性特征；采用标准差椭圆和旅游经济重心揭示四川入境旅游经济和整体旅游经济方向性和重心移动路径；采用旅游经济水平指数分析四川旅游经济空间差异，揭示四川旅游经济差异空间演化特征；通过对入境旅游地理集中指数、SSM 等指标的计算和分析，揭示四川入境旅游市场结构变化特征。

本章数据使用情况如下：全局莫兰指数、局部莫兰指数和标准差椭圆采用2011—2018年四川省21市州旅游外汇收入，旅游经济重心采用2011—2018年四川省21市州旅游外汇收入和旅游总收入，旅游经济水平指数采用2011—2018年四川省旅游总收入及21个市州旅游总收入；地理集中性指数采用2013—2019年四川省28个客源市场入境游客总量，偏离—份额分析法（SSM）法采用2014年、2018年全国与四川省24个共同客源市场入境游客总量[①]。

5.1 全局空间自相关

综合利用 ArcGIS10.2 和 GeoDa 空间统计分析软件，运用全局莫兰指数（Global Moran's I）探讨全局空间自相关特征。其计算公式如下：

$$I = \frac{n \sum_{i=1}^{n} \sum_{j=1}^{n} W_{ij}(x_i - \bar{x})(x_j - \bar{x})}{\sum_{i=1}^{n} \sum_{j=1}^{n} W_{ij} \sum_{i=1}^{n}(x_i - \bar{x})^2} \quad (5-1)$$

式中，x_i、x_j 表示市州 i、j 的入境旅游外汇收入；$\bar{x}$ 表示外汇收入的均值；n 表示市州个数；W_{ij} 表示空间权重。I 的取值为 $-1 \sim 1$。I 为正，表示各市州旅游外汇收入存在正相关；I 为负，表示负相关；I 等于零，表示各市州旅游发展呈随机分布，无相关性。

将旅游外汇数据录入 shp 图层属性表，再将图层导入 GeoDa 软件，基于"车式"邻近创建空间权重矩阵，计算 Global Moran's I。2011—2018年莫兰指数值接近于零，均为负数，且逐年变小。结果表明，四川各市州入境旅游经济呈弱负相关，即随着部分市州入境旅游经济的增长，其他市州入境旅游经济下降，市州差异渐渐拉大（表5-1）。

表5-1　四川省入境旅游经济全局空间自相关分析结果

年份	2011	2012	2013	2014	2015	2016	2017	2018
Moran's I	-0.0130	-0.0327	-0.0369	-0.0409	-0.0427	-0.0463	-0.0494	-0.0516

5.2 局部空间自相关

采用局部莫兰指数（Local Moran's I），结合 Moran 散点图、LISA 集聚

[①] 偏离—份额分析法部分内容来源于项目组阶段成果《基于SSM的四川入境旅游市场结构研究》。

图揭示局部空间演化特征。其计算公式如下：

$$I_i = Z_i \sum_{i}^{n} W_{ij} Z_j \qquad (5-2)$$

式中，Z_i 和 Z_j 分别表示区域 i 和 j 的标准化观测值；W_{ij} 表示空间权重。

2018年，四川省21个市州的入境旅游经济发展水平均未落入高高聚集区，资阳、雅安、眉山、德阳、阿坝落入低高聚集区，成都属于高低聚集，乐山、甘孜州、凉山州、攀枝花、宜宾、泸州等15个市州属于低低聚集。通过与2017年四川入境旅游经济低高值分布以及散点图进行对比，发现2018年的情况与2017年一致，没有明显变化，表明21个市州局部空间相关性较稳定（表5-2；图5-1；图5-2）。

表5-2 2017年和2018年四川省入境旅游经济低高值区分布情况

低高值区	2017年市州	2018年市州
HH（高高聚集）	—	—
LH（低高聚集）	资阳、雅安、眉山、德阳、阿坝州	资阳、雅安、眉山、德阳、阿坝州
HL（高低聚集）	成都	成都
LL（低低聚集）	乐山、甘孜州、凉山州、攀枝花、宜宾、泸州、自贡、内江、遂宁、绵阳、广元、巴中、达州、广安、南充	乐山、甘孜州、凉山州、攀枝花、宜宾、泸州、自贡、内江、遂宁、绵阳、广元、巴中、达州、广安、南充

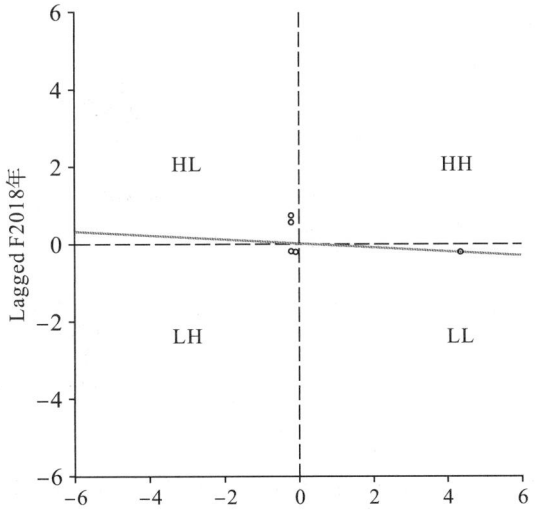

图5-1 2018年四川省入境旅游经济散点图

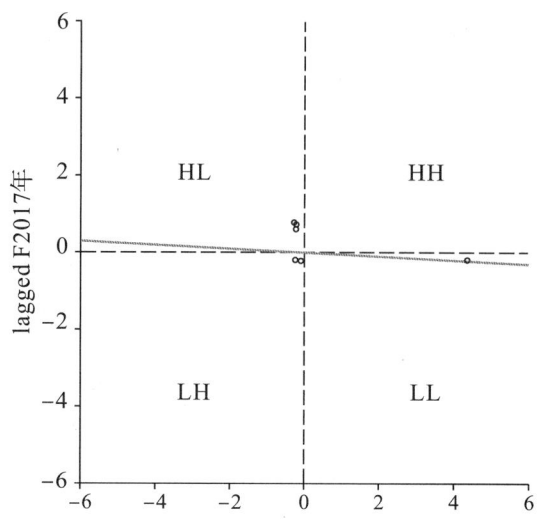

图 5-2 2017 年四川省入境旅游经济散点图

LISA 分布图显示：雅安（2012—2018 年）、德阳（2012 年、2013 年、2015 年）、眉山（2013—2018 年）入境旅游经济较弱，与周边市州差距较大（LH）；入境旅游经济较强，明显高于周围市州者（HL）：成都（2013 年）、乐山（2014 年）；入境旅游经济相对较弱，且呈低值聚集的市州（LL）：攀枝花（2015 年）、南充（2015 年）、乐山（2016 年）、巴中（2017 年和 2018 年）、广安（2018 年）（图 5-3；图 5-4）。

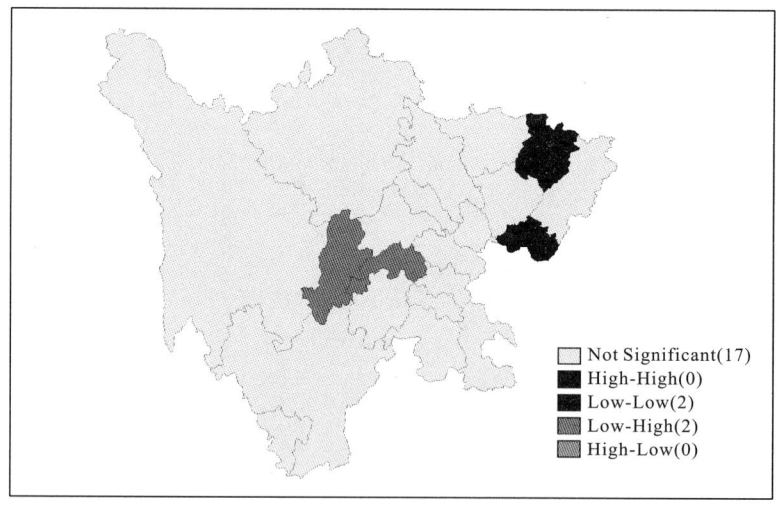

图 5-3 2018 年四川省入境旅游经济 LISA 分布图

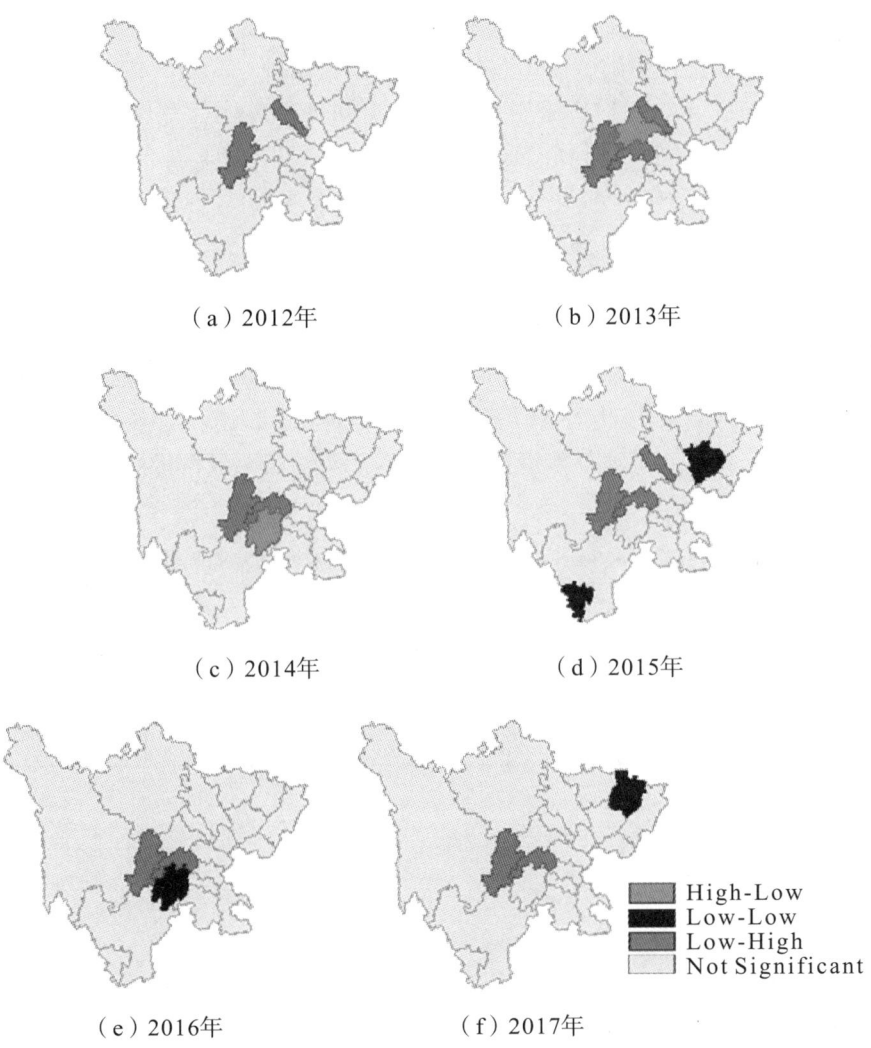

图 5-4　2012—2017 年四川省入境旅游经济 LISA 分布图

5.3　标准差椭圆

标准差椭圆用于考察入境旅游经济的空间分布和移动方向，有方位角、长轴长度和短轴长度 3 个主要参考要素。椭圆的长半轴表示的是数据分布的方向，短半轴表示的是数据分布的范围。标准差椭圆扁率越大，数据分布的方向性越强。

标准差椭圆主要用于考察 2011—2018 年四川省 21 个市州旅游外汇收入的空间分布方向性以及移动规律。从整体上看，标准差椭圆分布面积大小变化幅度较大,以成都为中心呈西北—东南展布,有向南北方向转角的趋势,覆盖成都、阿坝州、雅安、德阳、眉山、资阳、绵阳、乐山、自贡、内江等市州。

2011—2017 年,四川省旅游外汇收入空间分布方向性逐渐减弱,分布范围逐年缩小,长轴沿"阿坝—成都—眉山—资阳"一线展布,其标准差从 223.94(2011 年)缩小到 104.06(2017 年)。短轴沿"雅安—成都—德阳—绵阳"一线展布,其标准差从 146.87(2011 年)缩小至 91.37(2017 年)。标准差椭圆转角在 13.35°~169.38°之间变动(2011—2017 年)。其中,2011—2014 年转角由 141.85°缩小至 122.97°,西北—东南格局弱化,逐渐向西部和东部移动;2015—2017 年转角由 126.06°扩大至 169.38°,表明正北—正南格局加强。2018 年数据较为特殊,标准差椭圆覆盖面积减小,长轴沿"德阳—成都—眉山"方向分布,各项指标均大幅度下降,表明成都极化现象进一步加重(表 5-3;图 5-5)。

表 5-3　2011—2018 年四川省旅游外汇收入标准差椭圆参数变化

年份	2011	2012	2013	2014	2015	2016	2017	2018
转角(°)	141.85	141.92	123.60	122.97	126.06	156.51	169.38	13.35
沿 x 轴的标准差	223.94	217.30	171.11	181.33	148.29	106.09	104.06	60.96
沿 y 轴的标准差	146.87	178.04	123.30	143.23	118.12	85.78	91.36	91.37

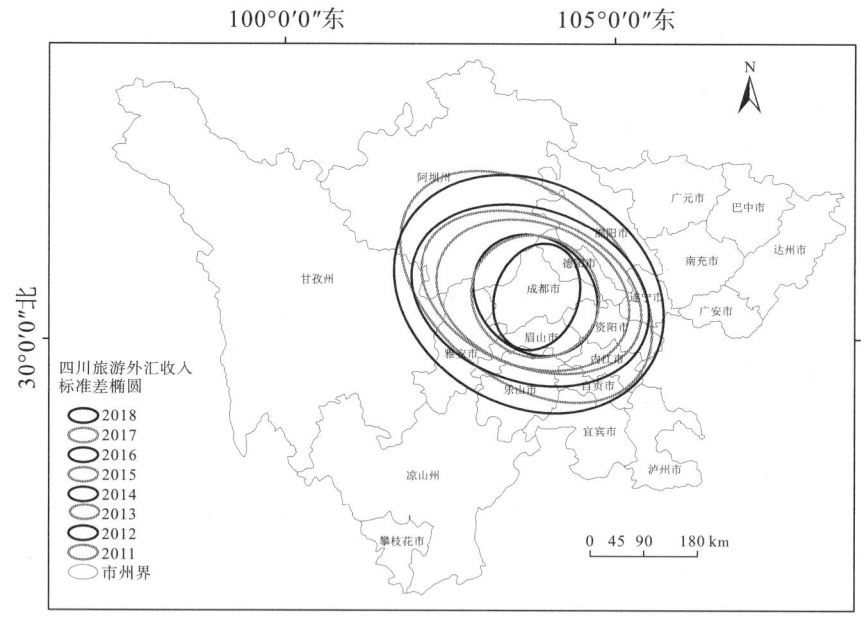

图 5-5　2011—2018 年四川省旅游外汇收入标准差椭圆

5.4 旅游经济重心

重心模型可以考察某种属性数量值的空间分布差异和移动轨迹。假设某个大区域由 n 个小区域组成，第 i 个小区域的地理坐标为 (x_i, y_i)，m_i 表示第 i 个小区域的某种属性数量值（如经济总量），则该地区某种属性重心的地理坐标 $(\bar{x}, \bar{y})$。例如，四川省由 21 个市州组成，根据每个市州的旅游经济数值可以得出四川省的旅游经济重心，从而判断整个四川的旅游经济分布问题以及移动方向。其计算公式如下（涂建军等，2018）：

$$\bar{x} = \frac{\sum m_i x_i}{\sum m_i}, \quad \bar{y} = \frac{\sum m_i y_i}{\sum m_i} \tag{5-3}$$

根据重心模型公式，选取 2011—2018 年四川省 21 个市州旅游外汇收入和旅游总收入指标，利用 ArcGIS 工具箱中空间统计工具度量地理分布的平均重心分别计算入境旅游经济重心和旅游总收入经济重心。通过经济重心图层属性表提取每一年的中心坐标，绘制重心路径图，揭示入境旅游经济和旅游总收入移动方向。

入境旅游经济重心地理坐标在 $103.688°E \sim 103.830°E$，$30.653°N \sim 30.802°N$ 范围内，均在成都市内移动。2011 年位于都江堰市，2012 年和 2014 年位于崇州市，2013 年、2015 年至 2018 年位于温江区。相较四川省几何中心而言，入境旅游经济重心偏向东面，表明四川入境经济集中于中东部地区。从移动方向看，整体上由西北部向东南部移动，说明 2011 年入境旅游经济较发达地区位于阿坝州、甘孜州。随着时间的推移，阿坝州、甘孜州等西北部入境旅游经济水平有所下降，乐山、广安、攀枝花、凉山、泸州等南部、东部和东南部入境旅游经济水平在逐渐提高。其中，2012 年向东南移动，2013 年向东北移动，2014 年向西南移动，2015 年向东北移动，2016 年向东部移动，2017 年向东南移动。

旅游总收入重心地理坐标介于 $104.235°E \sim 104.308°E$，$30.239°N \sim 30.323°N$ 之间，位于成都市、眉山市和资阳市交界处，大体位于资阳市境内。其中，除 2011 年位于眉山市外，其余年份均在资阳市。旅游总收入重心位于四川省几何中心东南部。从移动方向看，整体上由西北部向东南部移动。根据移动轨迹，可将旅游总收入经济重心移动方向分为三个阶段。第一阶段：2011—2013 年由西南向东北移动，表明绵阳、南充等东北部地区旅游经济水平有所提升；第二阶段：2013—2016年由北向南移动，表明北部阿坝旅游经济水平下降，乐山、宜宾等南部地区有所增长；第三阶段：2016—2018年由西北向东南移动，说明宜宾、泸州等川南地区旅游经济水平渐渐提高。其中，2012年向东北移动，2013年向东南移动，2014年向西南移动，2015年和2016年向南部移动，2017年和2018年向东南移动。

通过对比四川入境旅游经济和总体旅游经济重心发现，入境旅游经济重心偏北，整体旅游经济重心偏南。移动路径整体上类似，倾向于南、东和东南。由此表明，成都平原东部南部和川南地区旅游经济水平正在逐步提升（表5-4；表5-5；图5-6；图5-7；图5-8）。

表5-4 2011—2018年四川省入境旅游和旅游总收入经济重心变动

年份	重心坐标		移动方向	
	入境旅游	旅游总收入	入境旅游	旅游总收入
2011	103.688°E，30.802°N	104.235°E，30.287°N	—	—
2012	103.719°E，30.688°N	104.262°E，30.323°N	东南	东北
2013	103.757°E，30.721°N	104.272°E，30.314°N	东北	东南
2014	103.737°E，30.671°N	104.265°E，30.306°N	西南	西南
2015	103.776°E，30.676°N	104.265°E，30.285°N	东北	南
2016	103.813°E，30.677°N	104.265°E，30.272°N	东	南
2017	103.810°E，30.658°N	104.300°E，30.246°N	西南	东南
2018	103.830°E，30.653°N	104.308°E，30.239°N	东南	东南

表5-5 2011—2018年四川省入境旅游和旅游总收入经济重心位置

年份	入境旅游经济重心位置	旅游总收入重心位置
2011	都江堰市	眉山市
2012	崇州市	资阳市
2013	温江区	资阳市
2014	崇州市	资阳市
2015	温江区	资阳市
2016	温江区	资阳市
2017	温江区	资阳市
2018	温江区	资阳市

第5章 区域旅游格局演化统计监测评价

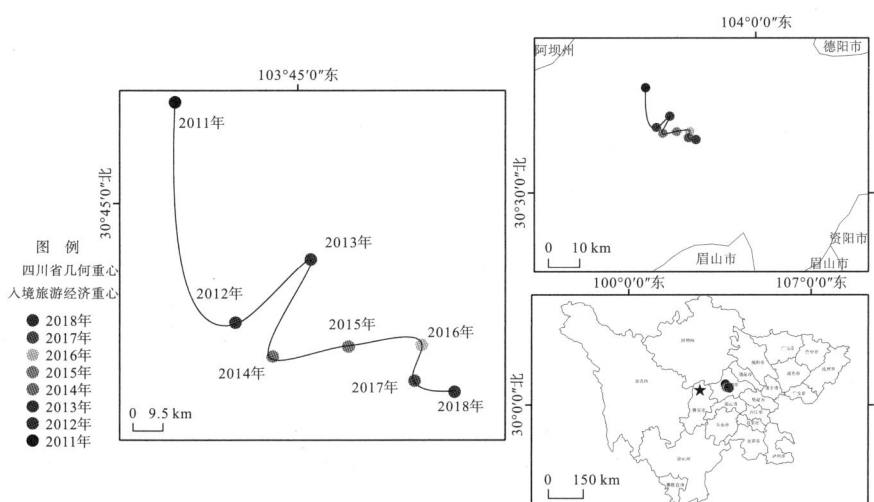

图 5-6 2011—2018 年四川省入境旅游经济重心路径

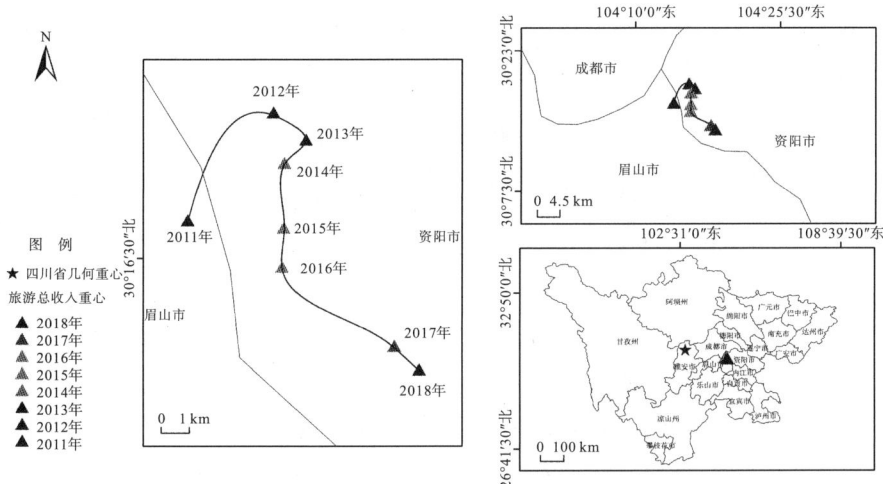

图 5-7 2011—2018 年四川省旅游总收入重心路径

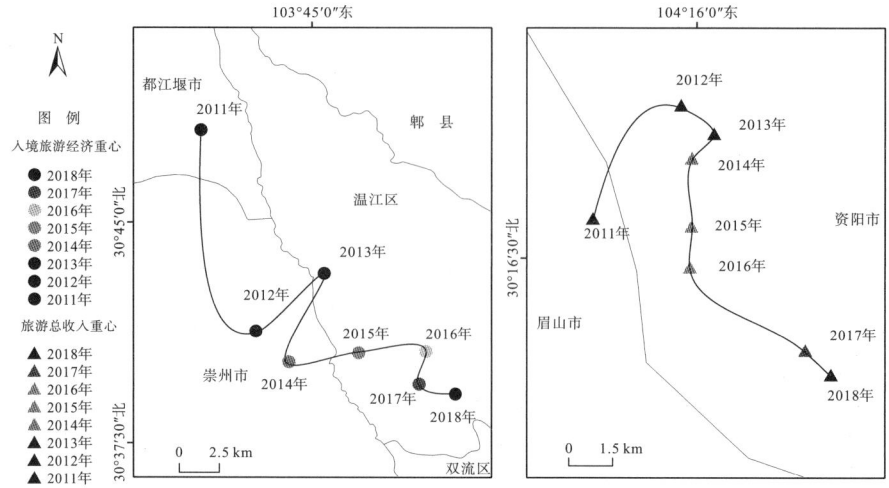

图 5-8 2011—2018 年四川省入境旅游经济和旅游总收入重心路径对比图

5.5 旅游经济水平指数

旅游经济水平指数用于测算各市州旅游经济在全省中所处的地位，常用于测算旅游经济发展间差异。其计算公式如下（李佳，2015）：

$$R_i = a_i/a \tag{5-4}$$

式中，R_i 表示 i 市州旅游经济水平指数，该数值越高说明该地区对上一级区域经济发展贡献度越大；a_i 表示 i 地区旅游收入；a 表示所在区域平均旅游收入。

旅游经济水平指数能考察各个市州之间存在的差异，其优势之处在于能将庞大的数据化简，更能直观地呈现数据的状态，揭示市州与全省平均水平的差距。$R_i=1$，表示该市州旅游经济水平等于全省平均值；$R_i>1$，表示该市州旅游经济水平高于全省平均值；$R_i<1$，表示该市州旅游经济水平低于全省平均值。计算 2011—2018 年旅游经济水平指数，结果相加后除以年份得到 2011—2018 年旅游经济水平指数均值。结果表明：

成都市旅游经济水平指数均值（$R_i=7.061$）远高于其他市州，约为排名最末的甘孜州（$R_i=0.341$）的 21 倍。除此之外，仅有乐山、宜宾、绵阳和南充 4 个市州的旅游经济水平高于全省平均水平（$R_i>1$）；遂宁市、阿坝州、泸州、自贡、凉山州、眉山、广安、广元、资阳、攀枝花、内江、德阳、雅安

13个市州旅游经济处于中等水平（$0.5<R_i<1$）；达州、巴中、甘孜州3市州排名垫底，旅游经济水平远低于四川省平均水平。这印证了前述章节四川旅游经济水平空间差异较大的结论。

成都与乐山旅游经济发展水平始终保持前两名，指数相对稳定，仅有小幅波动，其余市州均呈不同程度波动上升。资阳、自贡均有下降，但阿坝州下降幅度最大，最高值出现在2012年（1.159），最低为2018年的0.344。阿坝州旅游经济水平从2015年开始有所下降，德阳、绵阳、攀枝花旅游经济水平从2013年开始呈现上升态势，广元2012年开始有所上升，泸州2017年开始有所上升。以上数据进一步验证了四川旅游总收入经济重心移动路径呈现的结果（表5-6；图5-9）。

表5-6 2011—2018年四川各市州旅游经济水平指数

市州	旅游经济水平指数								
	2011	2012	2013	2014	2015	2016	2017	2018	均值
成都市	6.751	6.725	7.190	7.138	6.941	6.881	7.151	7.710	7.061
乐山市	1.663	1.729	1.732	1.661	1.688	1.704	1.810	1.854	1.730
宜宾市	1.092	1.063	1.130	1.099	1.090	1.147	1.268	1.427	1.164
绵阳市	0.813	0.878	1.111	1.190	1.162	1.150	1.255	1.345	1.113
南充市	1.021	0.994	1.136	1.088	1.088	1.021	1.078	1.202	1.078
遂宁市	0.862	0.840	0.904	0.864	0.849	0.845	0.907	0.970	0.880
阿坝州	1.041	1.159	1.062	1.041	0.966	0.858	0.554	0.344	0.878
泸州市	0.703	0.679	0.775	0.789	0.856	0.903	1.040	1.065	0.851
自贡市	0.928	0.869	0.868	0.860	0.840	0.773	0.802	0.813	0.844
凉山州	0.673	0.604	0.749	0.809	0.846	0.822	0.850	0.907	0.782
眉山市	0.675	0.706	0.786	0.776	0.779	0.804	0.839	0.840	0.776
广安市	0.418	0.663	0.733	0.835	0.830	0.823	0.826	0.837	0.746
广元市	0.448	0.531	0.610	0.681	0.700	0.720	0.787	0.871	0.669
资阳市	0.724	0.734	0.786	0.784	0.749	0.383	0.382	0.395	0.617
攀枝花市	0.422	0.428	0.553	0.644	0.683	0.661	0.657	0.701	0.594

续表 5-6

市州	旅游经济水平指数								
	2011	2012	2013	2014	2015	2016	2017	2018	均值
内江市	0.583	0.552	0.597	0.588	0.576	0.587	0.620	0.646	0.594
德阳市	0.432	0.432	0.502	0.518	0.527	0.518	0.671	0.800	0.550
雅安市	0.531	0.508	0.382	0.467	0.515	0.567	0.600	0.665	0.530
达州市	0.419	0.396	0.407	0.388	0.380	0.384	0.403	0.434	0.401
巴中市	0.265	0.280	0.359	0.384	0.442	0.454	0.494	0.516	0.399
甘孜州	0.251	0.231	0.343	0.344	0.365	0.350	0.388	0.459	0.341

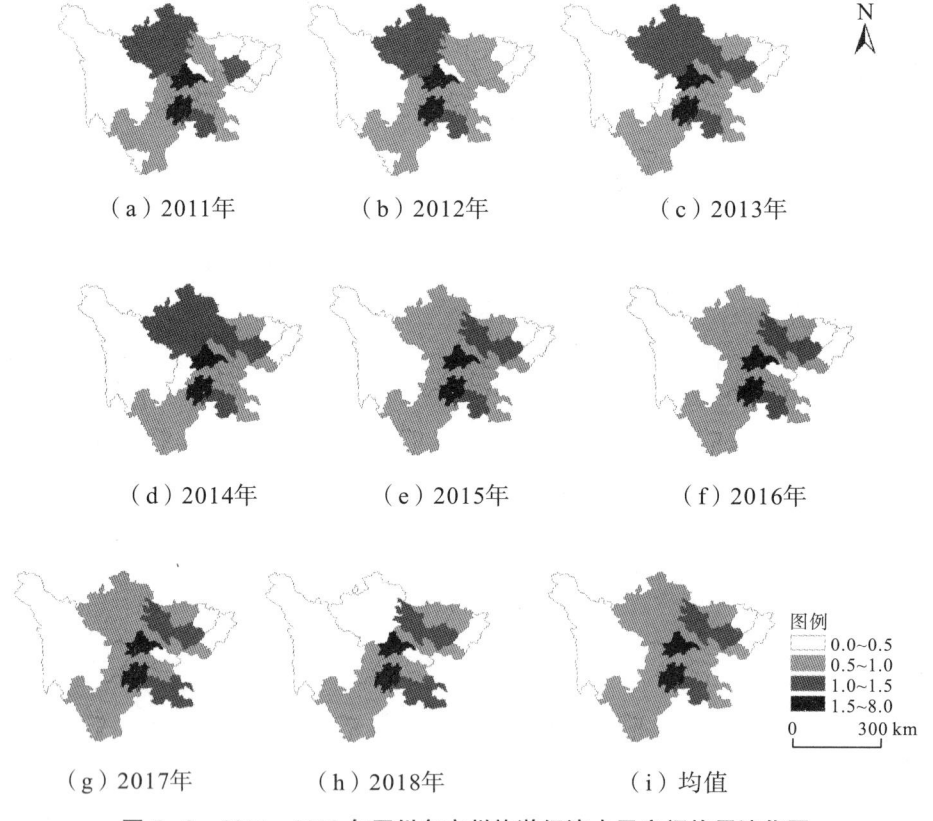

（a）2011年　（b）2012年　（c）2013年
（d）2014年　（e）2015年　（f）2016年
（g）2017年　（h）2018年　（i）均值

图 5-9　2011—2018 年四川各市州旅游经济水平空间格局演化图

5.6 地理集中指数

地理集中指数是衡量入境旅游集中程度的重要指标。其计算公式如下（朱沁夫等，2011）：

$$G = 100 \times \sqrt{\sum_{i=1}^{n}\left(\frac{X_i}{T}\right)^2} \qquad (5-5)$$

式中，G 表示四川省入境游市场地理集中指数；X_i 表示第 i 个客源地游客数量；T 表示接待的 28 个国家（地区）游客总量；n 表示入境客源地总数。G 取值为 1~100。G 值越大，目标客源分布越集中；G 值越小，目标客源分布越分散。

2013—2019 年，四川省地理集中性较低，目标客源趋于分散。四川入境旅游客源地的地理集中指数总体呈下降趋势，并以 2017 年为拐点，转向较为分散的状态。一方面，表明入境旅游经营的稳定性较好，有利于应对复杂多变的外部环境的冲击；另一方面，也为目标客源市场精准定位和针对性营销形成了挑战（图 5-10；附表 5-1）。

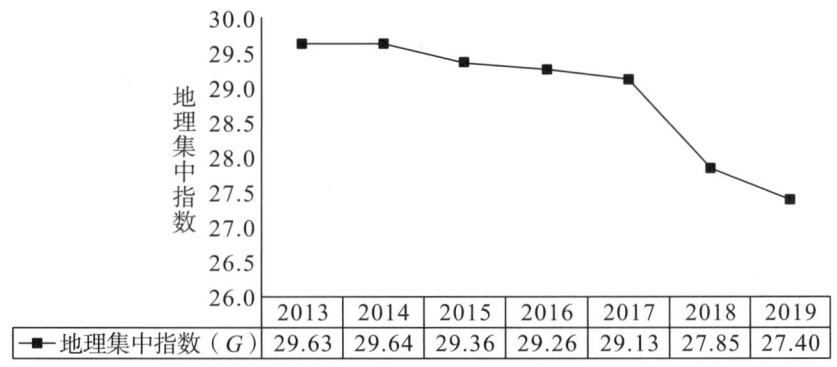

图 5-10 四川入境游市场地理集中指数折线图（2013—2019 年）

5.7 偏离—份额分析法

偏离—份额分析法（Shift-Share Method，SSM）以区域所在上一级区域的经济发展为参照物，将某一时期区域经济总量分解为 3 个分量，以了解区域经济动态变化的过程，能够较好地揭示旅游市场结构演变特征（Houston，

1967；Creamer，1943；Casler，1989；Chu，2004；Stilwell，1970；包娟等，2010）。

以入境旅游人次作为基础数据，选取全国与四川省共同客源市场共计24个入境客源地作为研究样本，以2014年为基期，2018年为末期，将全国同期入境客流量作为上一级大尺度区域样本，分析四川省近5年入境旅游客源市场结构变化态势。

假设经过时间$[0,t]$之后，区域i的入境游客总流量及其结构地位都已发生变化。设初期（2014年）入境游客总量为$b_{i,0}$，末期（2018年）为$b_{i,t}$。将区域内不同入境旅游客源市场分为n个部分，$b_{ij,0}$、$b_{ij,t}$（$j=1,2,\cdots,n$）分别表示初期与末期客源市场j到达区域i的入境游客总流量。用B_0、B_t表示时间$[0,t]$内全国入境游客总流量，$B_{j,0}$、$B_{j,t}$分别表示全国初期与末期客源地j到达全国的入境游客流量（周彩屏，2008；全华等，2012；孙晓，2014）。计算步骤及公式如下：

在$[0,t]$时间段内，客源地j进入区域i的变化率（孙晓，2014）：

$$r_{ij} = (b_{ij,t} - b_{ij,0})/b_{ij,0}(j=1,2,\cdots,n) \qquad (5-6)$$

在$[0,t]$时间段内，客源地j在全国的游客变化率：

$$R_j = (B_{j,t} - B_{j,0})/B_{j,0} \qquad (5-7)$$

在$[0,t]$时间段内，以全国入境游客总流量所占份额为标准，将区域i各客源地入境客流量标准化（周彩屏，2008）：

$$b'_{ij} = b_{ij,0} \times B_{j,t}/B_0 \qquad (5-8)$$

将$[0,t]$时间段内客源地j到达区域i的客流增长量G_{ij}分解为份额分量N_{ij}、结构偏离分量P_{ij}和竞争偏离分量D_{ij}三个分量。S_i代表总偏离分量，表示区域i第j客源市场总的增长优势（周彩屏，2008；全华等，2012；孙晓，2014）：

$$G_{ij} = b_{ij,t} - b_{ij,0} = N_{ij} + P_{ij} + D_{ij} \qquad (5-9)$$

$$N_{ij} = b'_{ij} \times R_j \qquad (5-10)$$

$$P_{ij} = (b_{ij,0} - b'_{ij}) \times R_j \qquad (5-11)$$

$$D_{ij} = b_{ij,0} \times (r_{ij} - R_j) \qquad (5-12)$$

$$G_i = N_i + P_i + D_i = b_{i,t} - b_{i,0} \qquad (5-13)$$

$$N_i = \sum_{j=1}^{n} b'_{ij} \times R_j \quad (5-14)$$

$$P_i = \sum_{j=1}^{n} (b_{ij,0} - b'_{ij}) \times R_j \quad (5-15)$$

$$D_i = \sum_{j=1}^{n} (b_{ij,0}) \times (r_{ij} - R_j) \quad (5-16)$$

总偏离分量：

$$S_i = P_i + D_i \quad (5-17)$$

引入 $V_{j,0}$、$V_{j,t}$，分别作为区域 i 占同期全国入境游客总流量的比重（孙晓，2014），即：

$$V_{j,0} = b_{ij,0} \div B_{j,0} \quad (5-18)$$

$$V_{j,t} = b_{ij,t} \div B_{j,t} \quad (5-19)$$

将 L 分解得到结构效果指数 W 和竞争力效果指数 U（全华等，2012）：

$$L = \frac{b_{i,t}}{b_{i,0}} \div \frac{B_t}{B_0} = W \times U \quad (5-20)$$

$$W = \left[\sum_{j=1}^{n} V_{j,0} \times B_{j,t} / \sum_{j=1}^{n} V_{j,0} \times B_{j,0}\right] \div \left[\sum_{j=1}^{n} B_{j,t} / \sum_{j=1}^{n} B_{j,0}\right] \quad (5-21)$$

$$U = \sum_{j=1}^{n} V_{j,t} \times B_{j,t} / \sum_{j=1}^{n} V_{j,0} \times B_{j,t} \quad (5-22)$$

结果表明：2014—2018 年，四川省 24 个客源地份额总体以下降或者小幅增长为主。英国、新加坡、泰国、澳大利亚、德国、马来西亚、印度尼西亚、俄罗斯、新西兰、朝鲜以及其他客源地 11 个客源市场份额上升。其中，泰国由 2014 年第十四名升至 2018 年的第八位，增长最快，所占市场份额上升了 2.45%；其他客源地、德国、英国分别上升了 4.98%、1.13%、1.08%；新加坡、澳大利亚、马来西亚、印度尼西亚、俄罗斯、新西兰、朝鲜有小幅增长。其余 13 个客源市场 2018 年所占比重与 2013 年相比，均有不同幅度的减少。韩国由 2014 年的第七位降至 2018 年的第十二位，入境游客量下降幅度最大（3.60%）；其次为中国香港和澳门地区（2.81%）、美国（1.77%）、中国台湾地区（1.30%）；日本、加拿大、法国、意大利、瑞士、印度、瑞典、菲律宾以及蒙古所占份额均有小幅下降，但排名变化不大，表明入境旅游客源地结构波动小，稳定性相对较好（表5-7）。

表5-7 2014年、2018年四川省与全国入境旅游客源地结构数据

客源地	四川省						全国	
	客流量（万人次）2014年 $b_{j,0}$	结构地位 比例（%）	排名	客流量（万人次）2018年 $b_{j,t}$	结构地位 比例（%）	排名	客流量（万人次）2014年 $B_{j,0}$	2018年 $B_{j,t}$
中国香港和澳门地区	39.00	16.24	1	49.65	13.43	2	9677.16	10451.93
中国台湾地区	31.51	13.12	2	43.70	11.82	3	536.59	613.61
美国	25.70	10.70	4	33.02	8.93	4	209.30	248.46
英国	15.16	6.31	6	27.35	7.40	5	60.50	60.82
日本	16.98	7.07	5	24.69	6.68	6	271.80	269.14
新加坡	12.05	5.02	8	18.72	5.06	7	97.10	97.84
泰国	5.64	2.35	14	17.73	4.79	8	61.30	83.34
澳大利亚	8.56	3.56	10	15.89	4.30	9	67.20	75.22
德国	7.30	3.04	11	15.43	4.17	10	66.30	64.37
马来西亚	8.98	3.74	9	14.46	3.91	11	113.00	129.15
韩国	14.43	6.01	7	8.89	2.40	12	418.20	419.35
加拿大	6.06	2.52	13	8.84	2.39	13	66.70	85.02
法国	7.05	2.94	12	7.47	2.02	14	51.70	49.96
印度尼西亚	2.68	1.12	16	4.80	1.30	15	56.70	71.19
俄罗斯	1.55	0.65	18	4.34	1.17	16	204.60	241.55
意大利	2.94	1.22	15	4.26	1.15	17	25.30	27.81
新西兰	1.21	0.50	20	3.45	0.93	18	12.70	14.65
瑞士	1.22	0.51	19	1.70	0.46	19	8.00	7.40
印度	1.90	0.79	17	1.35	0.36	20	71.00	86.30
瑞典	0.97	0.40	22	1.27	0.34	21	14.20	11.01
菲律宾	1.00	0.42	21	1.07	0.29	22	96.80	120.50
蒙古	0.54	0.22	23	0.57	0.15	23	108.30	149.43
朝鲜	0.18	0.07	24	0.32	0.09	24	18.40	16.52
其他客源地	27.56	11.48	3	60.87	16.46	1	536.98	725.26
总计	240.17	100	—	369.82	100	—	12849.83	14119.83

四川省主要入境客源地中，除韩国、印度、菲律宾、蒙古增长率低于全国水平外，其余20个国家（地区）的增长率均高于全国同期水平。其中，泰国（1.784％）、德国（1.143％）、俄罗斯（1.617％）、新西兰（1.696％）增长率高于全国1.000％以上；英国（0.799％）、新加坡（0.546％）、澳大利亚（0.736％）、印度尼西亚（0.535％）、瑞典（0.538％）、朝鲜（0.887％）以及其他客源地（0.858％）增长率高于全国0.500％以上；中国香港和澳门地区（0.193％）、中国台湾地区（0.243％）、美国（0.0985）、日本（0.464％）、马来西亚（0.467％）、加拿大（0.184％）、法国（0.094％）、意大利（0.351％）、瑞士（0.465％）共计9个国家（地区）增长率均高于全国水平，但是低于0.500％的增长速度（表5-8）。

表5-8 四川省入境旅游主要客源地SSM分析结果

客源地	全国增长率 R_j	四川省增长率 r_{ij}	四川省标准化规模 b'_{ij}	份额分量 N_{ij}	结构偏离分量 P_{ij}	竞争力偏离分量 D_{ij}	基期占全国比例 $V_{j,0}$	末期占全国比例 $V_{j,t}$
中国香港和澳门地区	0.080	0.273	29.371	2.351	0.771	7.528	0.004	0.005
中国台湾地区	0.144	0.387	1.316	0.189	4.334	7.669	0.059	0.071
美国	0.187	0.285	0.419	0.078	4.730	2.515	0.123	0.133
英国	0.005	0.804	0.071	0.00038	0.080	12.113	0.251	0.450
日本	−0.010	0.454	0.359	−0.004	−0.163	7.872	0.062	0.092
新加坡	0.008	0.553	0.091	0.001	0.091	6.578	0.124	0.191
泰国	0.360	2.143	0.027	0.010	2.018	10.061	0.092	0.213
澳大利亚	0.119	0.856	0.045	0.005	1.016	6.304	0.127	0.211
德国	−0.029	1.114	0.038	−0.001	−0.211	8.347	0.110	0.240
马来西亚	0.143	0.610	0.079	0.011	1.272	4.197	0.079	0.112
韩国	0.003	−0.384	0.470	0.001	0.038	−5.580	0.035	0.021
加拿大	0.275	0.458	0.031	0.009	1.656	1.112	0.091	0.104
法国	−0.034	0.060	0.028	−0.001	−0.236	0.659	0.136	0.150
印度尼西亚	0.256	0.791	0.012	0.003	0.682	1.434	0.047	0.067
俄罗斯	0.181	1.797	0.025	0.004	0.275	2.506	0.008	0.018
意大利	0.099	0.451	0.006	0.001	0.291	1.033	0.116	0.153
新西兰	0.154	1.850	0.001	0.00018	0.186	2.052	0.095	0.235
瑞士	−0.075	0.390	0.001	−0.00006	−0.091	0.568	0.153	0.229

续表5-8

客源地	全国增长率 R_j	四川省增长率 r_{ij}	四川省标准化规模 b'_{ij}	份额分量 N_{ij}	结构偏离分量 P_{ij}	竞争力偏离分量 D_{ij}	基期占全国比例 $V_{j,0}$	末期占全国比例 $V_{j,t}$
印度	0.215	−0.292	0.010	0.002	0.407	−0.964	0.027	0.016
瑞典	−0.225	0.313	0.001	−0.00024	−0.218	0.522	0.068	0.116
菲律宾	0.245	0.067	0.008	0.002	0.243	−0.178	0.010	0.009
蒙古	0.380	0.050	0.005	0.002	0.203	−0.178	0.005	0.004
朝鲜	−0.102	0.784	0.00026	−0.00003	−0.018	0.160	0.010	0.019
其他客源地	0.351	1.208	1.152	0.404	9.259	23.642	0.051	0.084

2014—2018年,四川省入境旅游客流增长总量 G_i 为129.65万人次,且 $L=1.40>1$,表明四川省入境客流总量在增长,增长速度高于全国平均水平;$P_i=26.62$,$W=1.02>1$,表明四川省入境旅游市场总体结构处于优势地位,区域包含比重较大的高速增长市场,对四川省旅游业发展贡献较大;$D_i=99.97$,$U=1.37>1$,表明与全国同期平均水平相比,四川入境旅游市场具有较强的竞争优势(表5-9)。

表5-9 四川省入境旅游客源地结构总体效果

指标	游客增长总量 G_i	相对增长率 L	结构效果系数 W	竞争力效果系数 U	总份额分量 N_i	总结构转移分量 P_i	总竞争力转移分量 D_i	转移分量 PD_i
数值	129.65	1.40	1.02	1.37	3.07	26.62	99.97	126.59

5.8 本章小结

选取2011—2018年四川省21个市州旅游总收入和外汇旅游收入作为测度指标,运用空间自相关、标准差椭圆、旅游经济重心、旅游经济水平指数考察四川省21个市州旅游经济的相关性、方向性和重心分布;选取2013—2019年四川省28个主要入境客源地旅游人数作为测度指标,对入境旅游地理集中程度以及客源地份额变化情况进行定量分析。通过深入揭示四川省旅游经济差异时空演化特征和入境旅游市场结构特征,取得了如下认识与成果:

全局自相关结果表明,市州入境旅游经济呈弱负相关,即随着部分市州入境旅游经济的增长,其他市州入境旅游经济下降,市州差异渐渐拉大。上述特征支持前人以四川省国内旅游收入（付洪利等，2015）、旅游总收入（钟美玲等，2018）作为测度指标所获结论，也与近年来中国入境旅游发展省级差异先缩小后扩大的趋势一致（王凯等，2014；郭永锐等，2014）。相较而言，广东、陕西、江苏、浙江等省市的入境旅游经济空间差异却逐年缩小、逐步收敛（吴冰等，2013；王建军，2012；姜海宁等，2009）。局部空间自相关结果表明，雅安、德阳、眉山的入境旅游经济相对较弱，与周边市州差距较大；入境旅游经济较强，明显高于周围市州者：成都、乐山；入境旅游经济相对较弱，且呈低值聚集的市州：攀枝花、南充、乐山、巴中、广安。仅成都为高值区域，故高高聚集（HH）的情况未能出现。

整体上，标准差椭圆分布面积大小变化幅度较大，以成都为中心呈西北—东南展布，有向南北方向转角的趋势。四川外汇收入空间分布方向性逐渐减弱，分布范围逐年缩小，表明正北—正南格局加强。这意味着部分市州入境旅游经济发展水平与全省平均值进一步拉大（杨霞等，2012）。2018年数据较为特殊，各项指标均大幅度下降，表明成都极化现象进一步加重。入境经济重心偏向东面，表明四川入境经济集中于中东部地区。从移动方向看，整体上由西北部向东南部移动，说明2011年入境旅游经济较发达地区位于阿坝州、甘孜州。随着时间的推移，阿坝州、甘孜州等西北部入境旅游经济水平有所下降，乐山、广安、攀枝花、凉山、泸州等南部、东部和东南部入境旅游经济水平在逐渐提高。旅游总收入重心位于四川省几何中心东南部。从移动方向看，整体上由西北部向东南部移动，表明成都平原东部南部和川南地区旅游经济水平正在逐步提升。

成都市旅游经济水平指数均值远高于其他市州，约为排名最末的甘孜州的21倍。仅乐山、宜宾、绵阳和南充4个市州的旅游经济水平高于全省平均水平。达州、巴中、甘孜州3个市州排名垫底，旅游经济水平远低于四川省平均水平。由此说明，四川旅游经济水平空间差异较大。值得注意的是，阿坝州下降幅度最大。

从空间变化特征来看，四川省入境旅游客源地的地理集中性总体呈下降趋势，集中指数较低。一方面，表明四川省入境客源地较多，客源空间分布趋于分散，入境旅游经营稳定性较好；另一方面，四川入境旅游客源市场间差异显著，仍以中国香港、澳门、台湾地区以及美国为主要客源地，入境市场极易受到中国香港、澳门、台湾地区以及美国的影响。这一入境旅游市场空间变化特征与郭剑英等（2011）对四川2000—2009年的研究结论一致。

从时间变化特征来看，2014—2018年，中国香港、澳门地区、台湾地区以及美国、英国、日本、新加坡市场占有率高，仍然是四川省主要客源地，但中国香港、澳门地区、台湾地区以及美国市场份额大幅下降。2014—2018年四川省传统客源市场韩国与马来西亚市场占有率和竞争力变低，已经成为四川入境旅游客源市场的衰退性市场。泰国和俄罗斯跻身四川入境游高速增长的新兴市场。综上，2014—2018年，四川省入境旅游客源地以中国香港、澳门、台湾地区为主，以美国、日本、英国、新加坡、泰国、俄罗斯等国际市场为辅。总体而言，四川入境旅游在全国总体客源地结构良好，具有较强的国际旅游竞争力，但总体入境游经济规模偏小，有待进一步拓展。

本章及前述章节分别从基本面、时间序列、时间差异和空间演化等方面全面地分析了四川旅游经济现状的时空两个维度的特征，但缺乏对未来发展趋势的预测，特别是新型冠状病毒肺炎疫情以后四川省旅游恢复周期的预测。因此，第6章将对旅游恢复周期进行定量预测，为促进旅游业复苏提供参考。

第6章　区域旅游经济发展趋势预测

经济预测是对经济现象未来情景的推测和估计，可以为决策者提供解决未来问题的决策依据，提高决策的正确性。随着经济的发展和生活水平的提高，人们的旅游需求日益增长，旅游经济在国民经济中占有越来越重要的地位。要保证旅游业持续稳步的发展，可以用科学的方法预测旅游需求，从而把握旅游经济发展的规律与趋势，制定适合的发展政策和竞争策略。单一的旅游需求预测方法可分为定性研究方法、定量研究方法和人工智能方法三类。常用的旅游需求预测方法如图6－1所示，包括基于这些方法的组合法。

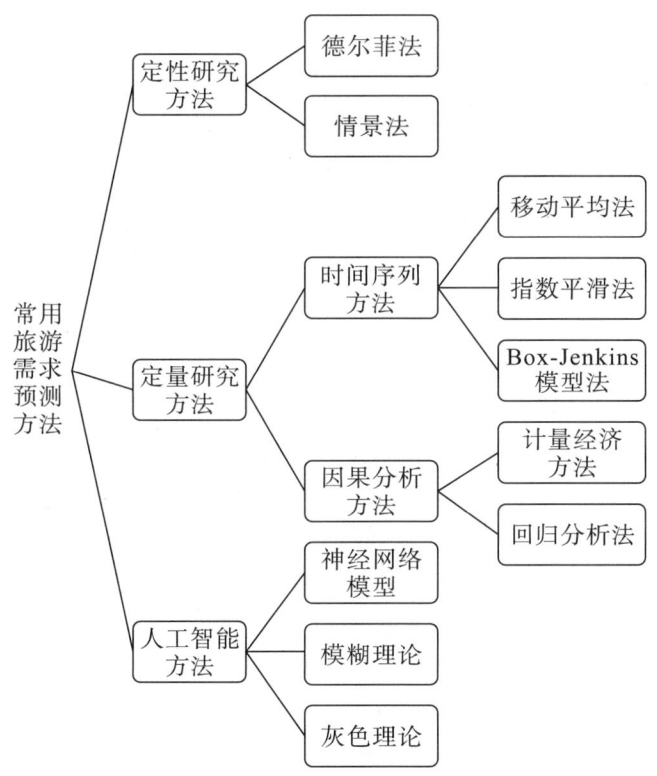

图6－1　常用的旅游需求预测方法

在定性分析方面，最著名和应用最为广泛的是德尔菲法（Delphi method）；在定量分析方面，国内外普遍运用的模型包括计量经济/回归模型、基础时间序列预测模型、ARIMA 模型（自回归移动平均模型）以及 BP（Back Propogation）神经网络等（赵西萍等，1996；任来玲等，2006；陶伟，2010；李欣奕，2019）。近年来，国内外学者对旅游需求预测开展了大量的研究工作，包括王娟等（2001）探究了人工神经网络（ANN）作为一种新型的预测系统在旅游市场需求研究中的重要性；Goh 等（2002）利用香港的十大客源地数据进行建模与评价，选用天真算法、移动平均法、指数平滑法、ARIMA 模型、季节性 ARIMA 模型等，并对预测的准确性进行了检验；Cho（2003）在对香港入境旅游人数预测中，比较指数平滑法、ARIMA 与人工神经网络三种方法；朱晓华等（2005）以中国 1978 年以来入境客源地为例，建构旅游客源地预测的灰色模型，并与常用的线性模型预测精度进行定量对比；张丽等（2006）分别使用季节 ARIMA 模型和 Holt-Winters 加法模型，对中国航空旅客运输量做出预测，并将预测结果加以比较；邓祖涛等（2006）将 BP 神经网络应用于我国入境旅游人数预测；覃频频等（2006）分别运用指数平滑法、SARIMA 和 Elman 人工神经网络法，建立基于月度数据的桂林漓江旅游航班、运量及游客的需求预测模型；雷平等（2008）采用 X12 − ARIMA 模型、TRAMO/SEATS 模型、ARMA 模型与 GARCH 模型并对异常值进行调整，利用 7 种估计方法估计了我国入境旅游人数月度指数并进行了预测比较；涂雄苓等（2011）将 ARIMA 乘积季节模型应用于桂林市旅游需求预测中，对桂林市旅游人数进行预测；李乃文等（2015）利用 RBF 神经网络对 ARIMA 模型进行修正，并将该结合算法用于我国入境旅游人数预测。尽管可供选择的旅游需求预测方法很多，但何为最优方法尚无定论，任何一种旅游需求预测模型都不具有普适性，对于不同的需求应选择不同的方法，根据实际问题选用适合的预测模型（任来玲，2006；欧阳润平，2007；殷书炉，2008；陶伟，2010；李欣奕，2019）。

本章结合四川省旅游业的发展特征，借助于 Excel 和 IBM SPSS Statistics 19.0 软件进行数据处理，首先对旅游总收入、国内旅游人数月度数据序列选用 Holt-Winters 乘法指数平滑分析法建立预测模型，对入境旅游人数月度数据序列选用 ARIMA 乘积季节模型分析法建立预测模型，用绝对误差与 MAPE 两个指标作为模型预测精度的评判标准，结果表明模型预测精度较高，且该类方法简单可行，可操作性强；再采用所建立的三种预测模型，分别对旅游总收入、国内旅游人数、入境旅游人数进行定量预测；然后选用引入异常值的 ARIMA 乘积季节模型定量预测新型冠状病毒肺炎疫情后四川省入境旅游恢复周期,并对受新冠肺炎影响的四川省旅游经济发展趋势进行分析。

本章数据使用情况如下:Holt-Winters 乘法指数平滑分析法采用 2013 年 1 月—2019 年 12 月四川省旅游总收入、2013 年 4 月—2019 年 12 月国内旅游人数的月度数据,ARIMA 乘积季节模型分析法采用 2013 年 1 月—2019 年 12 月接待入境旅游人数的月度数据,数据来源于《四川省旅游统计报表》《四川省旅游统计便览》《四川统计年鉴》;引入异常值的 ARIMA 乘积季节模型采用 2013 年 1 月—2020 年 1 月接待入境旅游人数的月度数据,数据来源于《四川省旅游统计报表》《四川省旅游统计便览》《四川统计年鉴》,其中 2020 年 1 月四川省数据为近三年成都入境旅游人数同期平均占比推算而得[①]。

6.1 旅游基本面发展预测

6.1.1 Holt-Winters 模型简介及建模

6.1.1.1 模型简介

Holt-Winters 模型的基本思想是结合三次指数平滑法,把具体线性趋势、季节变动和随机变动的时间序列进行分解研究,分别对长期趋势、趋势增量和季节变动做出估计,然后建立预测模型,外推预测值。该方法可同时处理趋势和季节性变化,并能将随机波动的影响适当过滤。因此,特别适用于包含趋势和季节变化时间序列的预测问题。Holt-Winters 模型包括无季节模型,加法模型和乘法模型三种(汤银英,2017;童明荣,2008)。

通常,无季节模型适用于具有线性时间趋势但无季节变化的序列。当时间序列季节变动大致相等,或时间序列图形随时间推移等宽推进时,采用加法模型;当时间序列季节变动与其长期趋势大致成正比,且时间序列图形大致呈喇叭状或放射状时,采用乘法模型(张颖,2005;桂文林,2010)。

---

① 设 X_n^m、Y_n^m、Z_n^m 分别为 n 年 m 月的成都市入境旅游人数、四川省入境旅游人数、成都市入境旅游人数占四川省入境旅游人数的百分比,计算公式为:$Z_n^m = \frac{X_n^m}{Y_n^m} \times 100\%$。设 $Z_{2017-2019}^{-1}$ 为 2017 年、2018 年、2019 年 1 月的成都市入境旅游人数平均占比,$Z_{2017-2019}^{-1} = (Z_{2017}^{-1} + Z_{2018}^{-1} + Z_{2019}^{-1})/3$,则推算 2020 年 1 月四川省入境旅游人数公式为:2020 年 1 月四川省入境旅游人数=2020 年 1 月成都市入境旅游人数$\times Z_{2017-2019}^{-1}$。

Holt-Winters 乘法模型由 3 个平滑方程和 1 个预测公式组成。3 个平滑方程如下：

$$S_t = \frac{\alpha X_t}{I_{t-L}} + (1-\alpha)(S_{t-1} + b_{t-1}) \qquad (6-1)$$

$$b_t = \gamma(S_t - S_{t-1}) + (1-\gamma)b_{t-1} \qquad (6-2)$$

$$I_t = \frac{\beta X_t}{S_t} + (1-\beta)I_{t-L} \qquad (6-3)$$

式中，X_t 为实际观测值；S_t 为 t 时期的平滑值；L 为季节长度；S 是稳定成分；b 是线性成分；I 为季节成分；α、β、γ 为加权系数，取值为 $0\sim1$；I_t 为季节性修正系数，即季节指数，$I_t = X_t/S_t$。Holt-Winters 模型的预测公式如下：

$$f_{t+m} = (S_t + b_t m)I_{t+m-L} \qquad (6-4)$$

式中，m 为从当前时期到所要预测时期的数目；f_{t+m} 为第 $t+m$ 时期预测值（童明荣，2008；万洁，2010）。

6.1.1.2　模型的建立

近年来，四川省国内旅游市场发展迅速，2019 年四川省累计实现旅游总收入 11594.32 亿元，比 2018 年增长 14.7%；全省接待国内旅游人数 7.51 亿人次，比 2018 年增长 7.0%。选取 2013 年 1 月—2019 年 12 月旅游总收入月度数据作为观测值建立模型，对 2020 年 1 月—2021 年 12 月该项指标进行预测；选取 2013 年 4 月—2019 年 12 月四川省接待国内旅游人数月度数据作为观测值建立模型，对 2020 年 1 月—2021 年 12 月该项指标进行预测。2013 年 1 月—2019 年 12 月的四川省旅游总收入（单位：亿元）时序图如图 6-2 所示；2013 年 4 月—2019 年 12 月[①]的接待国内旅游人数（单位：万人次）时序图如图 6-3 所示。

---

① 2013 年 4 月 20 日，芦山县发生 7.0 级地震，该月国内旅游人数同比增长大幅回落，此后四川省国内旅游市场进入新一轮的增长时期。

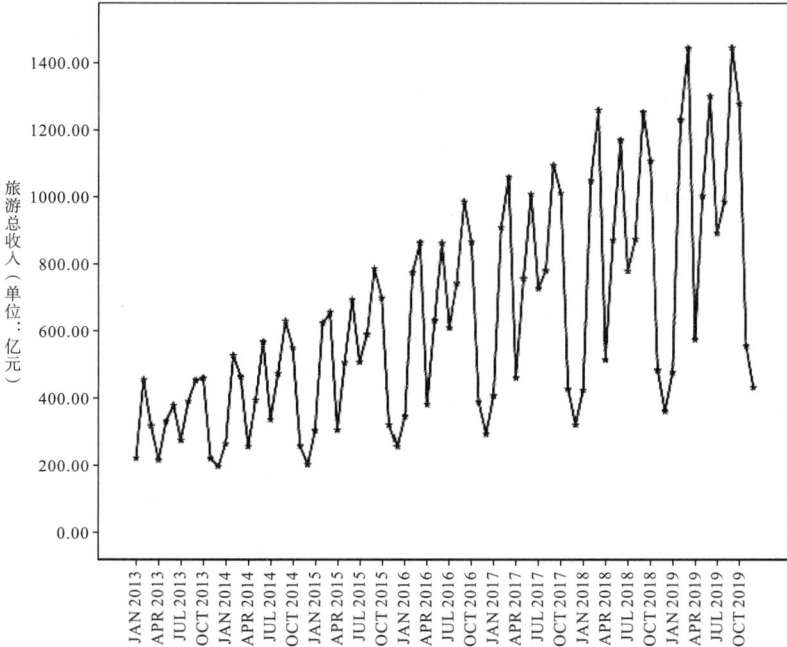

图 6-2　2013 年 1 月—2019 年 12 月四川省旅游总收入时序图

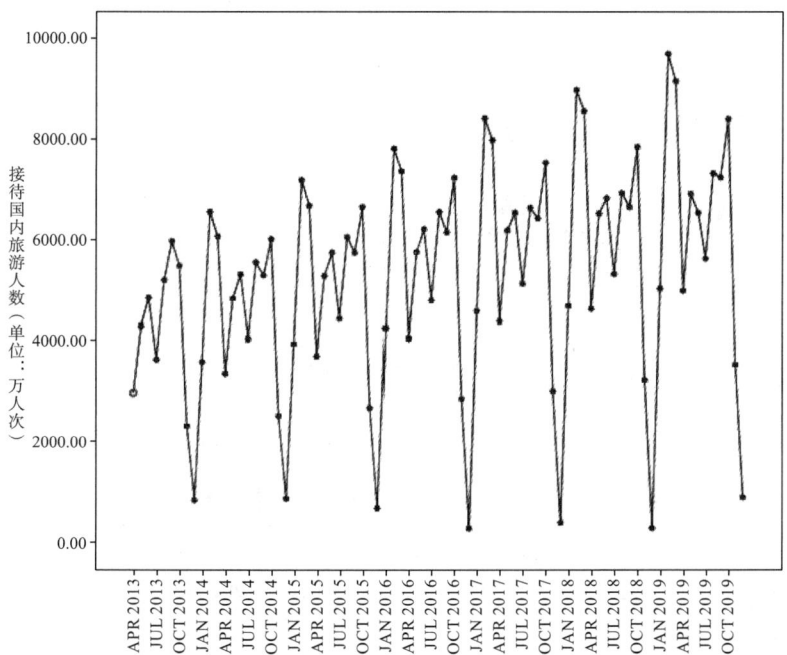

图 6-3　2013 年 4 月—2019 年 12 月四川省接待国内旅游人数时序图

从图6-2中可以看出，四川省旅游总收入序列存在明显的上升趋势，同时伴随有显著的季节性波动，每年的2月、3月、6月、9月、10月旅游总收入值处于高位，符合旅游旺季的特征，1月、4月、11月和12月旅游总收入最低，为四川旅游市场的淡季。从图6-3中可以看出，2013年4月—2019年12月期间四川省接待国内旅游人数序列存在明显的上升趋势，同时伴随显著的季节性波动，每年的2月达到峰值，3月和10月也处于高位，这一现象与国内游客喜欢在春节前后、"十一"黄金周出游的意愿相符；而每年的12月国内游客人数均跌入谷底，又与国内游客年底工作繁忙、出行意愿不高、时间和资金不足等因素有关。因此，旅游总收入、国内旅游人数随季节变化既有趋势性也有季节特征，应选用Holt-Winters乘法模型进行拟合预测。

模型参数可通过SPSS软件直接计算得出，旅游总收入预测模型和国内旅游人数预测模型结果分别见表6-1和表6-2，且模型的R^2分别达到了0.990和0.991，解释了旅游总收入99%的变差以及接待国内游客量99.1%的变差。

表6-1 旅游总收入预测模型参数估计结果

模型			估计	SE	t	Sig.
旅游总收入-模型_1	无转换	Alpha（水平）	0.053	0.033	1.628	0.108
		Gamma（趋势）	0.145	0.124	1.165	0.248
		Delta（季节）	0.999	0.094	10.641	0.000

表6-2 接待国内旅游人数预测模型参数估计结果

模型			估计	SE	t	Sig.
接待国内旅游人数-模型_1	无转换	Alpha（水平）	0.001	8.603E-5	11.690	0.000
		Gamma（趋势）	0.382	0.045	8.480	0.000
		Delta（季节）	0.999	0.105	9.469	0.000

通过观察旅游总收入预测模型和国内旅游人数预测模型残差序列的ACF和PACF图（图6-4；图6-5），可知所得残差的自相关函数和偏自相关函数均在可信限以内，说明残差是随机分布的，则认为所建立的模型合理。

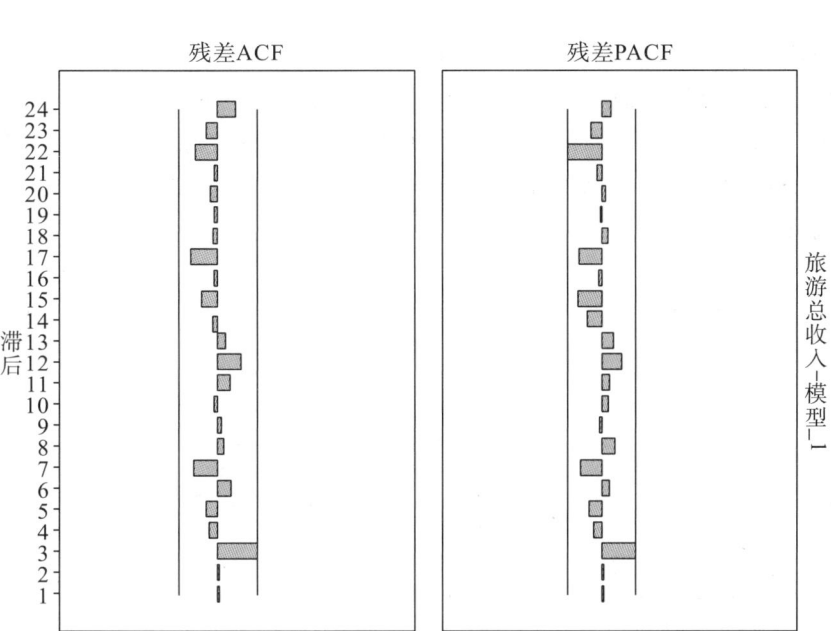

图 6-4　旅游总收入预测模型残差序列的自相关（ACF）图和偏自相关（PACF）图

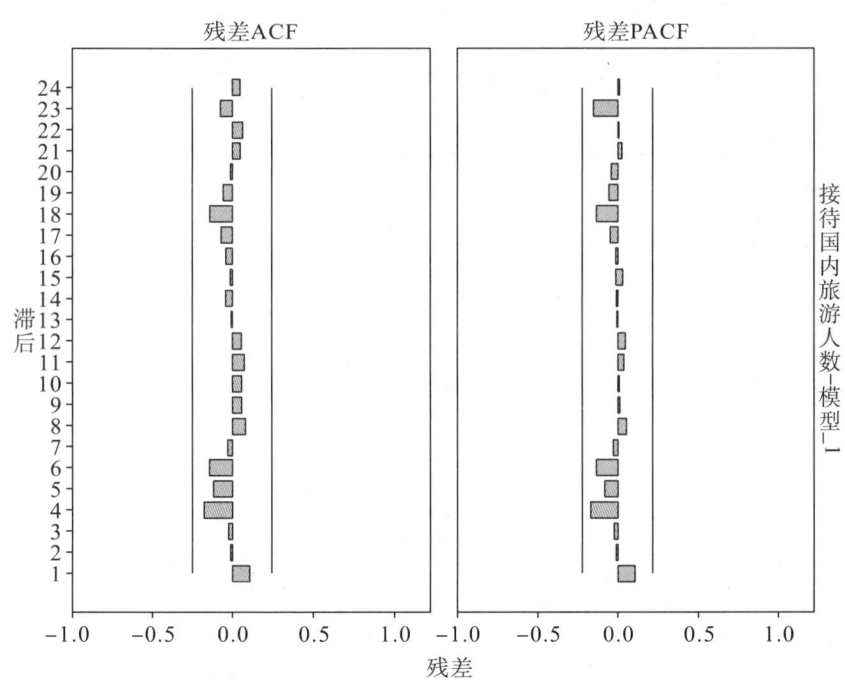

图 6-5　国内旅游人数预测模型残差序列的自相关（ACF）图和偏自相关（PACF）图

根据所建旅游总收入预测模型得出2013年1月—2019年12月的旅游总收入拟合数据与实际总收入做图（图6-6）比较，所建国内旅游人数预测模型得出2013年4月—2019年12月的国内旅游人数拟合数据与实际游客人数做图（图6-7）比较。从图中可以看到，拟合值与观测值均基本吻合，表明模型选择合理。

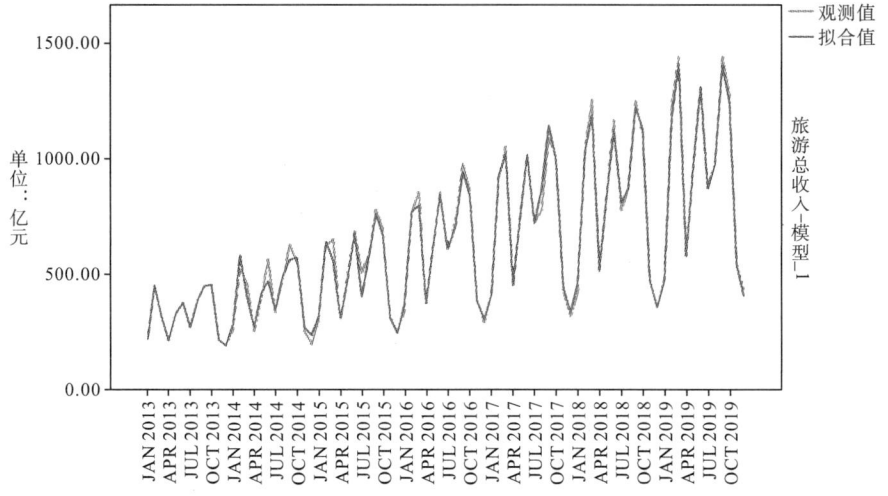

图6-6 旅游总收入预测模型的观测值、拟合值比较图

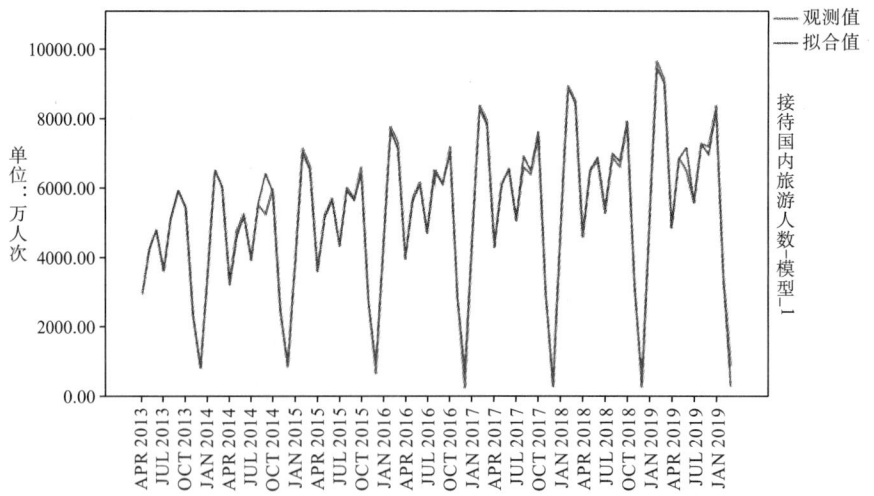

图6-7 接待国内旅游人数预测模型的观测值、拟合值比较图

为了进一步检验模型的预测能力，将样本数据预测范围定为2019年8月到2019年12月，得到相应时期的旅游总收入和国内旅游人数拟合值（表6-3；表6-4）。

表6-3 2019年8月—12月四川省旅游总收入拟合值与实际值对比表

单位：亿元

时间	实际值	拟合值	绝对误差	相对误差（%）
2019M08	981.63	978.54	-3.09	-0.31
2019M09	1445.42	1406.22	-39.20	-2.71
2019M10	1276.79	1244.65	-32.14	-2.52
2019M11	554.21	542.17	-12.04	-2.17
2019M12	429.72	404.11	-25.61	-5.96

由表6-3可得所建立Holt-Winters乘法模型预测最小相对误差为-0.31%，最大相对误差为-5.96%，平均绝对百分比误差（MAPE）为2.61%，通常认为MAPE的值低于10%即为较高精度的预测，依据MAPE值判断该模型达到了较高预测精度，适用于四川省旅游总收入的预测。

表6-4 2019年7月—12月四川省国内旅游人数拟合值与实际值对比表

单位：万人次

时间	实际值	拟合值	绝对误差	相对误差（%）
2019M07	5596.36	5587.30	-9.06	-0.16
2019M08	7296.32	7286.51	-9.81	-0.13
2019M09	7214.43	6989.25	-225.18	-3.12
2019M10	8392.54	8258.96	-133.58	-1.59
2019M11	3526.85	3397.40	-129.45	-3.67
2019M12	874.83	271.48	-603.35	-68.97

由表6-4可得所建立Holt-Winters乘法模型预测最小相对误差为-0.13%，最大相对误差为-68.97%，平均绝对百分比误差（MAPE）为12.94%，虽然超过10%，但是从中可以看出2019年7月—11月的相对误差均较小，绝对值不超过4%，仅2019年12月的相对误差较大（-68.97%），

因此，从整体来看该模型达到较高预测精度，对于 12 月份接待国内旅游人数较往期增幅较大的情况应另做分析。

6.1.2 ARIMA 乘积季节模型简介及建模

6.1.2.1 模型简介

在时间序列的建模过程中，季节性影响可以通过季节性差分和乘积季节项来体现。包含乘积季节项的模型也称作乘积季节模型，记为 ARIMA$(p,d,q) \times (P,D,Q)_S$，是 ARIMA 模型和随机季节模型的结合。设 $\{Y_t\}$ 为某非平稳时间序列，Y_t 为该序列第 t 个时间间隔的观测值，ARIMA(p,d,q) 模型的一般形式记为：

$$\emptyset(B)\nabla^d Y_t = \theta(B)e_t \tag{6-5}$$

式中，t 代表时间；d 为非季节差分阶数；p 和 q 分别为平稳序列的自回归阶数和移动平均阶数；B 是后移算子，$\nabla = 1 - B$；$\emptyset(B)$ 表示自回归算子；$\theta(B)$ 表示移动平均算子。

ARIMA$(p,d,q) \times (P,D,Q)_S$ 模型的一般形式为：

$$\emptyset_p(B)\Phi_P(B^S)\nabla^d \nabla_S^D Y_t = \theta_q(B)\Theta_Q(B^S)e_t \tag{6-6}$$

式中，D 为季节性差分次数；S 为季节周期；P 为季节性自回归阶数；Q 为季节性移动平均阶数；$\Phi_P(B^S) = 1 - \Phi_1 B^S - \Phi_2 B^{2S} - \cdots - \Phi_P B^{PS}$，为季节性 P 阶自回归算子；$\Theta_Q(B^S) = 1 - \Theta_1 B^S - \Theta_2 B^{2S} - \cdots - \Theta_Q B^{QS}$，为季节性 Q 阶自回归算子。

ARIMA$(p,d,q) \times (P,D,Q)_S$ 模型建模步骤如下。

（1）数据预处理

首先对时间序列数据的平稳性进行检验。判断序列的平稳性，可以对序列的时序图和自相关系数图进行初步观察判断，并进一步对序列进行正规的单位根检验以判断其平稳性。对于有趋势和季节的非平稳时间序列，需要经过逐期差分和季节差分消除其趋势和季节性，把不平稳的时间序列转化为平稳序列，采用差分化和考虑季节性差分化的次数，即分别为 d 和 D 的取值。

（2）模型识别

关于 AR(p)、MA(q) 和 ARMA(p,q) 过程的自相关函数和偏自相关函数的特征见表 6-5。

表 6-5 ARMA 模型 ACF 和 PACF 的特征

模型	自相关函数（ACF）	偏自相关函数（PACF）
AR(p)	拖尾	p 阶截尾
MA(q)	q 阶截尾	拖尾
ARMA(p, q)	拖尾	拖尾

ARIMA 乘积季节模型的识别，可以通过观察平稳时间序列的样本自相关函数和样本偏自相关函数的特性，对照表 6-5 中 ARMA 模型的自相关函数和偏自相关函数的理论特征，根据经验方法对模型进行的初步识别，从而选择合适的模型形式和滞后阶数进行参数估计，即确定相应阶 p，q，P，Q 的数值。

在此基础上，为简化定阶的过程，常采用最小信息准则进一步完成模式识别。目前较为常用的是 AIC 准则、BIC 准则等。

（3）参数估计

利用有关的样本数据，对已选出的模型参数进行估计，也就是要估计出 p 个自回归参数 $\emptyset_1$，$\emptyset_2$，…，$\emptyset_p$，q 个移动平均参数 θ_1，θ_2，…，θ_q，P 个季节自回归参数 Φ_1，Φ_2，…，Φ_P，以及 Q 个季节移动平均参数 Θ_1，Θ_2，…，Θ_Q 的数值。

（4）模型检验

通过检验模型残差序列 $\{e_t\}$ 是不是白噪声，考核所建模型的优劣。如果经检验 $\{e_t\}$ 是白噪声序列，模型是合理的，可用于预测；否则，应进一步改进模型。

6.1.2.2 模型的建立

据统计，2019 年四川省接待入境旅游人数 414.78 万人次，比 2018 年增长 12.4%。选取 2013 年 1 月—2019 年 12 月入境旅游人次数月度数据作为观测值，对 2020 年 1 月—2021 年 12 月该项指标进行预测。2013 年 1 月—2019 年 12 月四川省入境旅游人数（单位：万人次）时序图如图 6-8 所示，序列自相关图如图 6-9 所示。

从入境旅游人数时序图可以看出，序列中存在明显的上升趋势和季节性，并伴随一定的周期性波动，每年的 6 月、7 月、8 月、9 月、10 月入境旅游旺季特征显著，其余月份为入境旅游淡季，且每年的最低值均出现在 4 月（图 6-8）。另外，入境旅游人数序列自相关系数也表现出明显的周期特性（图 6-9），由此该准平稳序列选用 ARIMA 乘积季节模型较为适宜，即选择 ARIMA(p, d, q)×(P, D, Q)$_S$ 模型。

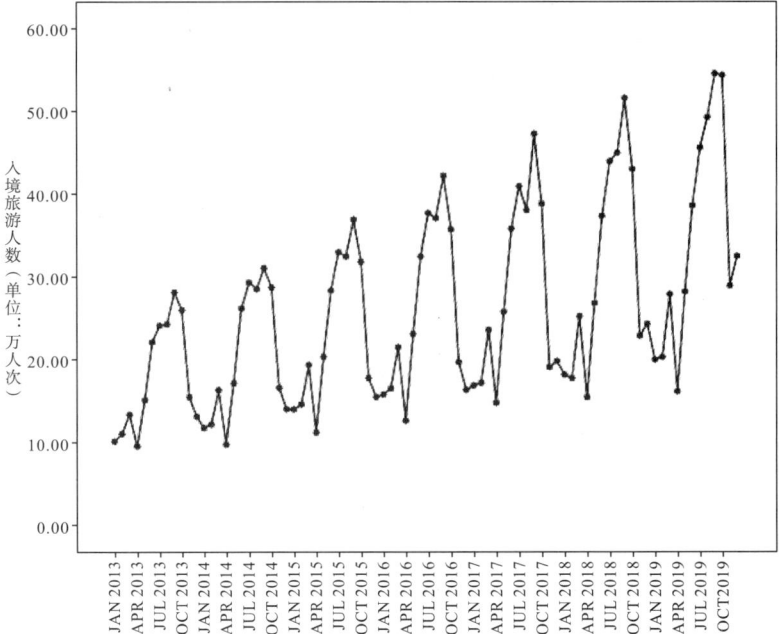

图6-8 2013年1月—2019年12月四川省入境旅游人数时序图

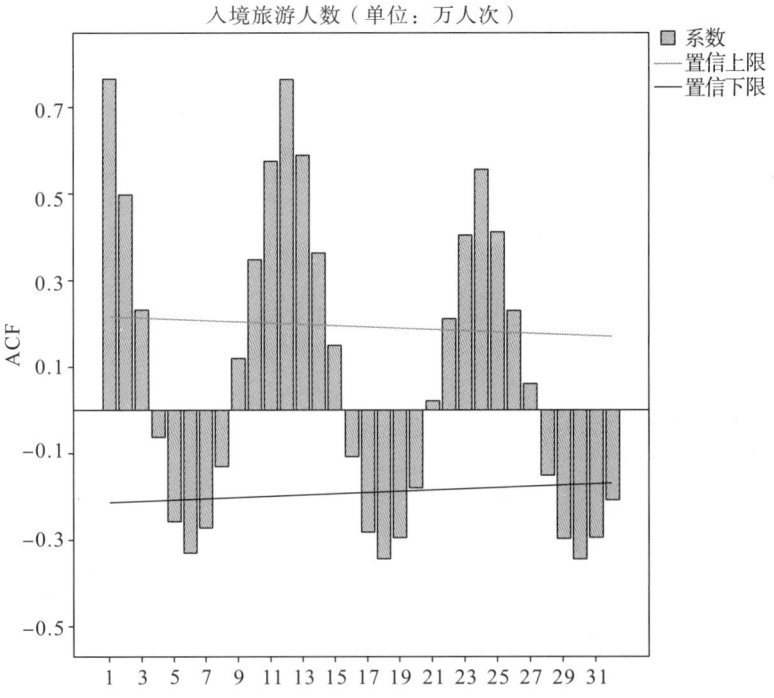

图6-9 入境旅游人数原时间序列的自相关（ACF）图（滞后32）

观察入境旅游人数时间序列趋势图发现，原序列除了具有明显的上升趋势、季节性特征外，其波动幅度随时间的推移越来越大（图6-8）。因此，在建立模型时，为减少序列的波动，先对原入境旅游人数时间序列进行自然对数转换，如图6-10所示。

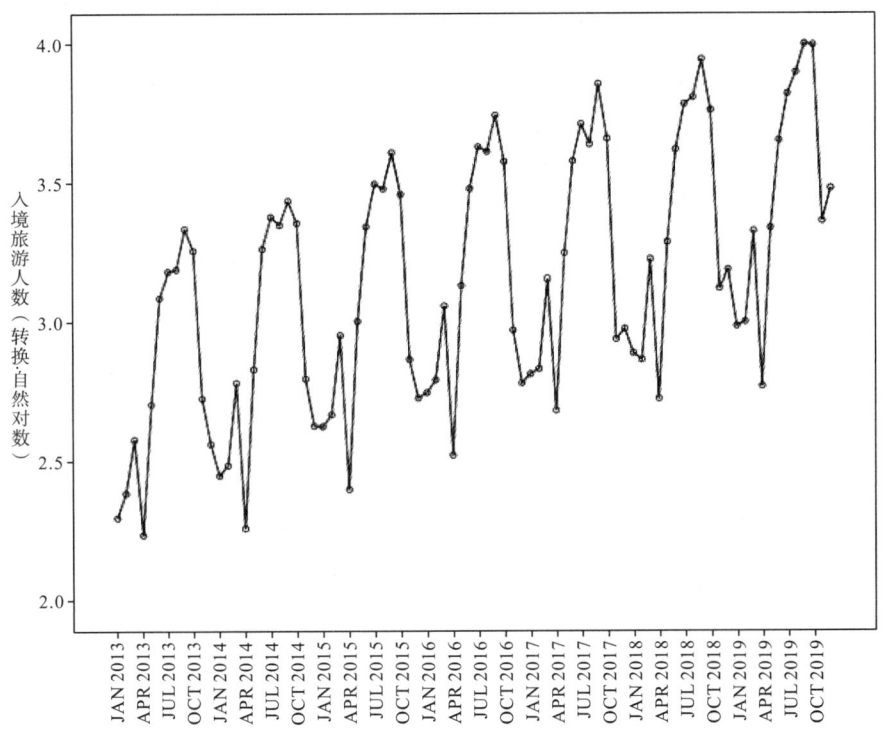

图6-10　入境旅游人数时间序列取自然对数后的时序图

由图6-10可知，原序列的波动幅度随时间增大的情况得到明显的消除，取对数后的序列呈现出一种较平稳的上升趋势和明显的季节波动。为了消除序列中的强趋势性，对该序列进行一阶逐期差分处理，差分后的序列时序图如图6-11所示。可以看出序列的趋势基本消除，仍有周期性变化。同时绘制序列的自相关图及偏自相关图，如图6-12所示。

由图6-12看出序列没有明显趋势，表明通过一阶差分趋势确已基本消除，但自相关系数在k为6、12时显著不为0，序列存在周期为一年的季节变化。对该序列进行周期长度为12个月的一阶季节差分，季节差分后的序列时序图如图6-12所示，自相关图及偏自相关图如图6-13所示。图6-12和图6-13两幅图均显示序列季节性基本消除，序列平稳。

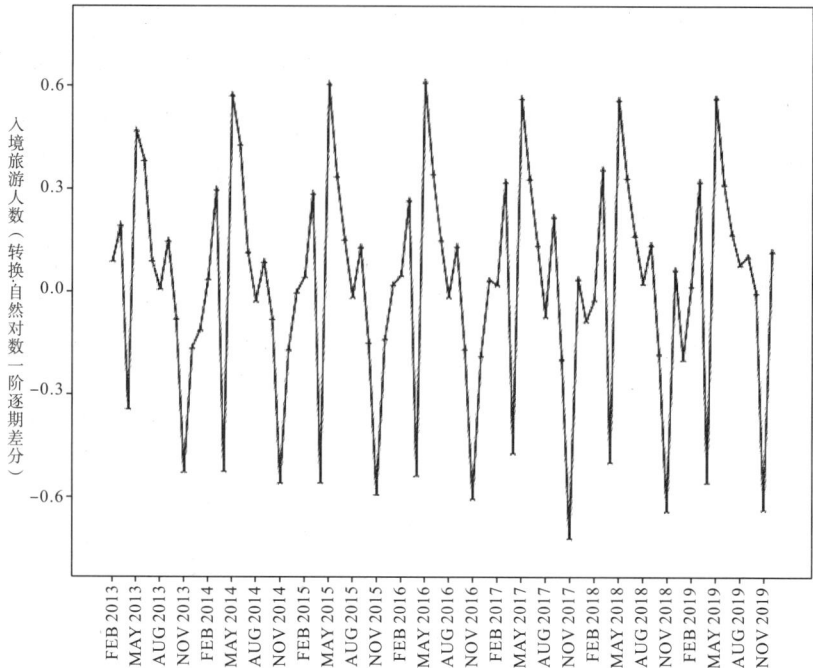

图6-11 入境旅游人数序列取自然对数,一阶逐期差分后的时序图

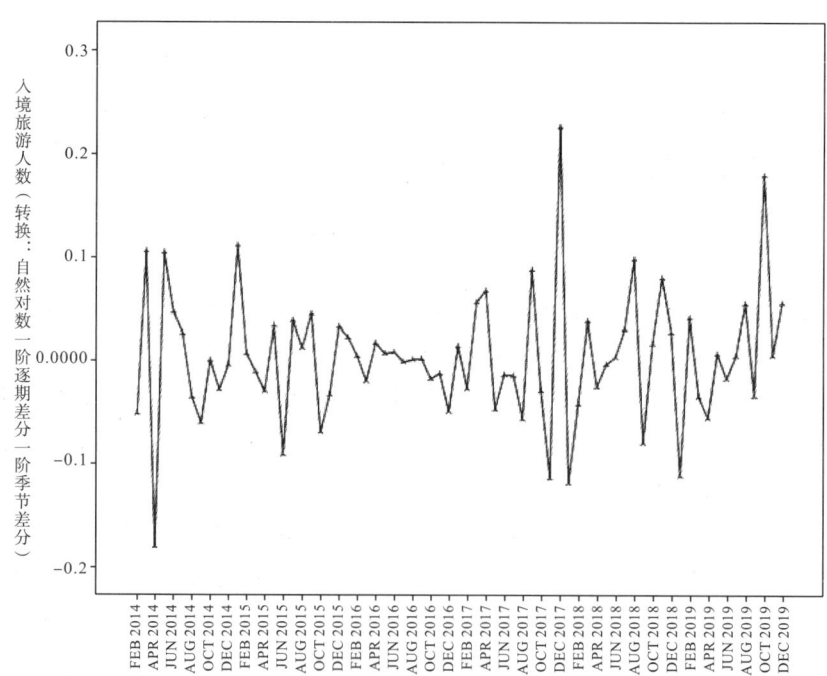

图6-12 入境旅游人数序列取自然对数,一阶逐期差分、一阶季节差分后的时序图

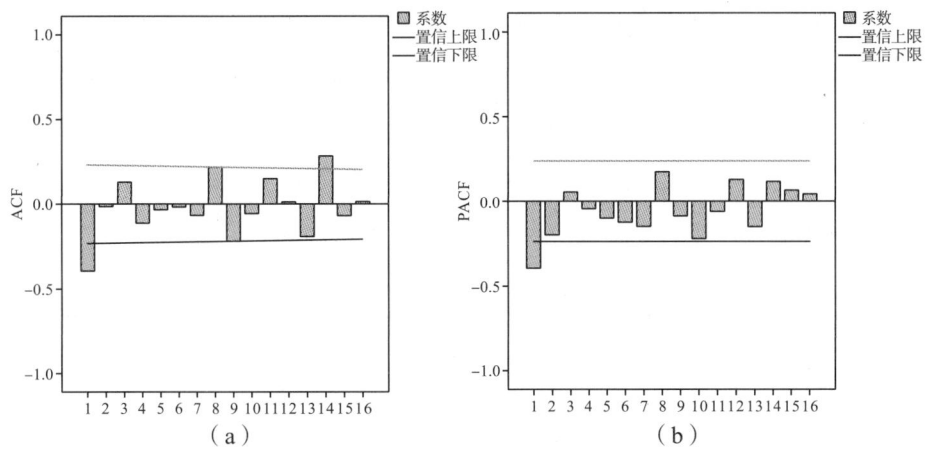

图 6-13 入境旅游人数序列取自然对数,一阶逐期差分后
的自相关图(a)和偏自相关图(b)

进一步采用正式方法检验经数据变化及差分化处理后序列的平稳性,对新序列进行 ADF 单位根检验。从表 6-6 中可看出,检验 t 统计量值为 -12.58245,比显著性水平为 1% 的临界值 -4.09455 都要小,所以拒绝原假设,认为序列不存在单位根,是平稳序列。为了对比序列平稳化处理的效果,同时通过对入境旅游人数原序列取自然对数,仅进行一阶季节差分后的序列进行 ADF 单位根检验,结果见表 6-7,表明该序列也是平稳的。因此从模型简捷性考虑,后续建模步骤均在原序列进行自然对数、一阶季节差分转换的基础上进行讨论分析。入境旅游人数原序列经自然对数转换后,不进行一阶逐期差分,直接进行周期长度为 12 个月的一阶季节差分。差分后时序图如图 6-14 所示,其自相关图和偏自相关图如图 6-15 所示。

表 6-6 取自然对数,一阶逐期差分、一阶季节差分后
入境旅游人数序列单位根检验

		t 检验统计量	P 值
ADF 检验统计		-12.58245	0.0001
检验临界值	1%水平	-4.094550	
	5%水平	-3.475305	
	10%水平	-3.165046	

表6-7 取自然对数,一阶季节差分后入境旅游人次序列单位根检验

		t 检验统计量	P 值
ADF 检验统计		−4.991887	0.0006
检验临界值	1%水平	−4.092547	
	5%水平	−3.474363	
	10%水平	−3.164499	

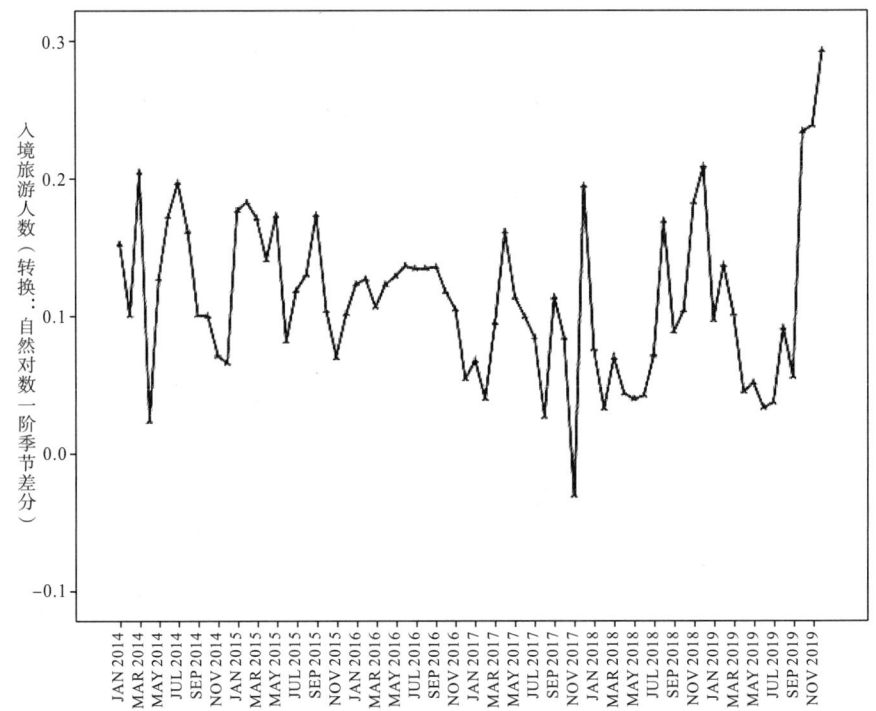

图6-14 入境旅游人数序列取自然对数,一阶季节差分后的时序图

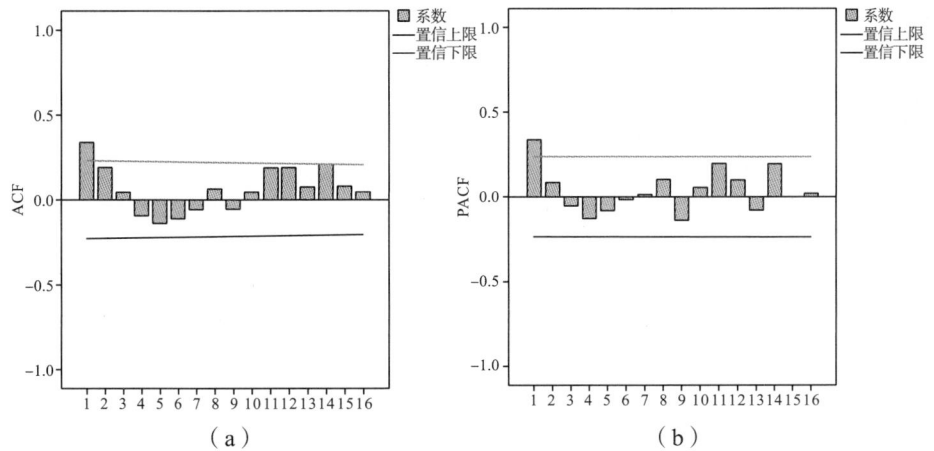

图 6-15 入境旅游人数序列取自然对数,一阶季节差分后的自相关图(a)和偏自相关图(b)

经过自然对数转换、一阶季节差分后入境旅游人数序列的周期及季节性基本消除,序列是一阶季节差分平稳序列,故 $d=0$,$D=1$。因此,我们初步选用模型 $ARIMA(p,d,q)\times(P,D,Q)_S = ARIMA(p,0,q)(P,1,Q)_{12}$。

图 6-16 是平稳序列的自相关和偏自相关图,可以根据该图初步选择各阶数值。考虑 p 可取 0、1,q 可取 0、1,P、Q 取 0,于是可以得到的初选模型为 p、q 和 P、Q 取值的组合,其中 p、q 和 P、Q 不能同时为零。

可选模型为 $ARIMA(1,0,0)(0,1,0)_{12}$、$ARIMA(0,0,1)(0,1,0)_{12}$ 和 $ARIMA(1,0,1)(0,1,0)_{12}$。通过计算各 ARIMA 乘积季节模型的 R^2、平稳的 R^2、MAPE、标准化的 BIC、Sig. 值,可以得到如表 6-8 所示的结果,帮助完成模型的选择。

表 6-8 初选模型的检验结果

$(p,d,q)(P,D,Q)$	R^2	平稳的 R^2	MAPE	标准化的 BIC	Sig.
$(1,0,0)(0,1,0)$	0.982*	0.132	4.283	1.056*	0.502*
$(0,0,1)(0,1,0)$	0.980	0.100	4.398	1.116	0.401
$(1,0,1)(0,1,0)$	0.982*	0.141*	4.251*	1.111	0.474

从模型定阶的准则看,$ARIMA(1,0,0)(0,1,0)_{12}$ 模型和 $ARIMA(1,0,1)(0,1,0)_{12}$ 模型均有三项指标占优(表中数据以 * 标注,后同),在定阶指标差异不大的情况下,同样优先考虑简单模型,故应选择 $ARIMA(1,0,0)(0,1,0)_{12}$ 模型。该模型的标准化 BIC 最小,MAPE 指标值较小,

且 R^2 的值和 Sig. 的值最大。$R^2=0.0982$，说明模型解释了对入境游客量 98.2% 的变差。模型采用最大似然估计，对 ARIMA $(1,0,0)(0,1,0)_{12}$ 模型参数进行估计，结果见表6—9。

表6—9 ARIMA模型参数估计结果

					估计	SE	t	Sig.
入境旅游人数—模型_1	入境旅游人数	自然对数	常数		0.114	0.011	10.856	0.000
			AR	滞后1	0.387	0.120	3.234	0.002
			季节性差分		1			

通过观察模型残差序列的 ACF 和 PACF 图（图6—16），可知所得残差的自相关函数和偏自相关函数均在可信限以内，说明残差是随机分布的，则所建模型是正确的。

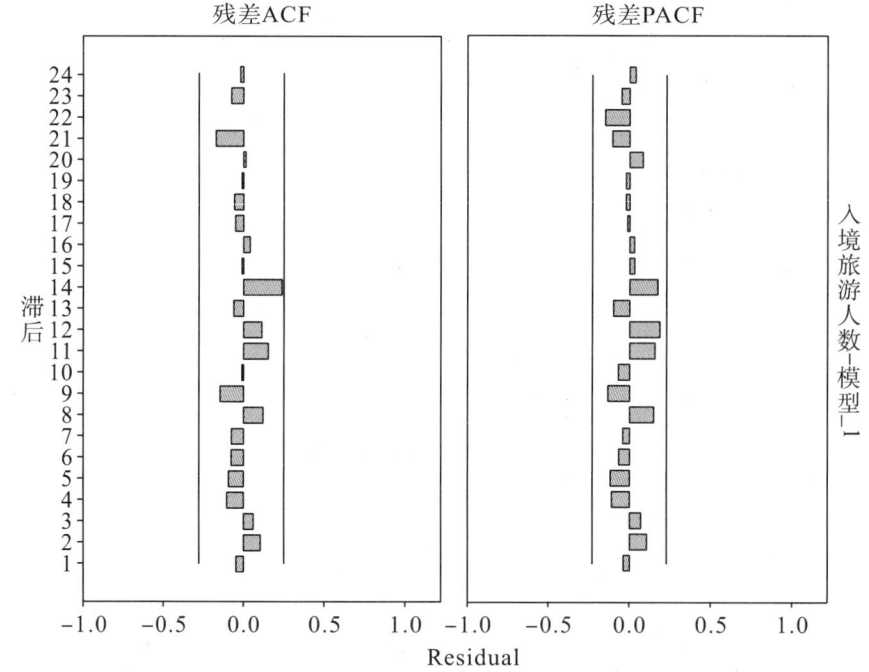

图6—16 ARIMA 乘积季节模型残差序列的自相关（ACF）图和偏自相关（PACF）图

根据所建模型得出 2013年1月—2019年12月的入境旅游人数拟合数据与实际游客量做比较。由图6—17可以看出，模型拟合值与实际观测值基本吻合，表明模型选择是合适的。

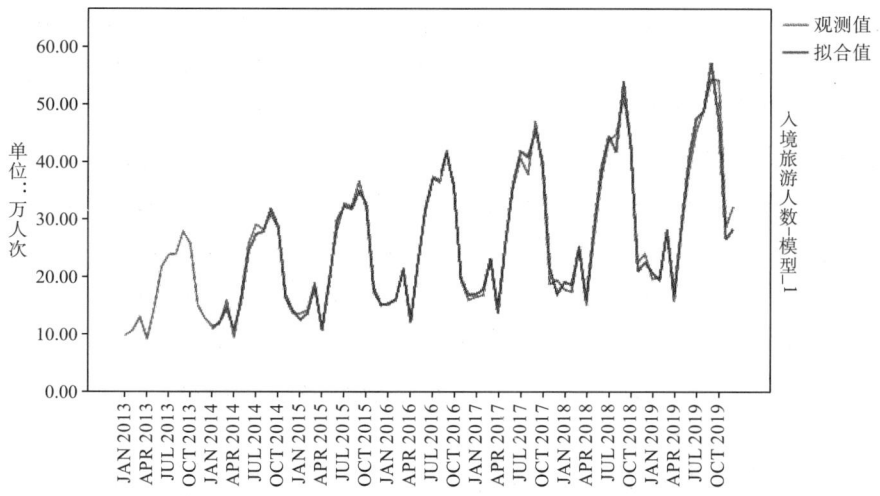

图 6-17 入境旅游人数预测模型的观测值、拟合值比较图

为了进一步检验模型的预测能力，将该样本数据预测范围定为 2019 年 7 月—2019 年 12 月，得到了相应时期的拟合值（表 6-10）。

表 6-10 2019 年 7 月—12 月四川省入境旅游人数拟合值与实际值对比表

时间	实际值	拟合值	绝对误差	相对误差（％）
2019 年 7 月	45.52	47.74	2.22	4.88
2019 年 8 月	49.18	48.95	−0.23	−0.47
2019 年 9 月	54.48	57.33	2.85	5.23
2019 年 10 月	54.29	47.13	−7.16	−13.19
2019 年 11 月	28.78	26.67	−2.11	−7.33
2019 年 12 月	32.38	28.46	−3.92	−12.11

由表 6-10 可知，ARIMA（1，0，0）（0，1，0）$_{12}$ 模型预测最小相对误差为 −0.47％，最大相对误差为 −12.11％，平均绝对百分比误差（MAPE）为 7.20％，依据 MAPE 值判断该模型达到了较高预测精度，适合用于四川省入境旅游人数的预测。

6.1.3 预测结果

在没有外部特殊事件影响的前提下，Holt-Winters 乘法模型能够较为准确地刻画四川省旅游总收入、接待国内旅游人数的发展走势，预测该两项指标的发展趋势，并且定量地给出具体预测数值。因此，本书采用 Holt-Winters 乘法模型对 2020 年 1 月—2021 年 12 月的四川省旅游总收入、接待国内旅游人数分别进行预测，预测结果见表 6－11 和表 6－12。预计 2020 年、2021 年全年可实现旅游总收入分别为 1.31 万亿元、1.45 万亿元，同比增长 12.93%、10.69%；有望接待国内旅游人数分别为 7.96 亿人次、8.43 亿人次，同比增长可达 5.99%、5.90%。另做旅游总收入和接待国内旅游人数趋势预测图如图6－18和图 6－19 所示。从图中可以看出，预测值与历史数据的走势极为相似，总体呈现持续增长态势，模型所得预测结果具有重要的参考价值。

表 6－11　2020—2021 年四川省旅游总收入预测值

单位：亿元

时间	2019 年实际值	2020 年预测值	2021 年预测值	时间	2019 年实际值	2020 年预测值	2021 年预测值
1 月	474.80	538.02	601.37	7 月	888.26	1002.90	1114.42
2 月	1228.14	1389.28	1551.28	8 月	981.63	1108.09	1230.18
3 月	1443.78	1631.95	1820.41	9 月	1445.42	1629.05	1806.91
4 月	573.17	648.23	722.37	10 月	1276.79	1436.63	1592.06
5 月	999.49	1129.01	1256.93	11 月	554.21	622.57	689.33
6 月	1298.90	1468.00	1632.77	12 月	429.72	480.79	531.89

表 6－12　2020—2021 年四川省接待国内旅游人数预测值

单位：万人次

时间	2019 年实际值	2020 年预测值	2021 年预测值	时间	2019 年实际值	2020 年预测值	2021 年预测值
1 月	5002.56	5288.51	5612.73	7 月	5596.36	5937.85	6291.05
2 月	9683.45	10243.06	10867.83	8 月	7296.32	7746.19	8204.68
3 月	9139.15	9673.15	10260.18	9 月	7214.43	7663.33	8114.69
4 月	4958.26	5250.95	5568.01	10 月	8392.54	8919.88	9442.69
5 月	6889.23	7300.27	7738.86	11 月	3526.85	3750.36	3969.10
6 月	6507.60	6901.24	7313.79	12 月	874.83	928.10	981.97

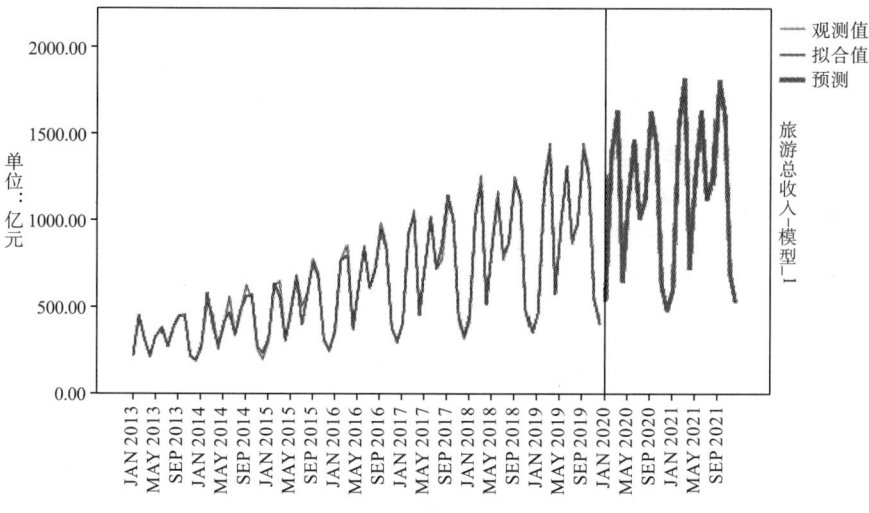

图6-18 旅游总收入趋势预测图

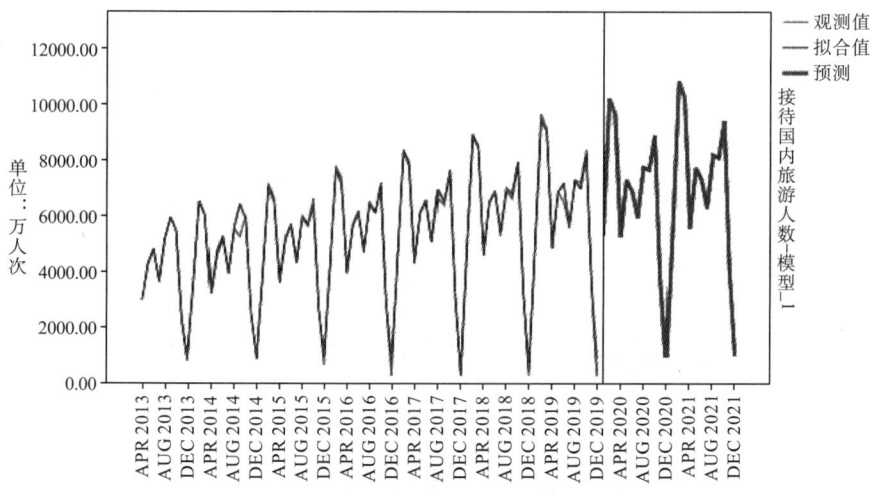

图6-19 接待国内旅游人数趋势预测图

同样在没有外部特殊事件影响的前提下，ARIMA乘积季节模型能够较好地把握四川省入境旅游人数的发展规律，预测其增长趋势，并且定量地给出具体预测数值。因此，本书采用ARIMA乘积季节模型对2020年1月—2021年12月的四川省入境旅游人数进行预测，预测结果见表6-13。预计2020年、2021年接待入境旅游人数分别有望达到468.55万人次、526.27万人次，同比增长分别为12.96%、12.32%，与2019年增速持平。另做入境旅游人数趋势预测如图6-20所示。从图中可以看出，预测值与历史数据的走势极为相似，总体呈现持续增长态势。

表 6-13　2020—2021 年四川省入境旅游人数预测值

单位：万人次

时间	2019 年 实际值	2020 年 预测值	2021 年 预测值	时间	2019 年 实际值	2020 年 预测值	2021 年 预测值
1月	19.79	23.81	26.74	7月	45.52	51.14	57.44
2月	20.11	23.20	26.05	8月	49.18	55.24	62.05
3月	27.76	31.50	35.38	9月	54.48	61.19	68.73
4月	15.94	17.97	20.19	10月	54.29	60.98	68.49
5月	28.08	31.59	35.48	11月	28.78	32.33	36.31
6月	38.47	43.23	48.56	12月	32.38	36.37	40.85

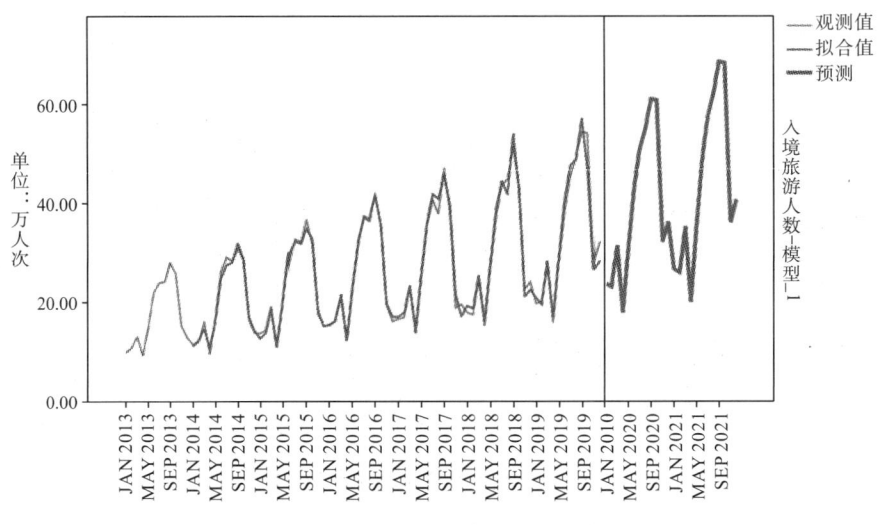

图 6-20　入境旅游人数预测趋势图

6.2　疫情影响下入境旅游人数预测

旅游行业是一个对外部环境敏感的行业，一些突发事件如自然灾害（地震、海啸、公共卫生事件等）和人为灾害（恐怖主义、政治动荡、战争等）都会对旅游业造成极大的影响（陈荣等，2017）。新型冠状病毒肺炎疫情于 2020

年1月下旬集中爆发。突发的新型冠状病毒肺炎疫情打乱了四川入境旅游的良好发展态势，导致入境业务陷入停滞。1月29日起，多家境外航空公司暂停了往来中国的航班；1月30日晚，世界卫生组织宣布，将新型冠状病毒肺炎疫情列为国际关注的突发公共卫生事件，导致团队形式的入境旅游几乎停摆，散客形式的入境旅游大受冲击。新型冠状病毒肺炎疫情是对四川省极度脆弱的入境旅游的又一次大考验，其负面影响很难在短期内消除，入境旅游经济的恢复预测必须考虑疫情等特殊事件的干扰。

6.2.1 引入异常值的 ARIMA 乘积季节模型

入境旅游人数序列受到特殊事件的干扰，会导致序列出现一些异常值，甚至可能改变原有模型的结构。因此，有必要将异常值的影响考虑到前述已建 ARIMA 乘积季节模型中，并对模型参数重新估计，以提高模型的解释性和准确性。通常在实际中考虑4种常见异常值，分别是（曹韬建，1998；Yeung & Chiu，1998；Yu et al，2012）：

（1）加法异常值（Additive Outlier，AO），是指影响时间序列上的一个时间点的一类干扰事件。

（2）创新的异常值（Innovational Outlier，IO），由噪声冲击引起的异常值，影响时间序列的所有观察值。

（3）水平移位异常值（Level Shift，LS），是一类在某个时刻由于序列结构的变化而影响随后整个序列的干扰事件，通常表现为干扰前后的序列均值发生水平位移。

（4）瞬时变化异常值（Temporary Change，TC），是具有一定初始效应，并随时间根据衰减因子 δ 的大小呈指数衰减的一类干扰事件。

在时序点 t_1，t_2，…，t_m 的位置引入 m 个异常值的 ARIMA 乘积季节模型可表示为：

$$Y_t = \frac{\theta_q(B)\Theta_Q(B^S)}{\varnothing_p(B)\Phi_P(B^S)\nabla^d\nabla^D_S}e_t + \sum_{j=1}^{m}\omega_j L_j(B) I_t(t_j) \qquad (6-7)$$

式中，在时点 $t=t_j$ 的异常值影响的强度和动态模式分别由 ω_j 和 $L_j(B)$ 来表示，其中：

$$L_j(B)I_t(t_j) = \begin{cases} P_t(t_j), & AO \\ \dfrac{\theta_q(B)\Theta_q(B^S)}{\varnothing_p(B)\Phi_P(B^S)\nabla^d\nabla_S^D}P_t(t_j), & IO \\ \dfrac{1}{1-B}P_t(t_j) \text{ 或 } S_t(t_j), & LS \\ \dfrac{1}{1-\delta B}P_t(t_j), 0<\delta<1, & TC \end{cases} \quad (6-8)$$

且

$$P_t(t_j)=\begin{cases}0, & t\ne t_j;\\ 1, & t=t_j\end{cases} \quad S_t(t_j)=\begin{cases}0, & t<t_j\\ 1, & t>t_j\end{cases} \quad (6-9)$$

6.2.2 疫后入境旅游人数恢复预测

在 6.1.2.2 节建模所用数据的基础上，加入 2020 年 1 月的四川省入境旅游人数统计数据，构成 2013 年 1 月—2020 年 1 月共 85 个样本点的数据序列（图 6-21），考虑期间几次较大特殊事件对四川省入境旅游的冲击，采用引入异常值的 ARIMA 乘积季节模型，对新型冠状病毒肺炎疫情后四川省入境旅游恢复周期进行定量预测。

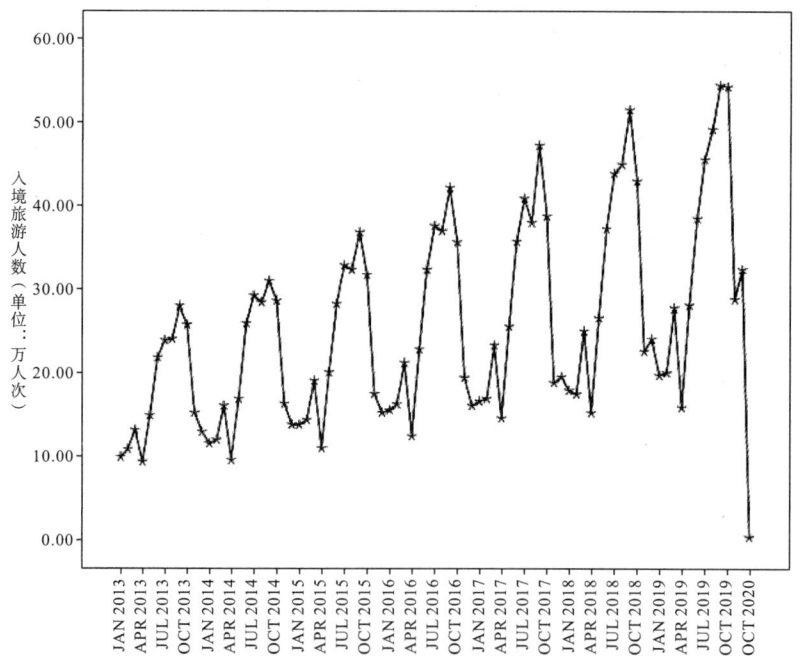

图 6-21　2013 年 1 月—2020 年 1 月四川省入境旅游人数时间序列图

自然灾害和新型冠状病毒肺炎疫情均对四川省入境旅游市场有所影响：2013年4月20日，四川省雅安芦山发生7.0级地震；2017年8月8日，四川省北部阿坝九寨沟发生7.0级地震；2019年6月17日，四川省宜宾长宁发生6.0级地震；新型冠状病毒肺炎疫情于2020年1月下旬集中爆发，四川省旅游业遭受重创，入境游业务陷入停滞。三次地震的影响都是短暂的，仅当月入境旅游人数下滑明显，而以"全球性公共卫生事件"的新型冠状病毒肺炎疫情影响最为深远，将持续较长时间后才能逐渐恢复到原有水平。因此，考虑特殊事件影响的入境旅游人数预测模型引入4个异常值时间点（表6-14），重新对模型识别定阶、对参数进行估计，并通过MAPE、BIC、Sig.值等指标项对候选模型进行选择（表6-15），最终确立的乘积季节模型为ARIMA（1，0，0）（0，1，0）$_{12}$，ω_j 和 δ 分别估计为 $\omega_1 = 0.133$、$\omega_2 = -0.079$、$\omega_3 = -0.026$、$\omega_4 = -4.268$ 和 $\delta = 0.8$，预测结果详见附表6-1。从表6-16中可以看出，考虑异常值的模型预测效果更符合实际情况。

表6-14　2013年1月—2020年1月影响四川省入境旅游人数的特殊事件及异常值类型

序号	时间节点	特殊事件	事件性质	异常值类型	异常值影响
1	2013年4月	雅安地震	局部性自然灾害事件（短期事件）	AO	ω_1
2	2017年8月	九寨沟地震	局部性自然灾害事件（短期事件）	AO	ω_2
3	2019年6月	长宁地震	局部性自然灾害事件（短期事件）	AO	ω_3
4	2020年1月	新型冠状病毒肺炎疫情	全球性公共卫生事件（中长期事件）	TC	$\frac{\omega_4}{1-\delta B}, 0 < \delta < 1$

表6-15　引入异常值的候选模型及其主要指标值

$(p, d, q)(P, D, Q)$	R^2	平稳的 R^2	MAPE	标准化的BIC	Sig.
(1, 0, 0)(0, 1, 0)	0.986*	0.990*	3.628	1.202*	0.811*
(0, 0, 1)(0, 1, 0)	0.984	0.989	3.835	1.323	0.391
(1, 0, 1)(0, 1, 0)	0.986*	0.990*	3.607*	1.257	0.767

表 6-16 异常值时点的两种模型预测结果对比

时间	实际值	未引入异常值的预测模型		引入异常值的预测模型	
		拟合值/预测值	绝对误差	拟合值	绝对误差
2013M04	9.33	—	—	—	—
2017M08	37.94	41.00	3.06	37.83	−0.11
2019M06	38.47	40.78	2.31	39.52	1.05
2020M01	0.34	23.81	23.47	0.34	0.00

参照"非典"和汶川地震灾后旅游恢复过程，综合考虑周期性、季节性特征，特别是新型冠状病毒肺炎疫情防控现状，预测疫后四川省入境旅游将经历危机期、萧条期、复苏期、反弹期和企稳期5个阶段。2021年1月迎来反弹，当年一季度有望恢复到疫前水平，恢复期为7个月左右（图6-22；附件6-1）。

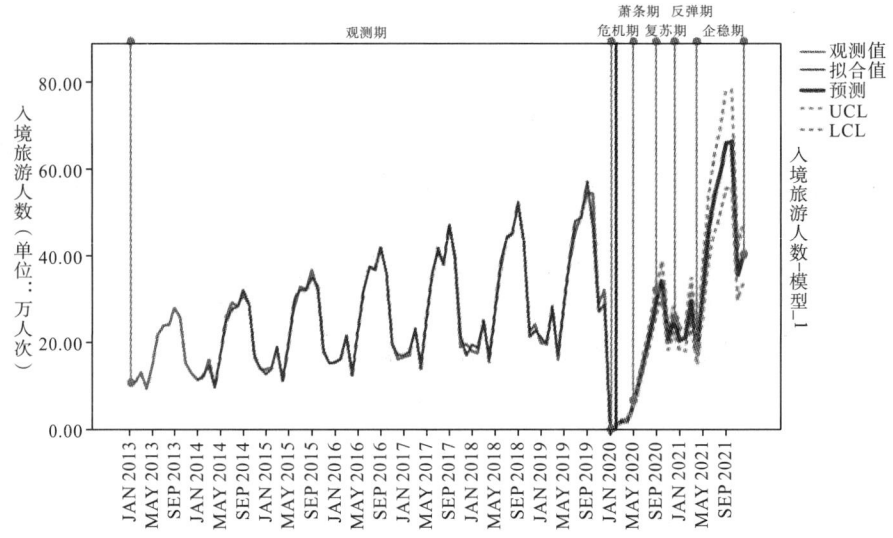

图 6-22 新型冠状病毒肺炎疫情后四川省入境旅游恢复周期预测时序图

危机期和萧条期持续时间9个月。危机期（2020年1~5月）入境旅游人次出现断崖式下跌，累计接待约11万人次，同比减少约100万人次。其中，1月仅3000余人，同比下降98.28%。萧条期（2020年6~9月）持续约4个月，同比下降幅度明显趋缓。2020年9月同比下降44.92%，同比减少约24万人次。

2020年第四季度迎来缓慢复苏。复苏期始于历年旺季的最后一个月（10月），持续时间约3个月。2020年10月伊始，同比增长率下跌速度进一步放缓；受季节性因素控制，年末淡季同比增长率收于-21.90%。

2021年初一扫新型冠状病毒肺炎疫情阴霾。2021年1月接待入境旅游人数回升到2019年同期水平且略有上涨（20.4万人次），这预示着反弹期的来临。反弹期（1~4月）同比增长率扭转为正值，且连续4个月略高于2019年同期水平，视为恢复到疫前水平的标志。从2020年10月开始复苏，2021年4月恢复至疫前水平，恢复期为7个月左右。企稳期始于2021年5月，并有望将快速稳定的增长势头延续至当年末。

疫情影响显著高于"非典"和汶川地震。2020年四川省预计接待入境旅游人数约171万人次，当年减少约300万人次，比2019年减少约243万人次。2020年同比下降58.65%，大幅高于2003年"非典"（同比下降43.39%）和2008年汶川地震对当年入境旅游所产生的负面影响（同比下降35.90%）。

四川省入境旅游市场受新型冠状病毒肺炎疫情影响损失巨大。按照正常发展态势来看，通过预测可知2020年、2021年四川省入境旅游人数将分别达到472.76万人次和532.65万人次，然而疫情的影响使这一数值大幅减少，预计2020年将减少约300万人次的入境游客，2021年损失游客数估计接近350万人次。当然，对于损失值的估计还将视国际防控形势的发展而定，若形势日渐好转，2020年损失值可能降低为280万人次，而2021年有望恢复甚至超过疫前水平；若形势不断恶化，疫情近期内都得不到控制，2020年和2021年四川省入境旅游人数将分别减少超过320万人次、120万人次，两年的入境游客损失量将达440万人次甚至更多（附表6-2）。

6.3 本章小结

旅游业是国民经济的支柱产业，旅游需求的可靠预测能为相关部门制定战略计划和决策的发展方向提供重要依据。本章主要借助于Excel和IBM SPSS Statistics 19.0软件进行定量数据处理，对疫情前后的四川省旅游部分主要经济指标建立模型，预测其发展趋势并分析。

首先，结合四川省旅游业发展既有趋势性，又有周期性和季节性的特征，针对遭受疫情冲击以前的国内旅游人数、旅游总收入、入境旅游人数三项旅游经济指标月度数据，分别选用时间序列分析法中的Holt-Winters乘法模型、ARIMA乘积季节模型进行建模和预测分析，结果表明在没有特殊事件影响的前提下，模型选择合适，预测精确度较高，预测结果能较为准确地反映出四川省旅游业发展的总体趋势，具有重要的参考价值；同时该类方法简单可行，可操作性强，值得作为四川省旅游数据分析的备选方法。预计在"十三五"规划收官之年及"十四五"规划开局之际，四川省国内旅游市场将保持总体稳定、稳中有进、稳中向好的基本运行态势。

其次，旅游业也是一个环境敏感型的产业，特殊事件尤其是公共卫生事件往往对旅游经济产生重大影响。为更好地把握疫情对入境旅游市场的重创程度和疫后可能的发展历程，选用引入异常值的ARIMA乘积季节模型定量预测新型冠状病毒肺炎疫情后四川省入境旅游恢复周期。通过开展计量研究，发现新型冠状病毒肺炎疫情对四川省入境旅游的负面影响显著高于"非典"和汶川地震，且难在短期内消除。若全球疫情能在近期内得到有效控制，则2020年预计接待入境旅游人数约171万人次，当年减少约300万人次，比2019年减少约243万人次。疫后将经历危机期、萧条期、复苏期、反弹期和企稳期5个阶段。危机期和萧条期持续时间约9个月，2020年第四季度或迎来缓慢复苏，恢复期为6个月左右。通过"渐进式"的应对措施最大限度地降低损失，有望于2021年第一季度恢复到疫前水平。若全球疫情形势持续严峻，则对入境旅游市场的影响至少一年甚至更长时间，很可能迎来入境旅游史上最长"寒冬期"。

最后，对新型冠状病毒肺炎疫情影响下的四川省旅游经济发展趋势进行分析。从四川省旅游业疫后恢复情况来看，国内旅游尤其是省内旅游最先恢复，入境旅游的恢复受到国际疫情防控形势影响，其恢复周期超过国内旅游。在疫情防控常态化的背景下，旅游业的逐步复苏将在严格按照要求做好防疫管理工作的同时，努力满足疫情常态化防控下的旅游需求。一系列直播带货、云旅游、智慧旅游和预约旅游等新模式，将成为疫情常态化防控阶段甚至疫后时期旅游发展的新趋势。国内旅游市场在疫情尚未解除的一段较长时间里，以近郊游、自驾游和家庭游为主的安全健康绿色出游方式将成为首选。在旅游经济逐步复苏的过程中，大部分旅游企业将调整方向、苦练"内功"，不断提升旅游产品和旅游服务质量，推动区域旅游实现高质量发展。

从技术方法层面来看，通过多年的研究可以发现，在无特殊事件影响下，本章所选模型符合四川省国内旅游和入境旅游的发展特征，具有重要的参考价值。书中尝试将影响入境旅游的特殊事件考虑到模型当中，能够更加真实地反映出入境旅游的发展态势，更为准确地研判事件影响下的入境旅游人数发展趋势。需要说明的是，因2020年各月四川省入境旅游人数暂无官方公布的月度数据，计算所用1月数据为经近三年成都市同期平均占比推算而得，缺少必要的数据提高模型的预测精度，虽能从趋势上对四川省入境旅游的发展做出较为准确的预判，但最终测算与实际反映存在一定的偏差，有待最新数据公布后及时更新模型并重新预测。本书中异常点的选取，曾尝试用 IBM SPSS Statistics 软件中的自动检测离群值功能选出，但所选时间节点数据缺乏实际的合理解释，最终以特殊事件作为评判依据选择异常点引入预测模型。

疫情之下，四川省旅游市场挑战与机遇并存，但持续向好、稳定发展的中长期趋势不会改变，疫情带来的冲击和影响是阶段性、暂时性的，相信四川省旅游业一定能够渡过难关，在可期的未来里恢复到疫前相当水平。

第 7 章　区域旅游高质量协同发展对策

区域旅游高质量协调发展是加快推进文化强省、旅游强省，特别是世界重要旅游目的地建设的破题之举，更是服务国家外交战略、有效增强国际话语权、拓展区域旅游经济发展空间和大力发展服务贸易的重大举措。为认真贯彻落实"一干多支，五区协同；四向拓展，全域开放"战略部署，着力优化适游环境，加快推进世界重要旅游目的地建设，特别是疫后旅游经济恢复，针对我省旅游经济在"一维两侧一端"的问题和短板，提出如下对策建议。

7.1　坚决克服新型冠状病毒肺炎疫情负面影响

目前来看，新型冠状病毒肺炎疫情是对四川省极度脆弱的旅游经济的又一次大考，其负面影响很难在短期内消除，但可以通过"渐进式"的应对措施提振市场信心，最大限度地降低损失。危机期和萧条期：把握疫情客观规律，提高文旅部门应对重大突发事件能力。复苏期：努力克服疫情影响，力争短期内将旅游经济恢复到疫情发生前水平；反弹期和企稳期：延续快速增长势头，修复四川省国际旅游目的地适游形象。

7.1.1　提高文旅部门应对重大突发事件能力

精准防控，严防反弹，积极做好舆情应对。一方面，落实景区、博物馆等文旅企事业单位精准防控，有序复工复产，严防疫情反弹，特别是要外防国外疫情严重的客源地的输入性威胁；另一方面，积极做好文旅舆情应对，掌握好境外宣传报道的"时"和"度"，缓解入境客源市场焦虑情绪。

提早谋划，未雨绸缪，提高应急应对能力。2020 年断崖式下跌并不符合近年来四川省入境旅游周期性演化规律，加之下跌周期有缩短趋势，使得下一轮下跌的准确时间难以预测，但未雨绸缪、提早谋划非常必要。我们既要深刻地认识到旅游业的脆弱性，更要积极总结应对地震、洪灾、公共卫生事件等重大突发事件的实践经验，及时转化为成熟定型的制度，提高文旅部门应对能力,完善重大突发事件预警、指挥、救援与管理体系,出台《四川省国际旅游目的地重大突发事件应急导则》。

7.1.2 力争短期内恢复到疫情发生前水平

共克时艰,提振信心,用好用活政策措施。汶川地震属于"区域性事件",而"非典"、新型冠状病毒肺炎疫情均是"全球性事件"。这意味着新型冠状病毒肺炎疫情作为"全球事件"对入境目标客源市场的影响将更直接、更强烈、更广泛、更持久。在充分认识到困难局面的前提下,努力克服疫情影响,用好用活国家、省市等不同层面、不同部门应对疫情支持企业发展的政策措施,打好组合拳,有力提振市场和企业信心。

科学研判,调整目标,保持近中期合理预期。既立足当前,关注旅游经济的季节性与周期性特征,力争短期内将旅游经济恢复到疫情发生前水平;更要放眼长远,适时调整旅游人次和收入的增长性目标,保持增长率在近中期的合理预期。

7.1.3 修复四川省国际旅游目的地适游形象

吸取教训,增强自信,修复旅游目的地适游形象。"前事不忘后事之师"。我们既要汲取由于对灾难事件"过度报道"导致国际旅游目的地形象受损的惨痛教训,又要增强文化自信,又快又好地修复四川省国际旅游目的地形象,强化"健康、生态、安全、便捷"的适游形象,提升以"大熊猫"品牌为核心的国际生态旅游目的地品质。

审时度势,创新营销,推动旅游经济提质增效。尽可能地延续快速增长势头,合理利用淡旺季集中分布且与法定节假日有良好对应关系这一季节性规律,引入"时序营销"理念,以更大决心、更强力度推动旅游经济"提质增效"。充分考虑新型冠状病毒疫情国内外防控现状与趋势,修订《入境旅游境外营销行动计划》,调整四川文化与旅游产业国际化战略布局,创新全媒体营销渠道,重视故事营销、内容营销、端口营销、社交媒体营销、网站营销等方式的综合使用。

7.2 深入推进旅游供给侧结构性改革

深耕细作,方能致远。深化供给侧结构性改革,是优化入国际旅游目的地适游环境的务实之举。我们要以入境游高质量发展为目标,对标国际标准,坚持补齐短板，坚持创新发展，坚持开放共享，着力优化国际旅游目的地适游环境。

7.2.1 优化入境游产品和业态

全面梳理四川省具有国际吸引力、竞争力的文化旅游资源和产品，规划、开发、培育国际化的文化观光、城市休闲，商务会展、国际研学等丰富的文化和旅游产品及服务。提升大九寨等十大旅游目的地要素水平和国际化水平，推出美食之旅、非遗之旅、温泉冰雪之旅、阳光康养之旅等，开发一批适应国际旅游"自由行"、个性化的休闲旅游产品。加强文化的植入，培育一批"＋旅游""＋文化"新业态。

7.2.2 提升入境游可进入性水平

加快推进天府国际机场建设，综合考虑省内支线机场的吞吐量、通航城市数量、周边景区等情况，统筹推动九黄机场、西昌青山机场、泸州云龙机场、南充机场等递次开放为国际航空口岸，构建以"空中旅游丝绸之路"为核心的国际航空网络。根据口岸机场周边文化和旅游产品特点，科学规划并开通直达境外不同客源市场的新航线，部分放开新航权，优化我省热点旅游城市通向主要客源地之间的交通可达性，合力助推四川国际旅游全域发展。在蓉欧货运班列的基础上，请求中央统筹落实国家"一带一路"倡议，推进国之交，民相亲，心相通，推动国家层面将蓉欧快铁、渝欧快铁向货运＋国际旅游客运快铁转变，实现四川、重庆、陕西、甘肃、新疆（省区市）与国际班列沿线国家和地区人民交流、交往、交融，构建人类命运共同体。

7.2.3 推动入境游签证便利化和现代化

积极向中央主管部委汇报联动，争取环成都经济圈8市（州）（成都、乐山、眉山、阿坝、雅安、南充、遂宁、资阳）对更多国家和地区实施144小时过境免签和落地签政策。创新签证体系，建立自助申请平台，试点推动电子签和电子免签，适度降低签证费用。提高通关便利化、智慧化和现代化水平，增加境外游客入境通关窗口，增设自助通关设施，设立旅游宣传资料发放点，简化通关手续，优化工作流程。推动在成都双流国际机场和天府国际机场等省内口岸机场设立中转服务中心，为外籍过境中转旅客提供咨询和旅游服务。

7.2.4 补足国际化旅游公共服务设施短板

通过实施"旅游导览信息国际化项目""城市会客厅项目""旅游公共服务设施便利化项目",补足国际化旅游公共服务设施短板。实施"旅游导览信息国际化项目",提高标识标牌系统的国际化水平。在机场、车站、酒店、景区景点、游客咨询中心等重点窗口配备正确规范的英语和其他语种的标识标牌、交通指示牌、安全警示牌、交通地图、旅游推介手册;增设多语种的导游讲解和"智游天府"等智慧导览导服系统。推动天府旅游名县率先开展"城市会客厅项目"。设立城市游客中心(City Visitor Center)和涉外旅游信息服务热线。实施"旅游公共服务设施便利化项目"。深入推进"厕所革命",配置干净卫生的马桶式旅游厕所和无障碍设施;国内外公开发行内容丰富、使用便捷的"畅游天府"(Visit Sichuan)文旅"一卡通";适度增加城镇、旅游沿线的停车场(位)、加油站、休息站、汽车维修点、购物点、旅游厕所、通信网络等设施的数量并优化其布局;在机场、火车站等区域增设手机卡销售点,增加随身无线通信网络租用点,提供入境旅游通信服务套餐;提高国际信用卡支付便利度,增加外币兑换服务点,增加免税商店数量和点位,加强离境退税政策宣传。

7.2.5 实施旅游人才培育工程

将旅游人才队伍建设纳入省、市(州)重点人才支持计划,实施旅游营销骨干研修项目,选派全省旅游行业优秀营销骨干到国内外高等院校、旅游主管部门、旅游企业学习深造或挂职锻炼。依托国家、省级重点人才工程、项目、重点学科等,培育省级旅游研究新型智库,形成产学研互动的旅游学术共同体,培养和造就一批具有国际视野、学术功底深厚、作风扎实的旅游研究专家队伍。加快培育景区、旅行社等急需的高素质外语导游员,特别是"既掌握外语,又熟悉旅游业务"的高素质、复合型国际化旅游人才队伍。

7.3 着力解决旅游需求侧深层次矛盾

突破发展瓶颈,解决深层次矛盾。伴随着旅游经济迎来从"封闭红利"转向"改革红利"的新一轮战略机遇期,着力解决旅游需求侧的深层次矛盾,是引领四川旅游经济增长的内生动力和推动旅游市场繁荣有序发展的关键举措。

7.3.1 实施四川旅游国际形象推广工程

实施四川旅游国际形象推广工程（Brand Sichuan），探索将全省文化旅游形象作为全省形象的重要体系，加强旅游形象推广的统一设计和策划，推出"一个标识、一句口号、一张名片、一部文旅宣传片、一系列特色文旅纪念品"，加强旅游 IP 的知识产权保护和旅游产品（商品）转化。组织省内各类旅游营销主体赴境内外客源地和城市开展以 "Beautiful Sichuan，Home of Pandas"（熊猫家园，美丽四川）形象宣传为统揽，实施四川文化和旅游全球推广计划，以"三九大"等十大旅游目的地为核心品牌，以遗产之旅、熊猫之旅、美食之旅、彩灯之旅、休闲之旅等十大精品线路为产品的复合营销推广。

7.3.2 实施入境游专项营销推广行动计划

制定并实施《四川入境游专项营销推广行动计划》。针对中国香港、澳门、台湾地区以及日韩等传统市场，东南亚、欧美等增量市场，俄罗斯、印度等新兴市场，精确定位入境游客源市场及细分市场，深耕细作，开展针对性营销活动，合理匹配营销主体、线路产品和服务。

7.3.3 做好旅游预警和舆情引导

为积极应对地震灾害等危机事件对旅游经济的可能影响，全省及地方各级文化和旅游主管部门应在全面分析发展形势的基础上，采取更有针对性的宣传推广方式，做好旅游预警信息发布，及时通过全省主要旅游营销平台发布暑假、小长假、黄金周等旅游旺季客流动态监测数据和雾霾、暴雨、高温、地质灾害等预警信息，并积极做好舆情引导。

7.3.4 实施文化旅游"请进来"工程

通过境内外各类文化、旅游官方和民间渠道，邀请旅游业界、媒体、网红达人等，来川参加重大国际性节会和旅游线路考察与采风，精心设计差别化的线路产品供不同客源地的产品经理深度体验。实施国际直航航线千人游、万人游工程，实施客源市场百家组团社四川旅游专家工程。大力培育入境旅游骨干企业，鼓励旅行社等市场主体大力开拓入境游业务，提高产品策划和自主外联能力。推进各国学生来川研学旅游。

7.3.5 实施文化旅游"走出去"工程

抓好驻地式营销，借力境内外宣传营销平台，设立四川文化旅游驿站持续推广四川文化旅游。加强与境内外国际航空公司的合作，采取"两点一线、全程营销"举措，利用与直航城市设立的四川旅游营销中心。借力商务厅"万企出国门"的补贴政策，整合推动涉外企业也成为四川文化旅游营销推广的志愿者。省外事办公室、省港澳事务办公室、省政府台湾事务办公室根据我省实施文化旅游"走出去"工程实际需求，适当增加公务出境人员指标。增强龙头文旅企业、旅行社的市场主体参与国际化竞争的意识、信心以及组织入境游客的外联能力，特别是四川旅游业十大领军企业争取旅游领域全球治理的话语权、规则的制定权和资源的分配权的能力。推动境外宣传营销形式创新，不应局限于座谈会、新闻发布会等传统形式，加强与境外协会、展会、学校开展合作营销。

7.4 切实做好旅游治理端顶层设计

让行政的归行政，让市场的归市场。全省各级文化和旅游主管部门的管理职能须日益聚焦于宏观层面的规划引导、对内的统筹指导和对外的宣传推广，着力构建以专业化为基础的治理体系和营销推广体系，形成全省大抓文旅产业的新格局。

7.4.1 加强对旅游经济规律的科学研判

旅游经济持续健康发展离不开正确的战略决策和对市场规律的科学研判。积极利用我国及我省驻外机构，加强旅游市场专题研究，科学分析旅游市场运行特征，开展游客满意度、客源地需求特征、旅游目的地形象、游客行为等方面的专项调查工作，组织编写《空中旅游丝绸之路国别旅游情况汇编》《"一带一路"沿线国别旅游情况汇编》《四川入境游发展白皮书》《四川旅游经济发展年度报告》等研究报告，为旅游经济发展提供强大的智力支持。

7.4.2 加强文旅部门对全省文旅宣传营销工作的统筹力度

成立全省文化和旅游营销领导小组，加强其统筹全省的文化旅游宣传营销工作的组织和领导，形成协同机制，避免恶性竞争。探索以旅游推广的绩效评估以及搭建统一的推广平台为工作重点，负责对市州人民政府、地方文旅部门、国有文旅企业、A级旅游景区,特别是天府文化旅游名县进行入境旅游工作的考核。牵头天府旅游名县实施特定境外市场营销工程,配合做好高访期间文化和旅游推介工作,遴选一批四川文化旅游形象推广大使,让每个文化交流出访团都成为文化旅游推广团。

7.4.3 推动旅游宣传营销工作的四个转变

推动以政府为主导的推广体系向市场主导的营销体系转变。推动宣传营销重点从传统的旅游资源转向现代的生活方式,从原有的景区(点)转向旅游目的地。推动传统营销渠道转向包含境内外主流媒体和境外社交平台的全媒体渠道。推动以中国式思维叙事转向用客源地老百姓听得懂的话和最喜闻乐见的方式推广四川旅游国际形象、品牌和产品。

7.4.4 实施文旅资源共享计划

推动旅游统计制度改革,构建旅游监测评价的创新性指标体系,既关注旅游人次数等数量性指标,更要重视国际旅游(外汇)收入、入境过夜游客停留天数与人均天花费构成等质量性指标。建立全省旅游营销信息系统,包括内部分析系统、营销情报系统、市场调研系统和决策支持系统,共享旅游统计数据、市场调研数据、专题研究报告、旅游宣传视频、旅游宣传图片、四川旅游地图、四川旅游指南、电子四川旅游画册、四川旅游书籍等。

7.4.5 着力解决客源市场关注的痛点

完善境外游客的投诉和建议体系,推动市州设立接听和处置国际游客投诉的电话、邮箱及专门人员,建立健全部门联动、信息共享、舆情应对、执法协作和联合惩戒等工作机制。针对空气污染、食品安全、旅游商品同质化以及旅游厕所、安全隐患、旅游服务质量问题等入境游客关注的痛点,特别是投诉、网络舆情等反映出的我省文化和旅游市场存在的诸多短板,开展九大专项整治行动,严肃查出一批扰乱文化和旅游市场秩序的违法违规企业和从业人员,加强旅游交通、旅游景区、旅行社等的市场监管,坚决打击"四黑"(黑社、黑导、黑车、黑店)等严重扰乱旅游市场秩序和违法经营的行为,严格执行"黑名单"制度,全面规范我省文化旅游市场。打破"门票经济怪圈",适度降低景区门票及缆车价格、交通成本,形成入境游激烈市场竞争中的比较优势和价格洼地。

第 8 章 结语

8.1 结论与讨论

近年来，面对世界经济复苏乏力、局部冲突和动荡频发、全球性问题加剧的外部环境，特别是我国经济发展进入新常态等一系列深刻变化和汶川地震、新型冠状病毒肺炎疫情等重大突发灾难事件，四川省旅游经济发展稳中有变、变中有忧。本书积极响应"中央深改会议"和"十九届四中全会"精神，深入领会习近平总书记在中央政治局常委会会议上关于"构建国内国际双循环相互促进的新发展格局"的重要讲话精神，围绕四川省旅游经济和统计改革发展，特别是"一干多支、五区协同"发展战略和疫情防控阻击战中的重大现实问题开展计量研究。主要内容包括：区域旅游基本面及时间序列统计监测评价；区域旅游经济时空演化及趋势预测；区域旅游高质量协同发展对策研究。研究重点在于监测评价四川省 21 个市州及其五大旅游区发展水平的差异性、动态性与季节性特征。研究难点在于其统计监测评价结论的科学性和趋势预测的准确性首先依赖于从尽可能长的时间跨度予以观测，同时对于不同的统计监测目标，合理时间尺度上旅游统计指标的恰当选择和方法匹配甚为重要。作为跨学科研究，它涉及统计学、空间计量经济学、经济地理学等社会科学的诸多领域。本书取得的主要认识如下：

首先是区域旅游基本面统计监测评价结果：①近十年，四川省旅游总收入同比增长率波动特征明显、季度和月度季节性特征显著，加剧了五大旅游区不充分、不平衡的尖锐矛盾。②近年来，四川省国内旅游人次增长放缓，国内旅游收入稳步递增，但后者的同比增长率表现出了明显的波动特征以及月、季两个时尺度上的季节性特征。四川省国内客源地相对稳定，但上海、北京、云南、广东等省市增长乏力。③充分发挥成都市为核心的成都平原核心旅游区的引领作用，积极实现省内市州和其他旅游区的协同发展，努力缩小差距、发挥潜力、迎头赶上是解决"畸重畸轻"问题和实现高质量协同发展的重要指向。

④关注入境旅游的同时,也应转变对出境旅游的认识。既要看到四川省旅游漏损严重、旅游逆差不断加大的问题,更要清晰地认识到出境旅游快速增长的动因是综合国力增强的必然结果。

其次是区域旅游时间序列统计监测评价结果:①四川省旅游经济发展速度放缓,入境游客人数的定基发展速度大于国内游客人数的定基发展速度。②四川省旅游经济绝对差异增大,相对差异减少,五大旅游区经济增幅失衡。近年来,四川省旅游总收入环比发展速度介于1.1~1.36。成都平原核心旅游区、川西北旅游区、川东北旅游区、攀西旅游区增长指数小幅下降。成都、遂宁、乐山、眉山、阿坝州、广元等主要集中于成都平原核心旅游区与川东北旅游区的市州出现增长指数下降。③采用"谷—谷"法确定周期,从入境旅游人次增长率序列的HP滤波、BK滤波、CF滤波分解图可以看出,不同滤波分解方法所得的周期结果基本相同。1997—2019年四川省入境旅游大致经历了4~5个周期:1997—2003年、2004—2008年、2009—2013年、2014—2017年、2018年开始尚未完成,平均每个周期约为5年,由此说明时间序列存在长度约为5年的周期。

第三是区域旅游经济时空差异统计监测评价结果。①四川旅游经济绝对差异逐渐变大,相对差异呈现波动状态。21个市州国际旅游经济发展差异远大于国内旅游,但对总差异影响程度最大的却是国内旅游经济差异。2011—2018年旅游总收入的基尼系数均高于0.4的"警戒线",表明旅游经济内部结构差异显著。旅游总收入大部分由国内旅游收入构成,因此旅游总收入和国内旅游收入基尼系数折现基本重合,国内旅游收入基尼系数变化趋势与旅游总收入一致。②四川省以及五大旅游区之间旅游经济不平衡的状况逐年缓解,旅游经济差异逐渐缩小。五大旅游区锡尔系数变化趋势区别较大,其中差异最大的是成都平原,远高于其余四个旅游区。对全省总差异贡献程度最大的是五大旅游区之间的差距,其次是成都平原核心旅游区。③四川省各市州旅游经济发展虽不平衡,但均保持较高的增长速度。除阿坝州、资阳市和自贡市外,其他市州增长率都在20%以上。高速增长区域包括广安市、巴中市、广元市、德阳市、甘孜州、攀枝花市和绵阳市7个市州,其中广安市增长最快,高达34.72%。

第四是区域旅游经济发展趋势预测。①在没有特殊事件影响的前提下,预测结果能较为准确地反映出四川旅游业发展的总体趋势,具有重要的参考价值,且该类方法简单可行,可操作性强。预计在"十三五"规划收官之年及"十四五"规划开局之际,四川省国内旅游市场将保持总体稳定、稳中有进、稳中向好的基本运行态势。②新型冠状病毒肺炎疫情对四川省入境旅游的负面影响显著高于"非典"和汶川地震，且难在短期内消除。若全球疫情能在近期内得到有效控制，则2020年预计接待入境旅游人数约171万人次，当年减少约300万人次，比2019年减少约243万人次。疫情后将经历危机期、萧条期、复苏期、反弹期和企稳期5个阶段。危机期和萧条期持续时间约9个月，2020年第四季度或迎来缓慢复苏，恢复期为6个月左右。通过"渐进式"的应对措施最大限度地降低损失，有望于2021年一季度恢复到疫前水平。若全球疫情形势持续严峻，则对入境旅游市场的影响至少一年甚至更长时间，可能迎来入境旅游史上最长"寒冬期"。③从四川省旅游业疫后恢复情况来看，国内旅游尤其是省内旅游最先恢复，入境旅游的恢复受到国际疫情防控形势影响，其恢复周期超过国内旅游。经与四川省文化和旅游厅统计公报数据对比，预测效果较好。四川省文化和旅游厅数据显示：2020年1~4月，全省接待入境旅游人数9.55万人次，同比下降88.6%。若四川省文化和旅游厅2019年1~4月入境旅游人数与本书取值一致（83.6万人次），则2020年1~4月同比下降74.05%，仅低于本研究4.0个百分点。

  最后是区域旅游高质量协同发展对策。①坚决克服新型冠状病毒肺炎疫情负面影响。新型冠状病毒肺炎疫情是对四川省极度脆弱的旅游经济的又一次大考，其负面影响很难在短期内消除，但可以通过"渐进式"的应对措施提振市场信心，最大限度地降低损失。危机期和萧条期：把握疫情客观规律，提高文旅部门应对重大突发事件能力。复苏期：努力克服疫情影响，力争短期内将旅游经济恢复到疫情发生前水平；反弹期和企稳期：延续快速增长势头，修复四川省国际旅游目的地适游形象。②深入推进旅游供给侧结构性改革。深化供给侧结构性改革，是优化入国际旅游目的地适游环境的务实之举。以入境游高质量发展为目标，对标国际标准，坚持补齐短板，坚持创新发展，坚持开放共享，优化入境游产品和业态，提升入境游可进入性水平，推动入境游签证便利化和现代化，补足国际化旅游公共服务设施短板，着力优化国际旅游目的地适游环境。③着力解决旅游需求侧深层次矛盾。伴随着旅游经济迎来从"封闭红利"转向"改革红利"的新一轮战略机遇期，通过实施四川旅游国际形象推广工程、入境游专项营销推广行动计划、文化旅游"请进来"工程和文化旅游"走出去"工程，积极做好旅游预警和舆情引导，着力解决旅游需求侧的深层次矛盾，是引领四川旅游经济增长的内生动力和推动旅游市场繁荣有序发展的关键举措。④切实做好旅游治理端顶层设计。全省各级文化和旅游主管部门的管理职能须日益聚焦于宏观层面的规划引导、对内的统筹指导和对外的宣传推广，加强对旅游经济规律的科学研判和文旅部门对全省文旅宣传营销工作的统筹力度，推动旅游宣传营销工作的四个转变，实施文旅资源共享计划，着力解决客源市场关注的痛点，着力构建以专业化为基础的旅游治理体系，形成全省大抓文旅产业的新格局。

综上，本项目所关注的核心科学问题相对于已有研究具有独到的学术价值和现实意义：一方面，本项目的前瞻性与学科交叉性突出，特别是以区域旅游经济差异和旅游季节性问题为核心的"区域旅游发展统计监测评价"研究，有望进一步推动旅游统计学科建设的理论与实践方面取得新突破，对其他区域旅游发展监测评价有较好的借鉴意义；另一方面，围绕四川经济社会和统计改革发展中的重大问题开展调查研究，积极响应"一干多支、五区协同"发展战略，科学监测评价区域旅游经济发展情况，对于适时调整旅游经济发展的增长性目标、短期内将旅游指标恢复到疫情发生前水平提供基础数据支撑，有望为区域旅游经济结构性失衡，特别是区域旅游不充分不平衡问题的解决做出新贡献。

8.2 不足与展望

本书由于数据、方法、视角等局限，"区域旅游发展统计监测评价"研究结论的科学性还有待后续研究予以验证与深入：首先，研究结论依赖于从尽可能长的时间跨度予以监测评价。这对四川省以及市州旅游统计数据的全面收集提出了较高要求。2019年市州数据，特别是疫情发生后的旅游统计数据尚未对外公布，使得旅游基本面统计监测评价等内容仅能更新至2018年。其次，旅游人数重复计算、数据统计口径不合理等现行旅游统计问题突出，直接对不同区域旅游时空差异统计监测评价的可比性结论的准确性造成负面影响。第三，2020年四川省入境旅游人次暂无官方公布的月度数据，计算所用1月数据为经近三年成都市同期平均占比推算而得，缺少必要的数据提高模型的预测精度。虽能从趋势上对四川省入境旅游的发展做出较为准确的预判，但最终测算与实际反映存在一定的偏差，有待最新数据公布后及时更新模型并重新预测。第四，异常点的选取曾尝试用IBM SPSS Statistics软件中的自动检测离群值功能选出，但所选时间节点数据缺乏实际的合理解释，最终以特殊事件作为评判依据选择异常点引入预测模型。第五，对策部分更多地强调了旅游经济高质量发展，但尚未对破解区域旅游经济不充分不平衡矛盾提出更为有效的对策建议。

鉴于此，在补充搜集全国、全省和市州旅游统计数据的基础上，尚需深入研究的问题主要包括以下三个方面：首先，针对市州和五大旅游区旅游经济发展水平时空差异和演化格局问题的深入研究。其次，关注重大突发灾难事件下四川省旅游经济演化周期测度与预测问题。例如，将 EVIEWS、STATA、MATLAB 引入旅游统计指标时间序列"事件研究"，更为精准地揭示四川省旅游经济的恢复周期，特别是对未来发展趋势予以预测。最后，进一步完成区域旅游大数据监测与抽样调查统计调研与数据分析。例如，以众云大数据统计平台作为大数据分析平台，分析旅游媒体报道量走势、媒体报道来源、全媒体信息热词云、重点媒体报道量以及媒体地域分布等特征；以新浪微指数作为大数据分析平台，分析研究区及其相关热词的讨论量及其变化特征，以及热议用户地域分布特征；以百度指数作为大数据分析平台，分析搜索指数、媒体指数、舆情关注、地域分布、人群画像等特征。通过网络问卷和现场调研相结合的方式，从旅游目的地感知意向、出游动机、出游障碍性因素、旅游目的地选择偏好、满意度评价、旅游信息获取渠道等设计量表，重点揭示新冠肺炎疫情对旅游目的地感知行为的影响及潜变量间的认知结构关系。

  本书结合区域旅游发展统计监测评价结论，延续了 2015 年中国旅游研究年会"聚焦中国旅游统计新体系"的话题，引出了深刻反思旅游统计工作面临的诸多挑战和展望"十四五"中国旅游统计改革与发展的必要性（刘鲁，魏云洁，2015）。早在 1985 年，中国国家旅游局即建立了国内旅行社的统计制度（潘璠，1996）；1998 年，颁布了《旅游统计管理办法》；2012 年，部分省区市对新建立的国内旅游接待统计监测体系予以先行先试（徐万佳，2012）。在此背景下，四川省、浙江省、张家界市、海南省等地做了若干有益的尝试（张海燕，2002；周道华等，2012；杜芳禄，2012；张斌，吴珺，2018；杨晓娟，2012）。

  旅游统计的全面性和可靠性是旅游企业及政府决策和学术研究信度和科学化的重要保证（林璧属，2007）。2015 年 12 月，国家统计局数据显示，2014 年旅游及相关产业增加值 27524 亿元，占 GDP 的比重为 4.33%；而原国家旅游局数据显示，旅游业总收入 3.73 万亿元，全年全国旅游业对 GDP 的综合贡献为 6.61 万亿元，占 GDP 总量的 10.39%（张辉等，2016）。两部门公布的数据存在较大差距，这为决策者、企业、科研机构、社会公众带来困惑（戴学锋，2016）。

  近年来，旅游统计数据失真、公信力下降与指标体系不完善等问题日益突出（任鸣，邱宏亮，金建江，2013；李瀚韬，2015）；旅游统计数据水分大、重复计算、自相矛盾、横向不可比、纵向不可加等顽疾亟待解决（邢树坤，黄伴光，1990；宁德煌，1994）。从统计学的角度如何看待旅游定义泛化等缺陷（杜子芳，王维，2017）？《中华人民共和国旅游统计管理办法》《旅游统计调查制度》《全国文化文物和旅游统计调查制度》《国家旅游及相关产业统计分类（2015）》如何解决旅游统计指标体系及其相关定义难以适应统计实际的问题（文玲，李瑛，2017；王耀斌，孙传玲，2016；耿蕊，李瀚韬，2015；李冬，2019；师守祥，2016）？"一日游"是否应该被纳入旅游统计（蔡瑞霞，孙根年，2021）？旅游卫星账户体系（TSA）如何避免水土不服（杨美沂，2018；杨晓娟，2012；薛莹，2012）？如何有效实施旅游统计数据动态评价与常态化质量控制（李强，2012；张新雨，2010；卢媛，张晨，2019）？如何完善旅游定期报表、旅游抽样调查及旅游专项调查制度，并与旅游大数据监测结果互相校验（宋廷山，郭思亮，2020；任耘，2018；曹流，蒋昕，2020）？是否应将地理学尺度观引入旅游统计工作（保继刚，2019；高元衡等，2019）？

综上所述，中国旅游统计存在的问题众多、改革势在必行（张辉等，2016）。旅游统计制度改革、旅游统计指标体系优化、旅游统计监测评价常态化、旅游统计方法创新等均是重要的着力点。问题的解决不能一蹴而就，而是一个长期的过程。"千头万绪，止于一端；千里之行，始于足下"。从中国国情出发，借鉴国际经验，去繁就简，因地制宜，是为正道（朱红兵，Scott，2016）。

参考文献

包娟,崔峰. 南京市入境旅游市场亲景度与竞争态分析 [J]. 安徽农业科学, 2010,38 (1): 426-429,460.

保继刚. 将尺度观引入旅游统计工作的几点思考 [J]. 旅游导刊, 2019, 3 (1): 1-8.

毕丽芳,马耀峰,苏醒. 西北地区旅游规模差异及其位序规模分布 [J]. 干旱区资源与环境, 2013, 27 (8): 196-201.

蔡瑞霞,孙根年. 关于我国入境旅游统计几个问题的探讨 [J]. 资源开发与市场, 2021, 37 (1): 71-78.

曹流,蒋昕. 完善旅游统计调查制度的思考与建议（上）[N]. 中国旅游报, 2020-12-21 (003).

曾鹏,罗艳. 中国十大城市群旅游规模差异及其位序规模体系的比较 [J]. 统计与决策, 2012 (24): 60-63.

陈昌兵. 新时代我国经济高质量发展动力转换研究 [J]. 上海经济研究, 2018 (5): 16-24,41.

陈刚强,许学强. 中国入境旅游规模空间分布变化及因素分析 [J]. 地理科学, 2011, 31 (5): 613-619.

陈国柱,王成勇. 四川省旅游经济的地区差异及收敛性研究 [J]. 华中师范大学学报（自然科学版）, 2020, 54 (1): 119-127.

陈国柱. 四川省旅游经济发展的时空动态分析 [J]. 乐山师范学院学报, 2019, 34 (1): 68-76.

陈景鹏. 季节型趋势模型在供电量预测中的应用 [J]. 五邑大学学报（自然科学版）, 2003 (1): 69-74.

陈坤芳,马耀峰. 西部入境旅游典型省份客源市场结构演变对比分析——以陕西、云南、四川为例 [J]. 河南科学, 2015, 33 (3): 497-502.

陈利,朱喜钢,李小虎. 云南省区域经济差异时空演变特征 [J]. 经济地理, 2014, 34 (8): 15-22.

陈晓,王丹,张耀光,等.辽宁省旅游经济的时空差异演变分析[J].经济地理,2009,29(1):147-152.

陈秀琼,黄福才.中国入境旅游的区域差异特征分析[J].地理学报,2006(12):1271-1280.

陈智博,吴小根,汤澍,等.江苏旅游经济发展的空间差异[J].经济地理,2008,28(6):1064-1067.

戴学锋.浅谈国家统计局和国家旅游局两组旅游统计数字[J].旅游学刊,2016,31(3):9-11.

邓明.基于分层随机抽样的季节指数的抽样估计研究[J].统计研究,2008,25(7):70-74.

董礼华.客观认识环比速度[J].中国统计,2009(11):14-15.

杜芳禄.不断规范统计方法与制度 助力张家界国家旅游综合改革[N].张家界日报,2012-11-05(003).

杜子芳,王维.从统计角度看旅游定义的缺陷[J].调研世界,2017(5):53-56.

方叶林,黄震方,陆玮婷,等.中国市域旅游经济空间差异及机理研究[J].地理与地理信息科学,2013,29(6):100-110.

方叶林,黄震方,王坤,等.不同时空尺度下中国旅游业发展格局演化[J].地理科学,2014,34(9):1025-1032.

冯俏彬.我国经济高质量发展的五大特征与五大途径[J].中国党政干部论坛,2018(1):59-61.

冯晓兵,郑元同,郭剑英.四川省旅游经济空间网络结构优化研究[J].西华大学学报(哲学社会科学版),2017,36(3):71-78.

冯学钢,孙晓东,于秋阳.反季旅游与旅游季节性平衡:研究述评与启示[J].旅游学刊,2014,29(1):92-100.

冯迎,张军民.基于ESDA的新疆旅游经济发展空间分异规律研究[J].旅游科学,2016,30(2):68-78.

付洪利,罗远凤.四川省旅游经济差异时空特征分析[J].内江师范学院学报,2015,30(8):40-45.

高元衡,刘丽芬,单妮娜,等.将尺度观引入旅游统计工作的再思考[J].旅游论坛,2019,12(3):28-32.

耿蕊,李瀚韬.对旅游"统计困境"的思考[N].中国旅游报,2015-12-02(C02).

龚丽娟,杨前进.四川省入境旅游客源地市场分析与研究[J].四川旅游学院学报，2017（2）：51-54.

桂文林，韩兆洲. 中国居民消费价格指数间的关系与选择［J］. 统计研究，2012，29（9）：6-13.

郭剑英，熊明均. 四川省入境旅游市场时空变化特征研究［J］. 资源与产业，2011，27（6）：157-161.

郭永锐，张捷，卢韶婧，等. 中国入境旅游经济空间格局的时空动态性［J］. 地理科学，2014，34（11）：1299-1304.

胡文海，程海峰，余菲菲. 皖南国际文化旅游示范区旅游经济差异分析研究［J］. 地理科学，2015，35（11）：1412-1418.

黄和平，冯学钢. 旅游目的地季节性测度指标体系的构建［J］. 统计与决策，2015（12）：62-64.

黄明凤，王姗姗. 丝绸之路复兴计划带动下区域旅游产业对经济贡献的时空差异分析——以西北地区为例［J］. 开发研究，2014（4）：59-62.

贾天理. 四川旅游发展与经济增长动态相关性的统计分析［J］. 中国市场，2011（14）：99-101，104.

姜海宁，陆玉麒，吕国庆. 江苏省入境旅游经济的区域差异研究［J］. 旅游学刊，2009，24（1）：23-28.

靳诚，徐菁，陆玉麒. 长三角城市旅游规模差异及其位序规模体系的构建［J］. 经济地理，2007，27（4）：676-680.

李创新，马耀峰，郑鹏，等. 基于STSM的入境旅游流集散地域结构特征分析——以中国入境旅游六大典型区域为例［J］. 地理科学，2011，31（5）：620-626.

李冬. 全域旅游产业统计分类与指标体系构建［J］. 统计与决策，2019，35（14）：32-36.

李瀚韬. 努力提高旅游统计的公信力［N］. 中国旅游报，2015-12-21（C02）.

李洪娜，赵亮. 辽宁城市旅游规模差异及其规模序列分布研究［J］. 商业时代，2010（12）：114-116.

李佳. 西部旅游资源富集区旅游经济空间差异分析——以四川省为例［J］. 干旱区资源与环境，2015，29（9）：198-202.

李琳. 四川省入境旅游客源市场分析与开拓策略研究［D］. 成都：西南交通大学，2007.

李强. 国内旅游统计数据评价与质量控制［J］. 统计与决策，2012（17）：1，193.

李秋雨,朱麟奇,王吉玉.全域旅游背景下吉林省旅游业—经济—社会—生态环境协调性研究[J].地理科学,2020,40(6):948-955.

李小云,杨宇,刘毅,等.1990年以来中国经济重心和人口重心时空轨迹及其耦合趋势研究[J].经济问题探索,2017(11):1-9.

廖作鸿.矿产品价格季节指数法预测模型[J].中国矿业,2008(9):12-14.

林璧属.旅游统计的精确化是旅游研究科学化的支点[J].旅游学刊,2007(2):9-10.

林德荣,张军洲.旅游时间序列的季节性特征研究——以城市入境旅游为例[J].旅游学刊,2015,30(1):63-71.

刘法建,张捷,陈冬冬.中国入境旅游流网络结构特征及动因研究[J].地理学报,2010,65(8):1013-1024.

刘军胜,马耀峰.河南省城市入境旅游规模与位序差异化[J].经济地理,2012,32(6):150-172.

刘鲁,魏云洁.聚焦中国旅游统计新体系——2015《旅游学刊》中国旅游研究年会会议综述[J].旅游学刊,2015,30(11):110,131-134.

柳百萍.安徽省城市旅游规模差异及其规模分布[J].地理研究,2011,30(8):1520-1527.

卢媛,张晨.基于旅游卫星账户的旅游统计核算指标体系研究——以广东省数据为例[J].统计与信息论坛,2019,34(10):13-19.

陆林,宣国富,章锦河,等.海滨型与山岳型旅游地客流季节性比较——以三亚、北海、普陀山、黄山、九华山为例[J].地理学报,2002(6):731-740.

陆林,余凤龙.中国旅游经济差异的空间特征分析[J].经济地理,2005,25(3):406-410.

栾惠德.居民消费价格指数的实时监测——基于季节调整的方法[J].经济科学,2007(2):59-67.

吕家宝,马娅梅,肖乐.服务价值链视角下乡村旅游高质量发展研究[J].安徽农业科学,2019,47(15):116-118,147.

马丽君,孙根年.30年来危机事件对中国旅游业发展的影响及比较[J].经济地理,2009,29(6):1005-1010.

马仁锋,倪欣欣,张文忠,等.浙江旅游经济时空差异的多尺度研究[J].经济地理,2015,35(7):176-182.

马秀芳,林媚珍.广东森林旅游发展现状、问题与对策[J].热带地理,2006(3):285-289.

马耀峰,李永军. 中国入境后旅游流的空间分布研究 [J]. 人文地理,2001 (6):35,44—46.

马颖忆,陆玉麒. 基于变异系数和锡尔指数的中国区域经济差异分析 [J]. 特区经济,2011 (5):273—275.

聂桢祯. 四川省旅游业对区域经济增长的影响研究 [D]. 西安:西北农林科技大学,2013.

宁德煌. 国内旅游统计问题研究 [J]. 昆明工学院学报,1994 (2):9—12.

潘璠. 关于建立国内旅游统计制度的若干问题 [J]. 统计研究,1996 (2):35—40.

彭睿娟. 欠发达地区旅游经济差异的空间分析——以甘肃省为例 [J]. 干旱区地理,2017,40 (3):664—670.

秦宏瑶,唐勇,胡丹,等. 中国民航旅客量季节性问题研究 [J]. 航空计算技术,2016,46 (5):95—98.

秦宏瑶,唐勇. 基于季节指数的四川省旅游季节性研究 [J]. 资源开发与市场,2014,30 (3):374—377.

瞿华. 入境旅游对经济增长拉动作用的空间差异——基于我国 28 个省区面板数据的实证研究 [J]. 西南民族大学学报(人文社会科学版),2014,35 (9):134—138.

全华,赵磊,陈田,等. 入境旅游客源市场结构实证分析——以江苏省为例 [J]. 经济地理,2012,32 (1):146—152.

任保平,李禹墨. 经济高质量发展中生产力质量的决定因素及其提高路径 [J]. 经济纵横,2018 (7):27—34

任保平. 创新中国特色社会主义发展经济学阐释新时代中国高质量的发展 [J]. 天津社会科学,2018 (2):12—18.

任鸣,邱宏亮,金建江. 国内旅游统计的问题及对策建议 [J]. 中南林业科技大学学报(社会科学版),2013,7 (2):5—7.

任耘. 全域旅游背景下旅游统计体系优化策略 [J]. 中国统计,2018 (12):59—61.

邵云,李京. 四川旅游经济灾后恢复研究 [J]. 经济与管理,2009,23 (1):88—91.

师守祥. 旅游经济统计应回归国民经济行业分类系统——兼评《国家旅游及相关产业统计分类》[J]. 旅游学刊,2016,31 (3):7—9.

宋慧娟. 四川省旅游产业发展与经济增长相关性分析 [J]. 沈阳农业大学学报(社会科学版),2019,21 (2):129—135.

宋廷山，郭思亮. 旅游客流大数据统计模型构建与验证［J］. 统计与决策，2020，36（24）：38−41.

宋志金. 四川入境旅游营销策略分析［J］. 湖北经济学院学报（人文社会科学版），2015，12（11）：62−64.

苏建军，孙根年. 中国旅游投资规模的动态演进与分布差异［J］. 旅游科学，2017，31（1）：28−43.

苏建军，孙根年. 中国旅游投资与旅游经济发展的时空演变与差异分析［J］. 干旱区资源与环境，2017，31（1）：185−191.

孙根年，王洁洁. 1987年来台海关系变化对台湾入境大陆客流量的影响［J］. 地理学报，2009，64（12）：1513−1522.

孙根年，周瑞娜，马丽君，等. 2008年五大事件对中国入境旅游的影响——基于本底趋势线模型高分辨率的分析［J］. 地理科学，2011，31（12）：1437−1446.

孙根年. 新世纪中国入境旅游市场竞争态分析［J］. 经济地理，2005（1）：121−125.

孙盼盼，戴学锋. 中国区域旅游经济差异的空间统计分析［J］. 旅游科学，2014，28（2）：35−48.

孙晓. 黑龙江省入境旅游市场空间结构研究［J］. 西北师范大学学报（自然科学版），2014，50（6）：110−114.

孙滢悦，陈鹏. 地震灾害对旅游业影响评价研究——以四川省为例［J］. 震灾防御技术，2020，15（2）：402−410.

唐承财，宋昌耀，厉新建. 河北省入境旅游规模差异及影响因素分析［J］. 人文地理，2014（5）：155−160.

唐勇，钟美玲，秦宏瑶，等. 新媒体在入境旅游目的地营销中的应用——以四川省为例［J］. 技术与市场，2017，24（6）：63−67.

陶为群. 环比与定基平均发展速度及其极大似然估计值［J］. 西安财经学院学报，2009，22（5）：26−29.

滕飞，杜金涛. 中国省级区域旅游经济发展的时空演变统计分析［J］. 吉林师范大学学报（自然科学版），2017，38（1）：51−57.

田里，李佳. 四川藏区贫困地区旅游经济差异及其影响因素［J］. 广西民族大学学报（哲学社会科学版），2018，40（6）：22−29.

童明荣，薛恒新，林琳. 基于季节ARIMA模型的公路交通量预测［J］. 公路交通科技，2008（1）：124−128.

涂建军，刘莉，张跃，等. 1996—2015 年我国经济重心的时空演变轨迹——基于 291 个地级市数据 [J]. 经济地理，2018，38（2）：18-26.

涂建军. 四川省入境旅游客流时空动态模式研究 [J]. 长江流域资源与环境，2004（4）：338-342.

万绪才，王厚廷，傅朝霞，等. 中国城市入境旅游发展差异及其影响因素——以重点旅游城市为例 [J]. 地理研究，2013，32（2）：337-346.

王洪桥，袁家冬，孟祥君. 东北三省旅游经济差异的时空特征分析 [J]. 地理科学，2014，34（2）：163-169.

王建军. 基于 Theil 指数的广东省入境旅游经济时空差异研究 [J]. 地域研究与开发，2012，31（1）：99-103.

王洁洁. 国际关系及重大事件对出入境旅游的影响 [D]. 西安：陕西师范大学，2011.

王凯，易静，李皓. 中国入境旅游发展的时空差异演变分析：1991—2010 [J]. 人文地理，2014，29（1）：134-140.

王克军. 主要客源国对中国入境旅游市场的贡献分析 [J]. 旅游学刊，2017，32（1）：32-41.

王立坤，付强，杨广林，等. 季节性周期预测法在建立降雨预报模型中的应用 [J]. 东北农业大学学报，2002（1）：67-71.

王耀斌，孙传玲. 对《国家旅游及相关产业统计分类（2015）》的认识和思考 [N]. 中国旅游报，2016-06-13（B04）.

魏敏，李书昊. 新时代中国经济高质量发展水平的测度研究 [J]. 数量经济技术经济研究，2018，35（11）：3-20.

文玲，李瑛. 大数据和旅游统计 [J]. 旅游学刊，2017，32（9）：6-8.

吴冰，马耀峰，高楠. 基于 Theil 指数的陕西入境旅游经济区域时空差异研究 [J]. 干旱区资源与环境，2013，27（7）：186-191.

吴侃侃，金豪. 全域旅游背景下浙江旅游度假区高质量发展的思考 [J]. 浙江社会科学，2018（8）：147-150，160.

习近平. 我国经济已由高速增长阶段转向高质量发展阶段 [J]. 新湘评论，2019（24）：4-5.

席建超，葛全胜，成升魁，等. 旅游消费生态占用初探——以北京市海外入境旅游者为例 [J]. 自然资源学报，2004（2）：224-229.

夏赞才，李志远. 旅游资源、收入与客流的空间错位分析——以四川省为例 [J]. 经济论坛，2020（4）：87-94.

肖利斌,郑向敏. 四川省区域旅游效率时空分异及影响因素 [J]. 开发研究, 2018 (5): 51-59.

谢泽氢,余佳,马遵平. 西部省市区国内旅游与入境旅游发展区域差异研究 [J]. 绵阳师范学院学报, 2020, 39 (3): 24-31.

邢泮光,黄泮光. 国内旅游统计问题刍议 [J]. 旅游学刊, 1990 (4): 29-30.

邢泽斌,朱家明,马桂花. 四川省旅游经济发展影响因素实证探究 [J]. 西昌学院学报(自然科学版), 2019, 33 (2): 51-54.

徐东文,罗翔宇,史媛媛. 湖北省区域旅游经济差异的时间演变特征研究 [J]. 中南民族大学学报(人文社会科学版), 2013, 33 (3): 133-136.

徐克帅,朱海森. 国外旅游季节性现象研究述评 [J]. 人文地理, 2010, 25 (1): 12-17.

徐万佳. 我国将建国内旅游接待统计监测体系 [N]. 中国旅游报, 2011-03-04 (001).

薛华菊,马耀峰,黄毅,方成江等. 四川省入境旅游市场发展策略研究 [J]. 资源开发与市场, 2014, 30 (3): 350-352.

薛明月,王成新,赵金丽,等. 黄河流域旅游经济空间分异格局及影响因素 [J]. 经济地理, 2020, 40 (4): 19-27.

薛莹. 国际旅游统计标准及旅游卫星帐户框架的更新与启示 [J]. 旅游研究, 2012, 4 (2): 40-44.

杨风,李继红. 旅游经济空间差异研究——以四川为例 [J]. 西部经济管理论坛, 2018, 29 (1): 72-81.

杨美沂. 构建我国旅游统计体系研究 [J]. 生产力研究, 2018 (1): 97-100.

杨文江,史文洁,王晓卫,等. 文旅融合推动高质量跨越式发展——昆明市晋宁区全力推动文化与旅游深度融合发展 [J]. 社会主义论坛, 2018 (8): 30-32.

杨霞,刘晓鹰. 四川省旅游经济的区域差异研究 [J]. 西南民族大学学报(人文社科版), 2012, 33 (9): 138-142.

杨晓娟. 国际旅游岛建设背景下的海南旅游统计新方法——海南省旅游卫星账户 (HANTSA) 试建 [J]. 统计与咨询, 2012 (4): 24-25.

叶护平,韦燕生. 中国旅游业发展区域差异的系统分析 [J]. 华中师范大学学报(自然科学版), 2005 (3): 395-398.

余蓉,朱创业,杨爽,等. 四川省入境旅游产品创新开发及市场营销研究 [J]. 西南民族大学学报(人文社科版), 2007 (3): 203-205.

禹真,卢德彬,白彬,等. 基于GIS的县域旅游场强空间格局演变及驱动力研究［J］. 水土保持研究，2016，23（3）：150−154，163.

袁利，孙根年. 四川省入境旅游规模差异时空演化及其成因分析［J］. 重庆理工大学学报（自然科学），2018，32（3）：156−164，177.

张斌，吴珺. 浙江全域旅游产业统计的探索与实践［J］. 统计科学与实践，2018（3）：29−32，54.

张宏梅，陆林. 入境旅游者旅游动机及其跨文化比较——以桂林、阳朔入境旅游者为例［J］. 地理学报，2009，64（8）：989−998.

张辉，范容廷，赫玉玮. 中国旅游统计问题与改革方向［J］. 旅游学刊，2016，31（4）：11−14.

张新雨. 使用统计建模进行旅游研究时需要注意的几点［J］. 旅游学刊，2010，25（12）：7−8.

张永莉，张晓全. 航空业务量的季节性预测方法及其评价［J］. 中国民航大学学报，2008（4）：55−58.

张毓峰，袁安贵，何光汉. 基于波士顿矩阵理论模型的四川省入境旅游市场竞争态分析［J］. 生态经济，2008（3）：95−97.

张子昂，黄震方，曹芳东，等. 浙江省县域入境旅游时空跃迁特征及驱动机制［J］. 地理研究，2016，35（6）：1177−1192.

张子昂，黄震方，孔少君，等. 新疆旅游经济时空差异与收敛性分析及影响因素研究［J］. 南京师大学报（自然科学版），2016，39（2）：134−141.

赵磊，王永刚，张雷. 江苏旅游规模差异及其位序规模体系研究［J］. 经济地理，2011，31（9）：1567−1572.

赵永红，李珊. 震后游客赢回策略对四川游客量的影响研究——基于SARIMA模型的预测［J］. 河南财政税务高等专科学校学报，2015，29（2）：26−32.

钟美玲，刘雨轩，向凌潇，等. 四川省旅游经济时空差异测度［J］. 乐山师范学院学报，2018，33（5）：73−80.

钟学思. 珠江−西江经济带城市旅游规模差异及位序规模分布研究［J］. 社会科学家，2015（4）：82−86.

周彩屏，戈冬梅. 旅游规模差异及其位序规模体系研究—以浙江省为例［J］. 经济地，2010，30（2）：345−350.

周彩屏. 基于 SSM 方法的入境旅游市场客源结构分析—以浙江省为例［J］. 旅游学刊，2008，23（1）：46−51.

周成，肖雁，毕剑. 山西省旅游经济区域时空差异研究［J］. 改革与战略，

2014, 30 (1): 115-119.

周永振, 王羽. 国外旅游季节性研究综述 [J]. 北方环境, 2011, 23 (3): 45-46.

朱红兵, 高峻. 中国主要旅游城市入境旅游客流季节性研究 [J]. 旅游论坛, 2011, 4 (4): 128-133.

朱红兵, Noel SCOTT. 澳大利亚旅游统计现状、挑战与趋势 [J]. 旅游学刊, 2016, 31 (4): 1-3.

朱华. 世界旅游客源地对四川省入境旅游的影响 [J]. 乐山师范学院学报, 2008 (3): 103-105.

朱麟奇, 李秋雨, 刘继生. 吉林省旅游业发展时空差异性及空间布局 [J]. 地理科学, 2016, 36 (3): 424-430.

朱沁夫, 李昭, 杨樨. 用地理集中指数衡量游客集中程度方法的一个改进 [J]. 旅游学刊, 2011, 26 (4): 26-29.

朱士鹏, 毛蒋兴, 张志英, 等. 广西旅游经济时空差异分析 [J]. 重庆师范大学学报 (自然科学版), 2013, 30 (6): 134-139.

朱晓华, 杨秀春, 蔡运龙. 基于灰色系统理论的旅游客源预测模型——以中国入境旅游客源为例 [J]. 经济地理, 2005 (2): 232-235.

朱颖秋, 杨霞, 张婷. 四川省旅游业地位及其空间差异分析 [J]. 旅游论坛, 2016, 9 (4): 72-78.

Andrea Saayman, Melville Saayman. Determinants of inbound tourism to South Africa [J]. Tourism Economics, 2008, 14 (1): 81-96.

Arana J, Leon C. The impact of terrorism on tourism demand [J]. Annals of Tourism Research, 2008, 35 (2): 299-315.

BarOn R R V. Seasonality in tourism: A guide to the analysis of seasonality and trends for policy making [M]. London: Economist Intelligence Unit, 1975.

Box G, Jenkins G. Time Series Analysis: Forecasting and Control [M]. San Francisco: Holden-Day, 1970.

Butler R W. Seasonality in tourism: Issues and problems [M]. Chichester: Wiley, 1994.

Cang S, Seetaram N. In handbook of research methods in tourism [M]. Cheltenham: Edward Elgar Publishing, 2012.

Casler S D. A theoretical context for shift and share analysis [J]. Journal of Regional Science, 1989 (18): 463-469.

Chu F L. Forecasting tourism demand: A cubic polynomial approach [J]. Tourism Management, 2004, 25 (2): 209−218.

Creamer D. Shift of manufacturing industries, in industrial location and national resources [M]. Washington: Goverment Printing Office, 1943.

Cuccia T, Rizzo I. Tourism seasonality in cultural destinations: Empirical evidence from sicily [J]. Tourism Management, 2011, 32 (3): 589−595.

Deng M, Athanasopoulos G. Modelling Australian domestic and international inbound travel: A spatial−temporal approach [J]. Tourism Management, 2011, 32 (5): 1075−1084.

Fernandez−Morales A, Mayorga−Toledano M C. Seasonal concentration of the hotel demand in Costa Del Sol : A Decomposition by nationalities [J]. Tourism Management, 2008, 29 (5): 940−949.

Hartman R. Tourism, seasonality and social change [J]. Leisure Studies, 1986, 5 (1): 25−33.

He C F, Liang J S. The time and space change in the difference between China's Regional economies: Commercialization, globalization and urbanization [J]. Manage World, 2004 (8): 8−17.

Higham J, Hinch T. Tourism, sport and seasons: The challenges and potential of overcoming seasonality in the sport and tourism sectors [J]. Tourism Management, 2002, 23 (2): 175−185.

Hinch T, Hickey G. Tourism attractions and seasonality: Spatial relationships in Alberta [D]. Winnipeg: University of Manitoba, 1997.

Houston D. The shift−share analysis of regional growth: A critique [J]. The Southern Economic Journal, 1967, 33 (4): 577−581.

Hylleberg S. General Introduction. Modelling sasonality [M]. Oxford: Oxford University Press, 1992.

Iliev. Regional inequalities and contemporary problems in regional tourism development: A case of Macedonia [J]. Anatolia, 2018, 29 (3): 1−11.

Jang S. Mitigatiing tourism seasonality: A quantative approach [J]. Annals of Tourism Research, 2004, 31 (4): 891−839.

Jin X, Qu M, Bao J. Impact of crisis events on Chinese outbound tourist flow: A framework for post−events growth [J]. Tourism Management, 2019 (74): 334−344.

Kim T J, Knaap G J. The spatial dispersion of economic activities and development trends in China 1952—1985 [J]. Ann Regional Science, 2001, 35 (1): 39—57.

Koc E, Altinay G. An analysis of seasonality in monthly per person tourist spending in Turkish inbound tourism from a market segmentation perspective [J]. Tourism Management, 2007, 28 (1): 227—237.

Li M M, Lei F, Huang X T, et al. A spatial-temporal analysis of hotels in urban tourism destination [J]. International Journal of Hospitality Management, 2015, 45 (6): 34—43.

Majewska J. Inter-regional agglomeration effects in tourism in Poland [J]. Tourism Geographies, 2015, 17 (3): 408—436.

Martin R, Chen S H. When economic reform is faster than statistical reform: measuring and explaining income inequality in rural China [J]. Oxford Bulletin of Economics and Statistics, 1999, 61 (1): 33—56.

Massidda C, Etzo I. The determinants of Italian domestic tourism: A panel data analysis [J]. Tourism Management, 2012, 33 (3): 603—610.

Mcaleer M, Huang B W, Kuo H I, et al. An econometric analysis of SARS and Avian Flu on international tourist arrivals to Asia [J]. Environmental Modelling & Software, 2010, 25 (1): 100—106.

Michael Hall. Crisis events in tourism: Subjects of crisis in tourism [J]. Current Issues in Tourism, 2010, 13 (5): 401—417.

Rey S J, Janikas M V. Stars: Space-time analysis of regional systems [J]. Geographical Analysis, 2006, 38 (1): 67—86.

Richard T, Qiu R, Park J, et al. Social costs of tourism during the COVID-19 pandemic [J]. Annals of Tourism Research, 2020 (84): 1—39.

Rosselló J, Becken S, Santana-Gallego M. The effects of natural disasters on International tourism: A global analysis [J]. Tourism Management, 2020 (79): 1—10.

Saarinen J. The regional economics of tourism in Northern Finland: The socio-economic implications of recent tourism development and future possibilities for regional development [J]. Scandinavian Journal of Hospitality and Tourism, 2003, 3 (2): 91—113.

Shi Y Q, Zhong L S, Chen T, et al. Tourism competitiveness evaluation and spatio - temporal characteristics of chinese border counties [J]. Chinese Geographical Science, 2016, 26 (6): 817-828.

Song H, Li G. Tourism demand modeling and forecasting: A review of recent research [J]. Tourism Management, 2008, 29 (2): 203-220.

Soshiroda A. Inbound tourism policies in Japan from 1859 to 2003 [J]. Annals of Tourism Research, 2005, 32 (4): 1100-1120.

Stilwell F J B. Further thoughts on the shift and share approach [J]. Regional Studies, 1970, 4 (4): 451-458.

Vietze C. Cultural Effects on Inbound Tourism into the USA: A Gravity Approach [J]. Tourism Economics, 2012, 18 (1): 121-138.

Walters G, Wallin A, Hartley N. The Threat of Terrorism and Tourist Choice Behavior [J]. Journal of Travel Research, 2019, 58 (3): 1-13.

Wang D, Chen T. Temporal - spatial change and driving mechanism for regional difference of domestic tourism in China [J]. Chinese Journal of Population Resources and Environment, 2013, 11 (1): 69-78.

Wang Y S. The impact of crisis events and macroeconomic activity on Taiwan's international inbound tourism demand [J]. Tourism Management, 2009, 30 (1): 75-82.

Yang X Z, Wang Q. Exploratory Space-time analysis of inbound tourism flows to China cities [J]. International Journal of Tourism Research, 2014, 16 (3): 303-312.

附　表

附表

附表 2-1　2019 年四川省旅游总收入月度情况统计表

单位：亿元

月份	2019年	同比增长率	增减幅度	2018年	同比增长率	增减幅度	2017年	同比增长率	增减幅度	2016年	同比增长率	增减幅度	2015年	同比增长率	增减幅度
1月	474.80	12.7%	8.6%	421.22	4.1%	-13.9%	404.76	18.0%	4.2%	343.03	14.1%	-1.0%	300.72	15.1%	-5.0%
2月	1228.14	17.5%	2.0%	1045.61	15.5%	-2.0%	904.90	17.5%	-5.9%	769.92	23.5%	4.1%	623.26	19.4%	3.4%
3月	1443.78	14.8%	-4.2%	1257.54	19.0%	-3.9%	1056.73	22.9%	-9.1%	859.78	32.0%	-9.1%	651.53	41.1%	25.1%
4月	573.17	11.8%	0.0%	512.46	11.8%	-9.3%	458.36	21.1%	-4.1%	378.6	25.4%	5.6%	302.21	19.5%	0.4%
5月	999.49	15.3%	0.1%	867.07	15.2%	-4.1%	752.45	19.3%	-5.9%	630.63	25.4%	-3.4%	502.89	28.5%	9.3%
6月	1298.90	11.2%	-5.0%	1167.59	16.2%	-0.9%	1004.64	17.1%	-7.4%	858.17	24.5%	-14.1%	689.07	39.2%	-11.4%
7月	888.26	14.6%	7.3%	775.00	7.3%	-11.3%	722.00	18.6%	-1.5%	608.56	20.4%	-6.6%	505.29	27.0%	4.3%
8月	981.63	12.8%	0.7%	870.12	12.1%	6.9%	775.95	5.2%	-19.9%	737.28	25.3%	0.3%	588.42	25.0%	3.6%
9月	1445.42	15.5%	0.9%	1251.91	14.6%	3.4%	1092.24	11.2%	-14.4%	981.88	25.6%	1.3%	781.79	24.3%	-15.5%
10月	1276.80	15.5%	5.9%	1105.22	9.6%	-7.5%	1008.77	17.1%	-7.0%	861.69	24.1%	13.9%	694.30	26.7%	10.2%
11月	554.21	15.2%	1.9%	480.98	13.3%	3.3%	424.57	10.0%	-11.5%	386.08	21.5%	11.4%	317.64	24.8%	10.1%
12月	429.72	20.0%	7.3%	358.07	12.7%	3.1%	317.68	9.6%	-5.0%	289.91	14.6%	-9.6%	252.96	27.4%	24.2%
总计	11594.32	—	—	10112.75	—	—	8923.06	—	—	7705.54	—	—	6210.08	—	—
平均	966.19	14.7%	—	842.73	12.6%	—	743.59	15.6%	—	642.13	23.0%	—	517.51	26.5%	—

附表 2-2 2018年四川旅游情况（市州汇总数）

地区	国内游客人数（万人次）		国内旅游收入		入境人数（万人次）		外汇收入		旅游总收入	
	人数	同比（%）	亿元	同比（%）	人数	同比（%）	万美元	同比（%）	亿元	同比（%）
四川省	70198.44	4.9	10012.72	13.5	369.82	10.0	151164.79	4.5	10112.75	13.3
成都市	24017.29	16.0	3616.87	22.8	340.61	13.1	144660.88	6.3	3712.60	22.2
自贡市	4620.41	14.8	391.69	14.9	0.12	-17.7	40.14	-17.0	391.72	14.9
攀枝花市	2566.36	10.7	337.47	20.8	0.15	-36.6	33.29	-44.3	337.49	20.8
泸州市	5198.37	5.3	512.75	16.1	0.24	-24.1	74.70	-9.4	512.80	16.1
德阳市	4332.50	29.7	385.17	35.2	0.34	-22.7	202.39	-12.4	385.30	35.2
绵阳市	6383.40	20.6	647.40	21.4	0.85	91.1	375.59	212.0	647.65	21.5
广元市	5028.86	11.4	419.53	25.4	0.09	15.8	25.66	-5.0	419.55	25.4
遂宁市	4971.36	14.1	467.21	21.3	0.01	-75.3	5.28	-53.2	467.21	21.3
内江市	4286.88	10.0	311.02	18.1	0.02	5.4	9.07	9.5	311.03	18.1
乐山市	5710.22	11.9	889.47	16.2	23.32	9.8	4734.48	-3.0	892.60	16.1
南充市	5736.50	19.6	578.61	26.3	0.06	-58.7	13.38	-66.8	578.62	26.3
眉山市	4790.71	10.0	404.28	13.4	0.05	51.4	24.39	119.4	404.30	13.4
宜宾市	6535.10	25.2	687.26	27.6	0.09	8.3	29.61	48.6	687.28	27.6
广安市	4052.12	4.5	403.09	14.9	0.80	-12.9	184.10	-15.4	403.21	14.9
达州市	2831.08	26.8	208.86	22.1	0.02	50.9	3.88	34.4	208.86	22.1
雅安市	3740.58	17.2	320.42	25.6	0.33	-38.5	76.05	-41.1	320.47	25.6
巴中市	2936.81	11.7	248.54	18.4	0.00	-97.7	0.20	-97.7	248.54	18.4
资阳市	2549.97	13.6	189.91	17.3	1.08	-34.2	273.13	-33.9	190.09	17.2
阿坝州	2369.47	-18.4	165.59	-29.4	0.24	-95.4	48.55	-95.3	165.62	-29.6
甘孜州	2212.47	34.0	220.80	34.4	1.32	-56.5	330.01	-57.6	221.02	34.1
凉山州	4651.14	5.2	436.66	20.9	0.05	3325.0	20.01	523.1	436.67	20.9

附表 2-3 2016—2018年四川各市州旅游总收入排名及全省占比数据对比

市州	2016年				2017年					2018年					名次变化
	排名	旅游总收入（亿元）	同比（%）	全省占比（%）	市州	排名	旅游总收入（亿元）	同比（%）	全省占比（%）	市州	排名	旅游总收入（亿元）	同比（%）	全省占比（%）	
成都市	1	2524.88	23.0	30.8%	成都市	1	3038.40	21.4	30.6%	成都市	1	3712.60	22.2	31.1%	保持不变
乐山市	2	625.32	25.3	7.6%	乐山市	2	769.02	22.9	7.7%	乐山市	2	892.60	16.1	7.5%	保持不变
绵阳市	3	421.93	22.8	5.1%	宜宾市	3	538.72	28.0	5.4%	宜宾市	3	687.28	27.6	5.8%	保持不变
宜宾市	4	420.77	26.6	5.1%	绵阳市	4	533.22	26.4	5.4%	绵阳市	4	647.65	21.5	5.4%	保持不变
南充市	5	374.61	16.4	4.6%	南充市	5	458.05	22.3	4.6%	南充市	5	578.62	26.3	4.8%	保持不变
泸州市	6	331.30	30.9	4.0%	泸州市	6	441.88	33.4	4.4%	泸州市	6	512.80	16.1	4.3%	保持不变
阿坝州	7	314.95	10.3	3.8%	遂宁市	7	385.20	24.2	3.9%	遂宁市	7	467.21	21.3	3.9%	保持不变
遂宁市	8	310.03	23.5	3.8%	凉山州	8	361.08	19.7	3.6%	凉山州	8	436.67	20.9	3.7%	保持不变
广安市	9	302.14	23.0	3.7%	眉山市	9	356.66	20.9	3.6%	广元市	9	419.55	25.4	3.5%	上升3位
凉山州	10	301.62	20.6	3.7%	广元市	10	350.86	16.1	3.5%	眉山市	10	404.30	13.4	3.4%	下降1位
眉山市	11	295.01	28.0	3.6%	广安市	11	340.93	20.2	3.4%	广安市	11	403.21	14.9	3.4%	下降1位
自贡市	12	283.67	14.1	3.5%	自贡市	12	334.58	26.6	3.4%	自贡市	12	391.72	14.9	3.3%	下降1位
广元市	13	264.24	27.6	3.2%	德阳市	13	285.07	50.0	2.9%	德阳市	13	385.30	35.2	3.2%	保持不变
德阳市	14	242.62	20.0	3.0%	攀枝花市	14	279.32	15.1	2.8%	攀枝花市	14	337.49	20.8	2.8%	保持不变
攀枝花市	15	215.49	26.4	2.6%	内江市	15	263.36	22.2	2.7%	雅安市	15	320.47	25.6	2.7%	上升1位
内江市	16	208.00	36.5	2.5%	雅安市	16	255.14	22.7	2.6%	内江市	16	311.03	18.1	2.6%	下降1位
雅安市	17	190.10	22.1	2.3%	阿坝州	17	235.33	-25.3	2.4%	巴中市	17	248.54	18.4	2.1%	上升1位
德阳市	18	166.68	27.6	2.0%	巴中市	18	209.89	25.9	2.1%	甘孜州	18	221.02	34.1	1.9%	上升2位
达州市	19	140.80	25.2	1.7%	达州市	19	171.08	21.5	1.7%	达州市	19	208.86	22.1	1.7%	保持不变
资阳市	20	140.03	-36.5	1.7%	甘孜州	20	164.85	28.3	1.7%	资阳市	20	190.09	17.2	1.6%	上升1位
甘孜州	21	128.48	19.0	1.6%	资阳市	21	162.17	15.3	1.6%	阿坝州	21	165.62	-29.6	1.4%	下降4位

附表 2-4 2018 年四川省五大经济区旅游接待和收入情况

地区	国内游客人数			旅游总收入		
	万人次	同比（%）	全省占比（%）	亿元	同比（%）	全省占比（%）
四川省	70198.44	4.9	100.0	10112.75	13.3	100.0
成都市	24017.29	16.0	21.9	3712.60	22.2	31.1
德阳市	4332.50	29.7	4.0	385.30	35.2	3.2
绵阳市	6383.40	20.6	5.8	647.65	21.5	5.4
遂宁市	4971.36	14.1	4.5	467.21	21.3	3.9
资阳市	2549.97	13.6	2.3	190.09	17.2	1.6
眉山市	4790.71	10.0	4.4	404.30	13.4	3.4
乐山市	5710.22	11.9	5.2	892.60	16.1	7.5
雅安市	3740.58	17.2	3.4	320.47	25.6	2.7
成都平原区	56496.03	16.3	51.6	7020.22	21.4	58.8
内江市	4286.88	10.0	3.9	311.03	18.1	2.6
自贡市	4620.41	14.8	4.2	391.72	14.9	3.3
泸州市	5198.37	5.3	4.7	512.80	16.1	4.3
宜宾市	6535.10	25.2	6.0	687.28	27.6	5.8
川南经济区	20640.76	14.2	18.8	1902.82	20.1	15.9
南充市	5736.50	19.6	5.2	578.62	26.3	4.8
达州市	2831.08	26.8	2.6	208.86	22.1	1.7
巴中市	2936.81	11.7	2.7	248.54	18.4	2.1
广元市	5028.86	11.4	4.6	419.55	25.4	3.5
广安市	4052.12	4.5	3.7	403.21	14.9	3.4
川东北经济区	20585.37	14.0	18.8	1858.78	21.9	15.6
攀枝花市	2566.36	10.7	2.3	337.49	20.8	2.8
凉山州	4651.14	5.2	4.2	436.67	20.9	3.7
攀西经济区	7217.50	7.1	6.6	774.17	20.9	6.5
阿坝州	2369.47	−18.4	2.2	165.62	−29.6	1.4
甘孜州	2212.47	34.0	2.0	221.02	34.1	1.9
川西北生态区	4581.94	0.6	4.2	386.64	−3.4	3.2

附表2-5　2011—2018年四川旅游总收入分地区情况

地区	2011年	同比(%)	2012年	同比(%)	2013年	同比(%)	2014年	同比(%)	2015年	同比(%)	2016年	同比(%)	2017年	同比(%)	2018年	同比(%)
四川省	2511.99	33.2	3280.25	33.9	3877.40	18.2	4891.04	26.1	6210.50	27.0	7705.54	24.1	8923.06	16.1	10112.75	13.3
成都市	807.56	33.9	1050.43	30.1	1327.51	26.4	1662.44	25.2	2052.67	23.5	2524.88	23.0	3038.40	21.4	3712.60	22.2
自贡市	110.99	31.2	135.67	22.2	160.26	18.1	200.41	25.1	248.55	24.0	283.67	14.1	340.93	20.2	391.72	14.9
攀枝花市	50.52	20.2	66.85	32.3	102.19	52.9	150.04	46.8	202.12	34.7	242.62	20.0	279.32	15.1	337.49	20.8
泸州市	84.06	27.2	106.11	26.2	143.03	34.8	183.85	28.5	253.11	37.7	331.30	30.9	441.88	33.4	512.80	16.1
德阳市	51.69	26.8	67.49	30.6	92.60	37.2	120.65	30.3	155.75	29.1	190.10	22.1	285.07	50.0	385.30	35.2
绵阳市	97.22	49.0	137.19	41.1	205.21	49.6	277.26	35.1	343.60	23.9	421.93	22.8	533.22	26.4	647.65	21.5
广元市	53.53	67.1	82.89	54.8	112.58	35.8	158.72	41.0	207.16	30.5	264.24	27.6	334.58	26.6	419.55	25.4
遂宁市	103.11	36.2	131.20	27.2	166.99	27.3	201.18	20.5	251.02	24.8	310.03	23.5	385.20	24.2	467.21	21.3
内江市	69.69	31.8	86.20	23.7	110.28	27.9	136.98	24.2	170.49	24.5	215.49	26.4	263.36	22.2	311.03	18.1
乐山市	198.98	35.5	270.10	35.7	319.75	18.4	386.76	21.0	499.10	29.0	625.32	25.3	769.02	22.9	892.60	16.1
南充市	122.13	34.1	155.32	27.2	209.75	35.0	253.32	20.8	321.80	27.0	374.61	16.4	458.05	22.3	578.62	26.3
眉山市	80.76	24.8	110.24	36.5	145.10	31.6	180.65	24.5	230.40	27.5	295.01	28.0	356.66	20.9	404.30	13.4
宜宾市	130.59	20.8	166.00	27.1	208.70	25.7	256.06	22.7	332.26	29.8	420.77	26.6	538.72	28.0	687.28	27.6
广安市	50.06	28.3	103.60	22.9	135.30	30.6	194.58	43.8	245.60	26.2	302.14	23.0	350.86	16.1	403.21	14.9
达州市	50.07	20.4	61.80	23.4	75.22	21.7	90.42	20.2	112.43	24.3	140.80	25.2	171.08	21.5	208.86	22.1
雅安市	63.57	25.9	79.38	24.9	70.51	-11.2	108.66	54.1	152.43	40.3	208.00	36.5	255.14	22.7	320.47	25.6
巴中市	31.67	39.0	43.71	38.0	66.20	51.5	89.54	35.3	130.63	45.9	166.68	27.6	209.89	25.9	248.54	18.4
资阳市	86.55	23.1	114.59	32.4	145.14	26.7	182.70	25.9	221.56	21.3	140.63	-36.5	162.17	15.3	190.09	17.2
阿坝州	124.52	68.9	181.07	45.4	196.04	8.3	242.53	23.7	285.57	17.7	314.95	10.3	235.33	-25.3	165.62	-29.6
甘孜州	30.00	27.1	36.07	20.2	63.25	75.4	80.14	26.7	107.97	34.7	128.48	19.0	164.85	28.3	221.02	34.1
凉山州	80.45	24.4	94.35	17.3	138.31	46.6	188.31	36.2	250.12	32.8	301.62	20.6	361.08	19.7	436.67	20.9

附表2-6 2010—2019年国内旅游人数和旅游收入及同比

年份	国内旅游人数（万人次）	同比（%）	国内旅游收入（亿元）	同比（%）
2010	27141.30	23.8	1862.03	28.2
2011	34977.82	28.9	2410.57	29.5
2012	43451.77	24.2	3229.83	34.0
2013	48696.50	12.1	3830.04	18.6
2014	53549.69	10.0	4838.34	26.3
2015	58500.63	9.2	6137.60	26.9
2016	63025.00	7.7	7600.52	23.8
2017	66924.00	6.2	8825.39	16.1
2018	70198.44	4.9	10012.72	13.5
2019	75081.58	7.0	11454.48	14.4

附表 2-7　2016—2018 年四川各市州国内旅游收入排名数据对比

	2016年				2017年				2018年				
市州	排名	旅游总收入（亿元）	同比（%）	全省占比（%）	市州	排名	旅游总收入（亿元）	同比（%）	全省占比（%）	市州	排名	旅游总收入（亿元）	同比（%）	全省占比（%）	名次变化
成都市	1	2425.58	22.1	30.0	成都市	1	2946.24	21.5	30.0	成都市	1	3616.87	22.8	30.5	保持不变
乐山市	2	622.58	25.4	7.7	乐山市	2	765.72	23.0	7.8	乐山市	2	889.47	16.2	7.5	保持不变
绵阳市	3	421.84	22.8	5.2	宜宾市	3	538.71	28.0	5.5	宜宾市	3	687.26	27.6	5.8	保持不变
宜宾市	4	420.75	26.7	5.2	绵阳市	4	533.14	26.4	5.4	绵阳市	4	647.40	21.4	5.5	保持不变
南充市	5	374.53	16.4	4.6	南充市	5	458.02	22.3	4.7	南充市	5	578.61	26.3	4.9	保持不变
泸州市	6	331.22	30.9	4.1	泸州市	6	441.82	33.4	4.5	泸州市	6	512.75	16.1	4.3	保持不变
阿坝州	7	313.72	10.5	3.9	遂宁市	7	385.19	24.3	3.9	遂宁市	7	467.21	21.3	3.9	保持不变
遂宁市	8	310.01	23.5	3.8	凉山州	8	361.08	19.7	3.7	凉山州	8	436.66	20.9	3.7	保持不变
广安市	9	302.01	23	3.7	眉山市	9	356.65	20.9	3.6	广元市	9	419.53	25.4	3.5	上升3位
凉山州	10	301.62	20.6	3.7	广安市	10	350.71	16.1	3.6	眉山市	10	404.28	13.4	3.4	下降1位
眉山市	11	295.00	28.1	3.6	自贡市	11	340.90	20.2	3.5	广安市	11	403.09	14.9	3.4	下降1位
自贡市	12	283.63	14.1	3.5	广元市	12	334.56	26.6	3.4	自贡市	12	391.69	14.9	3.3	保持不变
广元市	13	264.22	27.6	3.3	德阳市	13	284.91	50.0	2.9	德阳市	13	385.17	35.2	3.3	保持不变
攀枝花市	14	242.58	20	3.0	攀枝花市	14	279.28	15.1	2.8	攀枝花市	14	337.47	20.8	2.8	保持不变
内江市	15	215.48	26.4	2.7	内江市	15	263.35	22.2	2.7	雅安市	15	320.42	25.6	2.7	上升1位
雅安市	16	207.90	36.5	2.6	雅安市	16	255.05	22.7	2.6	内江市	16	311.02	18.1	2.6	下降1位
德阳市	17	189.91	22.1	2.3	阿坝州	17	234.63	-25.2	2.4	巴中市	17	248.54	18.4	2.1	上升1位
巴中市	18	166.67	27.6	2.1	巴中市	18	209.88	25.9	2.1	甘孜州	18	220.80	34.4	1.9	上升2位
达州市	19	140.80	25.2	1.7	达州市	19	171.08	21.5	1.7	达州市	19	208.86	22.1	1.8	保持不变
资阳市	20	140.19	-36.5	1.7	甘孜州	20	164.31	28.3	1.7	资阳市	20	189.91	17.3	1.6	上升1位
甘孜州	21	128.02	19.7	1.6	资阳市	21	161.89	15.5	1.6	阿坝州	21	165.59	-29.4	1.4	下降4位

附表 2-8 2014—2018 年四川省五大区国内旅游收入分地区情况

地区		2014 年		2015 年		2016 年		2017 年		2018 年	
		国内旅游收入（亿元）	同比（%）	国内旅游收入（亿元）	同比（%）	国内旅游收入（亿元）	同比（%）	国内旅游收入（亿元）	同比（%）	国内旅游收入（亿元）	同比（%）
成都平原核心区	成都市	1616.95	25.8	1986.57	22.9	2425.58	22.1	2946.24	21.5	3616.87	22.8
	德阳市	102.49	30.4	155.59	29.1	189.91	22.1	284.91	50.0	385.17	35.2
	绵阳市	277.13	35.2	343.48	23.9	421.84	22.8	533.14	26.4	647.40	21.4
	遂宁市	201.09	20.5	251.00	24.8	310.01	23.5	385.19	24.3	467.21	21.3
	资阳市	182.03	25.8	220.80	21.3	140.19	-36.5	161.89	15.5	189.91	17.3
	眉山市	180.64	24.5	230.37	27.5	295.00	28.1	356.65	20.9	404.28	13.4
	乐山市	383.9	20.6	496.52	29.3	622.58	25.4	765.72	23.0	889.47	16.2
	雅安市	108.6	54.1	152.33	40.3	207.90	36.5	255.05	22.7	320.42	25.6
川南经济区	内江市	136.96	24.2	170.47	24.5	215.48	26.4	263.35	22.2	311.02	18.1
	自贡市	200.38	25.1	248.49	24.0	283.63	14.1	340.90	20.2	391.69	14.9
	泸州市	183.81	28.5	253.06	37.7	331.22	30.9	441.82	33.4	512.75	16.1
	宜宾市	256.02	22.7	332.17	29.7	420.75	26.7	538.71	28.0	687.26	27.6
川东北经济区	南充市	352.28	20.8	321.72	27.0	374.53	16.4	458.02	22.3	578.61	26.3
	达州市	90.36	20.2	112.42	24.4	140.80	25.2	171.08	21.5	208.86	22.1
	巴中市	89.54	35.3	130.62	45.9	166.67	27.6	209.88	25.9	248.54	18.4
	广元市	158.69	41.0	207.13	30.5	264.22	27.6	334.56	26.6	419.53	25.4
	广安市	194.51	43.8	245.50	26.2	302.01	23.0	350.71	16.1	403.09	14.9
攀西经济区	攀枝花市	150.02	46.8	202.08	34.7	242.58	20.0	279.28	15.1	337.47	20.8
	凉山州	188.29	36.1	250.12	32.8	301.62	20.6	361.08	19.7	436.66	20.9
川西北生态区	阿坝州	240.78	23.9	284.0	17.9	313.7	10.5	234.63	-25.2	165.59	-29.4
	甘孜州	79.03	26.5	107.0	35.4	128.0	19.7	164.31	28.3	220.80	34.4

附表 2-9 2014—2018年四川省五大区国内旅游人数分地区情况

地区		2014年		2015年		2016年		2017年		2018年	
		国内旅游人数（万人次）	同比（%）	国内旅游人数（万人次）	同比（%）	国内旅游人数（万人次）	同比（%）	国内旅游人数（万人次）	同比（%）	国内旅游人数（万人次）	同比（%）
成都平原核心区	成都市	18423.02	20.1	18903.52	2.6	19756.48	4.5	20703.81	4.8	24017.29	16.0
	德阳市	1843.62	6.3	2304.96	25.0	2601.01	12.8	3341.13	28.5	4332.50	29.7
	绵阳市	2821.12	14.6	3385.70	20.0	4205.60	24.2	5292.32	25.8	6383.40	20.6
	遂宁市	2432.79	21.0	3106.25	27.7	3931.81	26.6	4356.51	10.8	4971.36	14.1
	资阳市	2610.70	40.6	3200.51	22.6	1897.01	-40.7	2243.85	18.3	2549.97	13.6
	眉山市	2386.09	22.8	3022.10	26.7	3746.00	24.0	4356.60	16.3	4790.71	10.0
	乐山市	3342.13	12.0	3903.46	16.8	4359.69	11.7	5100.80	17.0	5710.22	11.9
	雅安市	1658.91	46.5	2162.72	30.4	2725.92	26.0	3192.25	17.1	3740.58	17.2
川南经济区	内江市	2230.61	24.7	2684.07	20.3	3304.80	23.1	3898.55	18.0	4286.88	10.0
	自贡市	2106.00	18.3	2695.41	28.0	3186.27	18.2	4025.54	26.3	4620.41	14.8
	泸州市	2539.51	20.3	3257.68	28.3	3616.02	11.0	4934.58	36.5	5198.37	5.3
	宜宾市	2822.24	13.0	3494.91	23.8	4277.74	22.4	5218.36	22.0	6535.10	25.2
川东北经济区	南充市	3076.50	20.6	3726.50	21.1	4251.50	14.1	4796.50	12.8	5736.50	19.6
	达州市	1351.01	8.7	1581.03	17.0	1912.79	21.0	2232.99	16.7	2831.08	26.8
	巴中市	1165.60	30.0	1697.00	45.6	2171.00	27.9	2630.00	21.1	2936.81	11.7
	广元市	2769.43	14.7	3251.97	17.4	3792.07	16.6	4514.47	19.1	5028.86	11.4
	广安市	2768.19	38.6	3269.75	18.1	3436.26	5.1	3879.23	12.9	4052.12	4.5
攀西经济区	攀枝花市	1383.62	16.2	1659.86	20.0	2062.56	24.3	2317.44	12.4	2566.36	10.7
	凉山州	3136.35	9.5	3729.51	18.9	4081.12	9.4	4419.22	8.3	4651.14	5.2
川西北生态区	阿坝州	2861.34	25.7	3221.63	12.6	3750.29	16.4	2904.29	-22.6	2369.47	-18.4
	甘孜州	792.66	25.6	1068.67	34.8	1290.59	20.8	1651.42	28.0	2212.47	34.0

附表 2-10　四川省入境旅游水平全国排名（2008—2018年）

2008年		2009年		2010年		2011年		2012年		2013年		2014年		2015年		2016年		2017年		2018年	
省份	名次	省份	名次	省份	名次	省份	名次	省份	名次	省份	名次	省份	名次	省份	名次	省份	名次	省份	名次	省份	名次
广东	1	广东	1	广东	1	广东	1	广东	1	广东	1	广东	1	广东	1	广东	1	广东	1	广东	1
江苏	2	浙江	2	上海	2	浙江	2	浙江	2	上海	2	上海	2	上海	2	上海	2	浙江	2	上海	2
浙江	3	江苏	3	浙江	3	江苏	3	江苏	3	北京	3	北京	3	云南	3	福建	3	上海	3	云南	3
上海	4	上海	4	江苏	4	上海	4	上海	4	浙江	4	浙江	4	浙江	4	云南	4	福建	4	广西	4
北京	5	北京	5	北京	5	北京	5	北京	5	福建	5	福建	5	广西	5	浙江	5	云南	5	福建	5
福建	6	福建	6	福建	6	福建	6	福建	6	江苏	6	山东	6	北京	6	广西	6	安徽	6	浙江	6
山东	7	山东	7	山东	7	山东	7	辽宁	7	云南	7	江苏	7	福建	7	北京	7	广西	7	陕西	7
云南	8	辽宁	8	辽宁	8	辽宁	8	山东	8	山东	8	广西	8	山东	8	陕西	8	山东	8	山东	8
辽宁	9	云南	9	云南	9	云南	9	云南	9	广西	9	云南	9	湖北	9	湖北	9	北京	9	湖北	9
黑龙江	10	广西	10	广西	10	广西	10	广西	10	安徽	10	安徽	10	江苏	10	江苏	10	陕西	10	江苏	10
广西	11	安徽	11	陕西	11	陕西	11	陕西	11	湖北	11	湖北	11	陕西	11	山东	11	江苏	11	北京	11
内蒙古	12	陕西	12	安徽	12	安徽	12	安徽	12	辽宁	12	陕西	12	安徽	12	安徽	12	湖北	12	安徽	12
安徽	13	黑龙江	13	湖南	13	湖南	13	湖北	13	陕西	13	辽宁	13	四川	13	四川	13	四川	13	四川	13
陕西	14	天津	14	湖北	14	湖北	14	四川	14	湖南	14	四川	14	辽宁	14	辽宁	14	湖南	14	湖南	14
天津	15	湖北	15	黑龙江	15	黑龙江	15	湖南	15	四川	15	湖南	15	湖南	15	湖南	15	河南	15	辽宁	15
湖北	16	湖南	16	天津	16	重庆	16	重庆	16	内蒙古	16	内蒙古	16	内蒙古	16	重庆	16	辽宁	16	重庆	16
湖南	17	内蒙古	17	河南	17	河南	17	黑龙江	17	黑龙江	17	江西	17	江西	17	内蒙古	17	新疆	17	江西	17
河南	18	河南	18	内蒙古	18	四川	18	河南	18	河南	18	黑龙江	18	吉林	18	江西	18	重庆	18	内蒙古	18
山西	19	山西	19	重庆	19	山西	19	山西	19	吉林	19	吉林	19	重庆	19	吉林	19	江西	19	河南	19
重庆	20	重庆	20	山西	20	内蒙古	20	内蒙古	20	江西	20	重庆	20	河南	20	河南	20	内蒙古	20	吉林	20
江西	21	江西	21	江西	21	江西	21	江西	21	重庆	21	河南	21	黑龙江	21	黑龙江	21	河北	21	海南	21
河北	22	四川	22	四川	22	河北	22	河北	22	河北	22	天津	22	天津	22	河北	22	吉林	22	黑龙江	22
海南	23	河北	23	河北	23	吉林	23	吉林	23	天津	23	河北	23	河北	23	天津	23	贵州	23	新疆	23
四川	24	吉林	24	吉林	24	海南	24	海南	24	海南	24	海南	24	贵州	24	海南	24	海南	24	河北	24

附表2-11 2019年四川省旅游总体情况统计表

指标		单位	累计	同比（%）
一、接待入境人数		万人次	414.78	12.4
其中：	外国人	万人次	313.09	13.5
	台湾同胞	万人次	48.83	11.9
	香港同胞	万人次	36.54	−10.3
	澳门同胞	万人次	16.31	86.5
二、接待入境人天数		万人天	753.79	11.7
其中：	外国人	万人天	579.03	13.9
	台湾同胞	万人天	82.93	5.3
	香港同胞	万人天	62.19	−15.2
	澳门同胞	万人天	29.63	110.2
三、外汇收入		万美元	202379.33	33.9
四、国内旅游人数		万人次	75081.58	7.0
其中：一日游		万人次	41122.45	9.5
过夜游		万人次	33959.13	4.0
五、国内旅游收入		亿元	11454.48	14.4
六、旅游总收入		亿元	11594.32	14.7

附表 2-12 2009—2019 年四川省接待入境旅游者人数

年份	总计	外国人		中国港澳台地区		中国台湾地区	中国香港地区	中国澳门地区
		人数	比重(%)	人数	比重(%)	人数	人数	人数
2009	849851	614949	72.4	234902	27.6	98341	117510	19051
2010	1049336	749660	71.4	299676	28.5	148545	131488	19643
2011	1639653	1137298	69.4	502355	30.6	277807	192823	31725
2012	2273305	1512872	66.5	760433	33.5	401196	307507	51730
2013	2095631	1473226	70.3	622405	29.7	287366	297519	37520
2014	2401667	1696567	70.6	705100	29.4	315086	345515	44499
2015	2732000	1934375	70.8	797625	29.2	362747	372610	62268
2016	3087915	2192328	71.0	895587	29.0	410764	410291	74532
2017	3361727	2412945	71.8	948782	28.2	430525	439525	78732
2018	3698233	2764701	74.8	933532	25.2	437015	408366	88151
2019	4147775	3130926	75.5	1016849	24.5	488281	365422	163146

附表2-13 2011—2018年四川省旅游外汇收入分地区情况

单位：万美元

地区	2011年	同比(%)	2012年	同比(%)	2013年	同比(%)	2014年	同比(%)	2015年	同比(%)	2016年	同比(%)	2017年	同比(%)	2018年	同比(%)
四川省	59382.55	67.8	79814.67	26.5	76476.08	-4.3	85768.11	12.7	118087.1	37.9	124596.98	5.5	144653.62	16.7	151164.79	4.50
成都市	47959.45	76.4	62916.18	32.1	68030.59	8.6	74031.61	8.9	107070	44.6	115592.24	8.0	136498.80	18.1	144660.88	6.26
自贡市	54.99	9.2	169.09	-9.9	59.57	-64.7	52.5	-11.9	99.68	89.9	62.84	-37.0	48.34	-23.1	40.14	-16.97
攀枝花市	30.62	232.9	51.08	-4.4	11.28	-77.9	27.43	143.2	66.21	141.4	56.07	-15.3	59.81	6.7	33.29	-44.34
泸州市	22.24	-49.6	135.81	2.7	44.79	-65.3	57.31	28	82.81	44.5	111.84	35.1	82.45	-23.1	74.70	-9.40
德阳市	479.61	-3.6	809.21	10.1	313.94	-61.3	257.54	-17.7	256.9	-0.3	270.99	5.5	231.12	-22.9	202.39	-12.43
绵阳市	343.56	-40.7	570.85	21.8	315.02	-46.5	212.25	-32.8	192.01	-9.5	150.25	-21.7	120.40	-19.9	375.59	211.96
广元市	135.4	299.3	60.11	-62.4	41.93	-29.4	40.96	-2.3	51.46	25.6	35.33	-31.3	27.01	-23.4	25.66	-5.01
遂宁市	167.52	1.1	478.21	149.2	151.33	-65.9	148.95	-1.6	30.01	-6.4	21.91	-27.0	11.28	-48.5	5.28	-53.17
内江市	4.93	-35.9	45.1	12.2	20.5	-54.7	31.94	56.4	25.81	-19.2	11.23	-56.5	8.28	-26.3	9.07	9.49
乐山市	2357.2	48.9	5750.92	25.1	2171.18	-62.1	4654.25	147.3	4173.98	-10.3	4409.21	5.6	4880.23	28.4	4734.48	-2.99
南充市	87.5	4.1	473.72	202	129.64	-69.9	71.07	-45	134.52	89.3	112.42	-16.4	40.33	-64.1	13.38	-66.83
眉山市	34.98	14.9	96.02	-2.4	10.89	-88.7	16.75	53.8	41.12	145.4	19.90	-51.6	11.12	-44.1	24.39	119.40
宜宾市	159.56	2.6	175.31	-25.2	85.46	-51.2	63.21	-26	143.84	147.6	28.01	-80.5	19.93	-3.3	29.61	48.60
广安市	110.2	63	143.92	22	121.48	-11.4	112.55	-7.4	158.46	40.8	181.57	14.6	217.67	19.9	184.10	-15.42
达州市	50.06	70.1	119.77	2.3	49.85	-58.4	99.29	99.2	14.79	-85.1	1.08	-92.7	2.89	167.0	3.88	34.35
雅安市	124.71	12.6	245.77	18.7	56.07	-76.7	102.92	83.5	157.25	52.8	136.01	-13.5	136.71	0.5	76.05	-41.11
巴中市	0.64	-20.7	10.78	-14.5	4.07	-62.3	3.18	-21.9	10.38	226.7	17.50	68.6	8.45	-51.7	0.20	-97.69
资阳市	574.67	-3.3	650.15	7.8	708.29	9.9	1096.28	53.5	1238.61	13	619.14	-50.0	413.15	-33.3	273.13	-33.89
阿坝州	5644.51	62.4	4951.76	-13.9	2861.22	-39.2	2852.81	0.9	2554.94	-10.4	2104.08	-17.6	1033.64	-50.9	48.55	-95.30
甘孜州	1076.3	54.9	1720.62	18.7	1271.71	3.3	1799.29	47.3	1583.24	-11.7	651.41	-58.9	798.80	22.6	330.01	-57.64
凉山州	6.01	20.6	240.29	58.7	17.26	-92.8	36.01	107.7	1.03	-97.1	3.96	284.1	3.21	-18.8	20.01	523.06

附表 2-14 2011—2018 年四川省接待入境旅游者分地区情况及对比

单位：万人次

地区	2011年	同比(%)	2012年	同比(%)	2013年	同比(%)	2014年	同比(%)	2015年	同比(%)	2016年	同比(%)	2017年	同比(%)	2018年	同比(%)
四川省	163.97	55.9	227.34	25.1	209.56	-7.8	240.17	14.6	273.2	14.1	308.79	13.0	336.17	9.9	369.82	10.00
成都市	121.64	65.6	158.19	28.9	176.43	12.1	197.8	12.1	230.54	16.6	268.17	16.0	301.34	12.4	340.61	13.04
自贡市	0.24	35	0.39	-39.1	0.14	-65	0.16	17.1	0.34	115	0.23	-31.6	0.15	-35.4	0.12	-17.70
攀枝花市	0.05	94.9	0.16	33.1	0.04	-76.1	0.1	156.9	0.18	81.6	0.23	31.1	0.24	3.4	0.15	-36.60
泸州市	0.11	-44.8	0.5	10.4	0.14	-69.8	0.22	56	0.3	39.3	0.43	43.0	0.32	-25.1	0.24	-24.10
德阳市	0.67	-7.4	1.08	-19.9	0.41	-62.1	0.35	-15.8	0.52	51.8	0.52	-0.8	0.44	-18.0	0.34	-22.70
绵阳市	1.29	-2.4	2.07	25.5	1.02	-50.6	0.74	-27.8	0.72	-2.1	0.51	-29.7	0.44	-12.5	0.85	91.10
广元市	0.74	441.6	0.28	49.2	0.18	-32.1	0.18	-3.1	0.19	5	0.13	-33.0	0.08	-36.3	0.09	15.80
遂宁市	0.88	-2.4	2.42	152.1	0.68	-71.6	0.72	4.7	0.08	-0.7	0.05	-41.8	0.04	-10.7	0.01	-75.30
内江市	0.03	-39.6	0.16	17.1	0.07	-59.5	0.12	91	0.07	-42.5	0.02	-75.7	0.02	5.8	0.02	5.40
乐山市	12.84	58.5	27.23	28.8	10.82	-60.3	12.79	37.8	17.42	36.2	20.75	19.2	21.24	19.0	23.32	9.80
南充市	0.27	-10.3	1.46	194.2	0.24	-81.8	0.25	7.6	0.4	56.3	0.36	-9.5	0.15	-59.2	0.06	-58.70
眉山市	0.14	23.5	0.31	-5.8	0.03	-89.5	0.05	38	0.14	201.6	0.06	-52.9	0.03	-49.2	0.05	51.40
宜宾市	0.56	34.7	0.61	-23.9	0.25	-58.5	0.17	-31.2	0.46	201.6	0.10	-78.6	0.08	-7.2	0.09	8.30
广安市	50.06	54.7	0.48	16.4	0.38	-16.8	0.37	-2.9	0.59	61.2	0.69	15.7	0.92	34.5	0.80	-12.90
达州市	0.04	202.1	0.38	0.1	0.26	-32.2	0.29	12	0.05	-82.4	0.01	-90.2	0.01	128.0	0.02	50.90
雅安市	0.4	-5	0.77	19.7	0.21	-72.2	0.37	79.3	0.53	44.2	0.61	13.9	0.57	-5.9	0.33	-38.50
巴中市	0	-19.6	0.04	-6.7	0.02	-45.3	0.01	-57	0.04	306.5	0.06	53.5	0.04	-32.6	0.00	-97.70
资阳市	2.71	0.8	2.89	3.1	2.91	0.6	3.7	27.3	3.96	7.2	2.21	-33.1	1.64	-25.8	1.08	-34.20
阿坝州	17.27	31.7	21.57	5.2	12.8	-35	15.44	20.6	11.11	-28	11.00	-1.0	5.31	-51.8	0.24	-95.40
甘孜州	3.69	32.8	5.66	16.8	2.49	-33.6	6.25	173.1	5.54	-11	2.65	-52.2	3.10	17.0	1.32	-56.50
凉山州	0.01	31.8	0.7	57.5	0.04	-94.4	0.1	156.5	0	-98	0.01	530.0	0.00	-87.3	0.05	3325.00

附表2-15 四川省接待入境游客情况（2014—2019年）

国家（地区）	2014年 名次	2014年 万人次	2014年 同比（%）	国家（地区）	2015年 名次	2015年 万人次	2015年 同比（%）	国家（地区）	2016年 名次	2016年 万人次	2016年 同比（%）
中国香港地区	1	34.55	17.5	中国香港地区	1	37.26	8.8	中国台湾地区	1	41.10	13.3
中国台湾地区	2	31.51	11.2	中国台湾地区	2	36.27	15.5	中国香港地区	2	41.00	10.1
美国	3	25.70	16.3	美国	3	28.78	12.0	美国	3	33.64	16.9
日本	4	16.98	13.3	英国	4	17.41	14.9	英国	4	20.46	17.5
英国	5	15.16	15.4	日本	5	17.18	1.2	日本	5	20.29	18.1
韩国	6	14.43	29.0	韩国	6	16.32	13.1	韩国	6	17.60	7.9
新加坡	7	12.05	9.7	马来西亚	7	12.62	41.0	马来西亚	7	14.65	16.1
马来西亚	8	8.98	8.9	新加坡	8	12.37	2.7	新加坡	8	13.97	13.0
澳大利亚	9	8.56	11.7	德国	9	9.70	32.8	德国	9	11.22	15.8
德国	10	7.30	21.1	澳大利亚	10	8.95	4.6	澳大利亚	10	10.29	15.0
法国	11	7.05	28.2	法国	11	7.47	5.9	法国	11	8.73	17.0
加拿大	12	6.06	20.5	加拿大	12	7.12	17.5	加拿大	12	8.29	16.5
中国澳门地区	13	4.45	23.6	泰国	13	6.45	14.5	泰国	13	7.80	21.1
意大利	14	2.94	14.5	中国澳门地区	14	6.23	46.8	中国澳门地区	14	7.50	19.7
印度尼西亚	15	2.68	11.5	意大利	15	2.72	-7.3	意大利	15	3.10	13.3

注：经四川省旅游统计便览、四川省旅游统计信息平台数据整理。

续附表 2–15

国家（地区）	2017 年			国家（地区）	2018 年			国家（地区）	2019 年		
	名次	万人次	同比（%）		名次	万人次	同比（%）		名次	万人次	同比（%）
中国香港地区	1	43.95	8.7	中国台湾地区	1	43.70	1.5	中国台湾地区	1	48.83	11.9
中国台湾地区	2	43.05	6.8	中国香港地区	2	40.84	-7.1	美国	2	38.04	15.4
美国	3	37.97	12.9	美国	3	33.02	-13.0	中国香港地区	3	36.54	-10.3
英国	4	23.16	13.3	英国	4	27.35	18.2	日本	4	30.45	23.5
日本	5	21.20	5.2	日本	5	24.69	16.5	英国	5	24.44	-10.5
马来西亚	6	16.12	10.1	新加坡	6	18.72	23.4	泰国	6	21.02	18.8
新加坡	7	15.18	9.2	泰国	7	17.73	118.0	德国	7	19.95	29.5
韩国	8	14.30	-16.9	澳大利亚	8	15.89	33.9	马来西亚	8	19.69	36.4
德国	9	13.23	18.1	德国	9	15.43	16.7	新加坡	9	17.63	-5.7
澳大利亚	10	11.87	15.3	马来西亚	10	14.46	-10.2	中国澳门地区	10	16.31	86.5
法国	11	10.13	16.8	韩国	11	8.89	-37.7	韩国	11	16.07	1.3
加拿大	12	9.70	17.0	加拿大	12	8.84	-8.9	法国	12	11.81	33.7
泰国	13	8.13	7.8	中国澳门地区	13	8.82	12.0	加拿大	13	9.69	30.4
中国澳门地区	14	7.87	13.8	法国	14	7.47	-26.2	加拿大	14	7.35	-16.5
意大利	15	3.48	14.2	印度尼西亚	15	4.80	67.8	印度尼西亚	15	5.41	12.8

注：经四川省旅游统计便览、四川省旅游统计信息平台数据整理。

附表2−16　2019年四川省接待入境情况客源构成

指标名称	人数		指标名称	人数	
	万人次	同比（%）		万人次	同比（%）
入境过夜游客	414.78	12.4	欧洲小计	93.14	8.0
台湾同胞	48.83	11.9	英国	24.44	−10.5
澳门同胞	16.31	86.5	法国	9.69	30.4
香港同胞	36.54	−10.3	德国	19.95	29.5
外国人	313.09	13.5	意大利	4.17	−1.6
亚洲小计	133.31	27.7	瑞士	4.84	186.4
日本	30.45	23.5	瑞典	1.34	5.4
韩国	11.81	33.7	俄罗斯	2.62	−39.5
蒙古	0.16	−71.6	西班牙	1.42	−67.6
印度尼西亚	5.41	12.8	欧洲其他	24.67	22.4
马来西亚	19.69	36.4	美洲小计	50.21	4.2
菲律宾	1.05	−1.4	美国	38.04	15.4
新加坡	17.63	−5.7	加拿大	7.35	−16.5
泰国	21.02	18.8	美洲其他	4.83	−25.2
印度	3.10	130.9	大洋洲小计	21.14	−5.9
越南	1.79	−36.6	澳大利亚	16.07	1.3
缅甸	0.39	−12.9	新西兰	2.19	−36.2
朝鲜	1.44	348.4	大洋洲其他	2.89	−9.0
巴基斯坦	1.24	346.2	非洲小计	2.57	−27.4
亚洲其他	18.13	113.6	其他小计	12.72	15.3

附表 2-17　2015—2019年四川省出境目的地排名前十五位

单位：万人次

序号	2015年 目的地	出境人数（万人次）	同比（%）	2016年 目的地	出境人数（万人次）	同比（%）	2017年 目的地	出境人数（万人次）	同比（%）	2018年 目的地	出境人数（万人次）	同比（%）	2019年 目的地	出境人数（万人次）	同比（%）
1	泰国	43.47	47.9	泰国	41.56	-4.4	泰国	44.53	7.2	泰国	57.03	28.1	泰国	59.42	4.4
2	中国香港地区	22.48	7.0	越南	35.48	152.9	越南	32.04	-9.7	越南	22.51	-29.7	越南	24.00	7.0
3	中国澳门地区	19.22	18.5	日本	16.55	-5.1	日本	11.11	-32.9	日本	10.88	-2.1	日本	13.57	25.4
4	日本	17.44	163.8	中国香港地区	16.04	-28.7	中国香港地区	10.42	-35.0	新加坡	8.26	29.4	菲律宾	8.58	106.5
5	越南	14.03	374.7	中国澳门地区	14.48	-24.6	新加坡	7.65	-47.2	马来西亚	7.81	40.8	新加坡	8.05	-1.9
6	韩国	12.54	46.0	韩国	13.54	8.0	马来西亚	6.38	-3.1	中国香港地区	7.08	-32.1	马来西亚	7.72	-0.6
7	新加坡	9.97	87.5	新加坡	6.59	-33.9	俄罗斯	5.55	17.9	俄罗斯	5.66	44.9	中国香港地区	7.15	4.2
8	中国台湾地区	7.99	43.5	中国台湾地区	5.12	-36.0	菲律宾	4.90	152.9	印度尼西亚	5.12	68.5	俄罗斯	6.30	11.7
9	俄罗斯	5.45	436.2	俄罗斯	4.71	-1.5	中国台湾地区	3.91	-23.6	中国台湾地区	5.07	-33.6	印度尼西亚	4.70	-8.1
10	马来西亚	4.78	41.0	马来西亚	2.93	-46.2	俄罗斯	3.90	33.1	菲律宾	4.15	-15.3	缅甸	4.30	295.5
11	德国	3.62	51.5	美国	2.08	-14.2	美国	3.19	53.5	美国	3.12	-2.2	中国澳门地区	3.99	-19.2
12	法国	3.25	88.2	印度尼西亚	2.03	-7.9	澳大利亚	3.11	87.9	澳大利亚	2.87	-7.6	澳大利亚	2.93	2.9
13	意大利	3.06	150.4	菲律宾	1.94	203.7	印度尼西亚	3.04	49.6	中国台湾地区	2.58	-34.1	中国台湾地区	2.34	-2.9
14	英国	2.44	61.6	德国	1.92	-47.0	韩国	2.72	-79.9	英国	2.03	-15.6	美国	2.32	-25.0
15	美国	2.42	44.6	澳大利亚	1.66	-29.2	英国	2.40	123.3	法国	1.85	-15.4	英国	2.03	1.6

附表 3-1 四川省各市州旅游总收入定基发展速度表（2011—2018 年）

市州	2011 年	2012 年	2013 年	2014 年	2015 年	2016 年	2017 年	2018 年
成都	—	1.30	1.64	2.06	2.54	3.13	3.76	4.60
德阳	—	1.31	1.79	2.33	3.01	3.68	5.51	7.45
绵阳	—	1.41	2.11	2.85	3.53	4.34	5.48	6.66
遂宁	—	1.27	1.62	1.95	2.43	3.01	3.74	4.53
乐山	—	1.36	1.61	1.94	2.51	3.14	3.86	4.49
雅安	—	1.25	1.11	1.71	2.40	3.27	4.01	5.04
眉山	—	1.37	1.80	2.24	2.85	3.65	4.42	5.01
资阳	—	1.32	1.68	2.11	2.56	1.62	1.87	2.20
甘孜州	—	1.20	2.11	2.67	3.60	4.28	5.49	7.37
阿坝州	—	1.45	1.57	1.95	2.29	2.53	1.89	1.33
广元	—	1.55	2.10	2.97	3.87	4.94	6.25	7.84
南充	—	1.27	1.72	2.07	2.63	3.07	3.75	4.74
广安	—	2.07	2.70	3.89	4.91	6.04	7.01	8.05
达州	—	1.23	1.50	1.81	2.25	2.81	3.42	4.17
巴中	—	1.38	2.09	2.83	4.12	5.26	6.63	7.85
攀枝花	—	1.32	2.02	2.97	4.00	4.80	5.53	6.68
凉山	—	1.17	1.72	2.34	3.11	3.75	4.49	5.43
宜宾	—	1.27	1.60	1.96	2.54	3.22	4.13	5.26
自贡	—	1.22	1.44	1.81	2.24	2.56	3.07	3.53
泸州	—	1.26	1.70	2.19	3.01	3.94	5.26	6.10
内江	—	1.24	1.58	1.97	2.45	3.09	3.78	4.46

附表 3-2 四川省五大区旅游总收入定基发展速度表（2011—2018 年）

年份	成都平原核心旅游区 旅游总收入（亿元）	定基发展速度	川西北旅游区 旅游总收入（亿元）	定基发展速度	川东北旅游区 旅游总收入（亿元）	定基发展速度	攀西旅游区 旅游总收入（亿元）	定基发展速度	川南旅游区 旅游总收入（亿元）	定基发展速度
2011	1386.33	—	154.52	—	307.46	—	130.97	—	395.33	—
2012	1960.62	1.41	217.14	1.41	447.32	1.45	161.20	1.23	493.98	1.25
2013	2472.81	1.78	259.29	1.68	599.05	1.95	240.50	1.84	622.27	1.57
2014	3120.30	2.25	322.67	2.09	786.58	2.56	338.35	2.58	777.30	1.97
2015	3906.53	2.82	393.54	2.55	1017.62	3.31	452.24	3.45	1004.41	2.54
2016	4715.90	3.40	443.44	2.87	1248.48	4.06	544.24	4.16	1251.23	3.17
2017	5784.87	4.17	400.18	2.59	1524.45	4.96	640.40	4.89	1584.89	4.01
2018	7020.22	5.06	386.64	2.50	1858.78	6.05	774.17	5.91	1902.82	4.81

附表 3-3　四川省国内与入境游客人数环比发展速度（2002—2019 年）

年份	国内游客人数（万人次）	环比发展速度	入境游客人数（万人次）	环比发展速度
2002	7218.00	—	66.72	—
2003	8403.00	1.16	45.09	0.68
2004	11426.00	1.36	96.62	2.14
2005	13163.99	1.15	106.28	1.10
2006	16580.56	1.26	140.18	1.32
2007	18569.69	1.12	170.87	1.22
2008	17456.00	0.94	69.95	0.41
2009	21922.14	1.26	84.99	1.21
2010	27141.30	1.24	104.93	1.23
2011	34977.82	1.29	163.97	1.56
2012	43451.77	1.24	227.34	1.39
2013	48696.50	1.12	209.56	0.92
2014	53549.69	1.10	240.17	1.15
2015	58500.63	1.09	273.20	1.14
2016	63025.00	1.08	308.79	1.13
2017	66924.00	1.06	336.17	1.09
2018	70198.44	1.05	369.82	1.10
2019	75081.58	1.07	414.78	1.12

附表 3-4　四川省入境旅游人次增长率周期的三种滤波方法分解结果表

年份	入境旅游人数增长率（%）	HP 滤波		BK 滤波		CF 滤波	
		趋势成分	周期成分	趋势成分	周期成分	趋势成分	周期成分
1997	51.23	30.1808	21.0492			35.6581	15.5719
1998	7.11	28.3746	−21.2646			25.7429	−18.6329
1999	28.49	26.7789	1.7111			19.3298	9.1602
2000	23.73	25.3915	−1.6615	20.0873	3.6427	18.0200	5.7100
2001	24.42	24.2275	0.1925	19.1733	5.2467	21.1999	3.2201
2002	16.08	23.2850	−7.2050	22.6285	−6.5485	26.3104	−10.2304

续附表3－4

年份	入境旅游人数增长率（％）	HP滤波 趋势成分	HP滤波 周期成分	BK滤波 趋势成分	BK滤波 周期成分	CF滤波 趋势成分	CF滤波 周期成分
2003	－32.42	22.5645	－54.9845	26.3624	－58.7824	30.0488	－62.4688
2004	114.28	21.9940	92.2860	30.1530	84.1270	29.9359	84.3441
2005	10.00	20.9521	－10.9521	28.0298	－18.0298	25.4896	－15.4896
2006	31.90	19.7399	12.1601	20.5198	11.3802	18.4293	13.4707
2007	21.89	18.5491	3.3409	10.7594	11.1306	11.8128	10.0772
2008	－59.06	17.6930	－76.7530	6.2331	－65.2931	8.5296	－67.5896
2009	21.50	17.5184	3.9816	11.8542	9.6458	9.8926	11.6074
2010	23.46	17.6045	5.8555	18.8922	4.5678	15.0131	8.4469
2011	56.27	17.5703	38.6997	24.7803	31.4897	21.2516	35.0184
2012	38.65	17.0932	21.5568	25.4093	13.2407	25.5016	13.1484
2013	－7.82	16.2380	－24.0580	20.2563	－28.0763	25.6629	－33.4829
2014	14.61	15.2846	－0.6746	14.7927	－0.1827	21.5859	－6.9759
2015	13.75	14.2727	－0.5227	11.2834	2.4666	15.0499	－1.2999
2016	13.03	13.2351	－0.2051	11.0374	1.9926	8.8296	4.2004
2017	8.87	12.1993	－3.3293			5.3472	3.5228
2018	10.01	11.1909	－1.1809			5.5816	4.4284
2019	12.16	10.2020	1.9580			8.7474	3.4126

附表3－5 四川省入境旅游人数增长周期的三种滤波方法分解结果表

年份	入境旅游人数（ITA）	LN（ITA）	HP滤波 趋势成分	HP滤波 周期成分	BK滤波 趋势成分	BK滤波 周期成分	CF滤波 趋势成分	CF滤波 周期成分
1997	27.13	3.3006	3.3437	－0.0431			3.3692	－0.0686
1998	29.06	3.3694	3.4961	－0.1267			3.4374	－0.0680
1999	37.34	3.6201	3.6480	－0.0279			3.5478	0.0723
2000	46.20	3.8330	3.7977	0.0353	3.7928	0.0402	3.7078	0.1252
2001	57.48	4.0514	3.9434	0.1080	3.9381	0.1133	3.9118	0.1396
2002	66.72	4.2005	4.0833	0.1172	4.0863	0.1142	4.1385	0.0620

续附表3-5

年份	入境旅游人数(ITA)	LN(ITA)	HP 滤波 趋势成分	HP 滤波 周期成分	BK 滤波 趋势成分	BK 滤波 周期成分	CF 滤波 趋势成分	CF 滤波 周期成分
2003	45.09	3.8087	4.2170	−0.4083	4.2483	−0.4396	4.3552	−0.5465
2004	96.62	4.5708	4.3450	0.2258	4.4396	0.1312	4.5284	0.0424
2005	106.28	4.6661	4.4639	0.2022	4.6059	0.0602	4.6364	0.0297
2006	140.18	4.9429	4.5725	0.3704	4.6996	0.2433	4.6788	0.2641
2007	170.87	5.1409	4.6717	0.4692	4.7092	0.4317	4.6783	0.4626
2008	69.95	4.2478	4.7659	−0.5181	4.6798	−0.4320	4.6726	−0.4248
2009	84.99	4.4425	4.8643	−0.4218	4.7045	−0.2620	4.7011	−0.2586
2010	104.93	4.6533	4.9711	−0.3178	4.8104	−0.1571	4.7898	−0.1365
2011	163.97	5.0997	5.0860	0.0137	4.9960	0.1037	4.9423	0.1574
2012	227.34	5.4264	5.2057	0.2207	5.2066	0.2198	5.1400	0.2864
2013	209.56	5.3450	5.3269	0.0181	5.3760	−0.0310	5.3500	−0.0050
2014	240.17	5.4813	5.4487	0.0326	5.5041	−0.0228	5.5395	−0.0582
2015	273.20	5.6102	5.5702	0.0400	5.6072	0.0030	5.6868	−0.0766
2016	308.79	5.7327	5.6909	0.0418	5.7108	0.0219	5.7877	−0.0550
2017	336.17	5.8176	5.8107	0.0069			5.8530	−0.0354
2018	369.82	5.9130	5.9299	−0.0169			5.9000	0.0130
2019	414.78	6.0277	6.0489	−0.0212			5.9429	0.0848

附表4-1 四川省旅游总收入基尼系数(2011—2018年)

	2011年	2012年	2013年	2014年	2015年	2016年	2017年	2018年
y_1	0.017	0.011	0.016	0.016	0.017	0.017	0.018	0.016
y_2	0.018	0.013	0.017	0.018	0.021	0.018	0.018	0.019
y_3	0.018	0.032	0.035	0.040	0.040	0.018	0.019	0.021
y_4	0.022	0.019	0.019	0.018	0.018	0.022	0.024	0.022
y_5	0.025	0.020	0.026	0.031	0.033	0.025	0.026	0.025
y_6	0.027	0.021	0.024	0.025	0.025	0.027	0.029	0.031
y_7	0.028	0.025	0.029	0.032	0.033	0.028	0.030	0.032

续附表4—1

	2011年	2012年	2013年	2014年	2015年	2016年	2017年	2018年
y_8	0.031	0.024	0.018	0.022	0.025	0.032	0.031	0.033
y_9	0.034	0.026	0.028	0.028	0.027	0.034	0.032	0.038
y_{10}	0.037	0.029	0.036	0.039	0.040	0.037	0.037	0.039
y_{11}	0.038	0.034	0.037	0.037	0.037	0.038	0.038	0.040
y_{12}	0.039	0.032	0.037	0.038	0.041	0.039	0.039	0.040
y_{13}	0.039	0.035	0.037	0.037	0.036	0.039	0.040	0.041
y_{14}	0.04	0.042	0.053	0.057	0.055	0.04	0.040	0.043
y_{15}	0.041	0.040	0.043	0.041	0.040	0.041	0.043	0.046
y_{16}	0.043	0.041	0.041	0.041	0.040	0.043	0.050	0.051
y_{17}	0.049	0.047	0.054	0.052	0.052	0.049	0.051	0.057
y_{18}	0.055	0.055	0.051	0.050	0.046	0.055	0.060	0.064
y_{19}	0.055	0.051	0.054	0.052	0.052	0.055	0.060	0.068
y_{20}	0.081	0.082	0.082	0.079	0.080	0.081	0.086	0.088
y_{21}	0.328	0.320	0.342	0.340	0.331	0.328	0.341	0.367
G	0.4210	0.4287	0.5260	0.5230	0.5017	0.4985	0.5731	0.6846

注：基尼系数主要能体现旅游经济总体差异。国际上通常把0.4作为贫富差距的警戒线。

附表4—2 四川省外汇收入基尼系数（2011—2018年）

	2011年	2012年	2013年	2014年	2015年	2016年	2017年	2018年
y_1	0.000	0.000	0.000	0.000	0.000	0.000	0.000	0.000
y_2	0.000	0.001	0.000	0.000	0.000	0.000	0.000	0.000
y_3	0.000	0.001	0.000	0.000	0.000	0.000	0.000	0.000
y_4	0.000	0.001	0.000	0.000	0.000	0.000	0.000	0.000
y_5	0.001	0.001	0.000	0.000	0.000	0.000	0.000	0.000
y_6	0.001	0.002	0.001	0.000	0.000	0.000	0.000	0.000
y_7	0.001	0.002	0.001	0.001	0.000	0.000	0.000	0.000
y_8	0.001	0.002	0.001	0.001	0.001	0.000	0.000	0.000
y_9	0.001	0.002	0.001	0.001	0.001	0.000	0.000	0.000

续附表4－2

	2011年	2012年	2013年	2014年	2015年	2016年	2017年	2018年
y_{10}	0.002	0.002	0.001	0.001	0.001	0.000	0.000	0.000
y_{11}	0.002	0.003	0.001	0.001	0.001	0.001	0.000	0.000
y_{12}	0.002	0.003	0.002	0.001	0.001	0.001	0.001	0.000
y_{13}	0.003	0.006	0.002	0.001	0.001	0.001	0.001	0.000
y_{14}	0.003	0.006	0.002	0.002	0.001	0.001	0.001	0.001
y_{15}	0.006	0.007	0.004	0.002	0.002	0.001	0.002	0.001
y_{16}	0.008	0.008	0.004	0.003	0.002	0.002	0.002	0.001
y_{17}	0.010	0.010	0.009	0.013	0.010	0.004	0.003	0.002
y_{18}	0.018	0.022	0.017	0.021	0.013	0.004	0.006	0.002
y_{19}	0.040	0.062	0.028	0.033	0.022	0.012	0.007	0.002
y_{20}	0.095	0.072	0.037	0.054	0.035	0.026	0.034	0.031
y_{21}	0.808	0.788	0.890	0.863	0.907	0.945	0.944	0.957
G	0.9048	0.8849	0.9204	0.9166	0.926 5	0.9383	0.9398	0.9436

注：基尼系数主要能体现旅游经济总体差异。国际上通常把0.4作为贫富差距的警戒线。

附表4－3 四川省各市州年末常住人口

单位：万人

	2011年	2012年	2013年	2014年	2015年	2016年	2017年	2018年
成都平原	3689.16	3695.28	3711.16	3729.09	3761.00	3788.90	3798.56	3823.69
成都	1407.08	1417.78	1429.76	1442.75	1465.70	1591.80	1604.47	1633.00
德阳	359.19	353.13	352.37	351.09	351.32	352.00	353.16	354.50
绵阳	462.00	464.02	467.64	473.94	477.19	481.09	483.56	485.70
遂宁	326.01	326.77	327.50	328.25	329.00	329.8	323.59	320.18
乐山	324.33	325.44	325.56	325.00	326.05	326.05	327.21	326.70
雅安	151.71	152.65	153.37	154.37	154.68	153.97	153.78	154.00
眉山	295.83	296.64	297.84	298.97	300.13	300.09	297.48	298.41
资阳	363.01	358.85	357.12	354.72	356.93	254.10	255.31	251.20
川西北	200.22	202.87	205.01	206.82	209.50	211.51	212.64	214.00

续附表4-3

	2011年	2012年	2013年	2014年	2015年	2016年	2017年	2018年
阿坝州	90.22	90.67	91.23	92.03	93.01	93.46	94.01	94.40
甘孜州	110.00	112.20	113.78	114.79	116.49	118.05	118.63	119.60
川东北	2076.72	2084.73	2091.63	2099.25	2113.68	2121.13	2133.44	2139.00
广元市	249.00	253.00	254.50	257.50	263.00	263.50	266.00	266.70
南充市	628.53	630.03	631.70	633.38	636.40	640.22	641.79	644.00
广安市	321.00	321.64	322.43	323.16	324.66	326.50	325.03	324.10
达州市	548.56	549.27	551.28	553.00	556.76	559.77	568.95	572.00
巴中市	329.63	330.79	331.72	332.21	332.86	331.14	331.67	332.20
攀西	576.09	579.19	581.83	585.20	591.25	605.78	607.13	607.12
攀枝花市	121.99	123.09	123.33	123.20	123.25	123.56	123.61	123.60
凉山	454.10	456.10	458.50	462.00	468.00	482.22	483.52	483.52
川南	1507.81	1514.13	1517.37	1519.84	1528.51	1532.38	1550.23	1549.86
自贡市	268.40	271.32	273.83	274.58	277.02	278.08	290.14	292.00
泸州市	422.50	425.00	424.58	425.00	428.52	430.64	431.72	432.36
内江市	370.91	371.81	372.46	373.26	373.97	374.66	375.37	369.90
宜宾市	446.00	446.00	446.50	447.00	449.00	449.00	453.00	455.60

注：2011年至2017年年末常住人口来源于四川统计年鉴，2018年来自各市州国民经济和社会发展统计公报。暂未查询到2018年年末凉山州常住人口，采用2017年替代。人口数量变化不大，因此不会对计算结果产生影响。

附表5-1 四川省入境游市场地理集中指数（2013—2019年）

国家（地区）	年份						
	2013	2014	2015	2016	2017	2018	2019
中国台湾地区	0.0230579	0.0212986	0.0222179	0.0219518	0.0206955	0.0190185	0.0195778
中国澳门地区	0.0003931	0.0004248	0.0006555	0.0007310	0.0006921	0.0007738	0.0021856
中国香港地区	0.0247147	0.0256065	0.0234474	0.0218451	0.0215698	0.0166067	0.0109652
日本	0.0064323	0.0061849	0.0049849	0.0053552	0.0050201	0.0060686	0.0076150
韩国	0.0035790	0.0044667	0.0044983	0.0040254	0.0022846	0.0007870	0.0011456
蒙古	0.0000098	0.0000063	0.0000036	0.0000032	0.0000046	0.0000032	0.0000002
印度尼西亚	0.0001631	0.0001541	0.0001204	0.0000878	0.0000915	0.0002293	0.0002399

续附表 5-1

国家（地区）	年份						
	2013	2014	2015	2016	2017	2018	2019
马来西亚	0.0019100	0.0017298	0.0026898	0.0028082	0.0029005	0.0020824	0.0031824
菲律宾	0.0000258	0.0000215	0.0000610	0.0000376	0.0000382	0.0000113	0.0000090
新加坡	0.0034129	0.0031148	0.0025843	0.0025471	0.0025745	0.0034895	0.0025535
泰国	0.0008177	0.0006824	0.0007026	0.0007906	0.0007389	0.0031299	0.0036272
印度	0.0000822	0.0000774	0.0000810	0.0000629	0.0000461	0.0000180	0.0000791
越南	0.0000315	0.0000178	0.0000103	0.0000105	0.0000118	0.0000794	0.0000263
缅甸	0.0000027	0.0000031	0.0000033	0.0000032	0.0000034	0.0000020	0.0000012
朝鲜	0.0000046	0.0000007	0.0000008	0.0000005	0.0000004	0.0000010	0.0000170
巴基斯坦	0.0000066	0.0000099	0.0000125	0.0000130	0.0000130	0.0000008	0.0000127
英国	0.0048593	0.0049301	0.0051192	0.0054613	0.0059882	0.0074505	0.0049055
法国	0.0008618	0.0010662	0.0009424	0.0009836	0.0011467	0.0005560	0.0007715
德国	0.0010335	0.0011431	0.0015891	0.0016301	0.0019541	0.0023722	0.0032696
意大利	0.0001878	0.0001854	0.0001250	0.0001249	0.0001352	0.0001811	0.0001425
瑞士	0.0000335	0.0000319	0.0000308	0.0000292	0.0000394	0.0000287	0.0001922
瑞典	0.0000285	0.0000202	0.0000197	0.0000187	0.0000268	0.0000162	0.0000147

附表 6-1 新型冠状病毒肺炎疫情后四川省入境旅游恢复期预测①

时间		周期	观测值及同比		剔除疫情影响			带入疫情影响					
年	月		观测值	同比(%)	拟合值	预测值	同比人次	拟合值	预测值	同比人次	与2019年同期对比增长（%）	参考下限值	参考上限值
2019	1	观测期	19.79	10.10	21.18			21.18					
2019	2		20.11	14.24	19.55			19.55					
2019	3		27.76	10.70	28.53			28.53					
2019	4		15.94	4.70	17.02			17.03					
2019	5		28.08	5.30	28.99			28.99					
2019	6		38.47	3.30	39.51			39.52					
2019	7		45.52	4.00	48.00			48.00					
2019	8		49.18	9.70	48.61			48.61					
2019	9		54.48	6.00	57.27			57.27					

① 据四川省文化和旅游厅统计数据，2020年1—4月，全省接待入境旅游人数9.55万人次，同比下降88.6%。

续附表6-1

时间		周期	观测值及同比		剔除疫情影响			带入疫情影响				参考下限值	参考上限值
年	月		观测值	同比（％）	拟合值	预测值	同比人次	拟合值	预测值	同比人次	与2019年同期对比增长（％）		
2019	10	观测期	54.29	27.10	46.90			46.90					
2019	11		28.78	27.30	27.05			27.05					
2019	12		32.38	33.90	28.89			28.89					
小计			414.78		411.50			411.52					
2020	1	危机期	0.34			24.31	4.52	0.34	—	−19.45	−98.28		
2020	2					23.65	3.54		0.78	−19.33	−96.12	0.7	0.86
2020	3					31.95	4.19		2.08	−25.68	−92.51	1.85	2.33
2020	4					18.15	2.21		2.04	−13.9	−87.20	1.81	2.29
2020	5	萧条期				31.80	3.72		5.54	−22.54	−80.27	4.91	6.22
2020	6					44.61	6.14		11.02	−27.45	−71.35	9.76	12.38
2020	7					51.35	5.83		16.77	−28.75	−63.16	14.87	18.86
2020	8					55.45	6.27		22.65	−26.53	−53.94	20.08	25.47
2020	1	复苏期				61.40	6.92		30.01	−24.47	−44.92	26.59	33.74
2020	2					61.18	6.89		34.5	−19.79	−36.45	30.57	38.79
2020	3					32.43	3.65		20.51	−8.27	−28.74	18.17	23.06
2020	4					36.48	4.10		25.29	−7.09	−21.90	22.41	28.43
小计						472.76			171.53	−243.25		152.06	192.77
2021	1	反弹期				27.39	3.08		20.40	20.06	3.08	18.08	22.93
2021	2					26.64	2.99		21.07	20.29	4.77	17.94	24.59
2021	3					35.99	4.04		29.83	27.75	7.46	25.19	35.09
2021	4					20.45	2.30		17.60	15.56	10.41	14.83	20.74
2021	5					35.83	4.03		31.78	26.24	13.18	26.76	37.46
2021	6					50.26	5.65		45.65	34.63	18.66	38.45	53.83
2021	7					57.86	6.51		53.58	36.81	17.71	45.12	63.18
2021	8	企稳期				62.47	7.02		58.75	36.10	19.46	49.47	69.27
2021	9					69.18	7.78		65.86	35.85	20.89	55.46	77.66
2021	10					68.93	7.75		66.27	31.77	22.07	55.81	78.14
2021	11					36.54	4.11		35.41	14.90	23.04	29.82	41.75
2021	12					41.11	4.63		40.09	14.80	23.81	33.76	47.26
小计						532.65			486.29			410.69	571.90

附表 6-2　2020—2021 年四川省入境旅游人数损失值估计

时间		周期	未考虑疫情影响的预测值	带入疫情影响					
年	月			预测值	损失估计值	参考下限值	最大损失估计值	参考上限值	最小损失估计值
2020	1	危机期	24.31	0.34	−23.97	0.34	−23.97	0.34	−23.97
2020	2		23.65	0.78	−22.87	0.70	−22.95	0.86	−22.79
2020	3		31.95	2.08	−29.87	1.85	−30.10	2.33	−29.62
2020	4		18.15	2.04	−16.11	1.81	−16.34	2.29	−15.86
2020	5		31.80	5.54	−26.26	4.91	−26.89	6.22	−25.58
2020	6	萧条期	44.61	11.02	−33.59	9.76	−34.85	12.38	−32.23
2020	7		51.35	16.77	−34.58	14.87	−36.48	18.86	−32.49
2020	8		55.45	22.65	−32.80	20.08	−35.37	25.47	−29.98
2020	9		61.40	30.01	−31.39	26.59	−34.81	33.74	−27.66
2020	10	复苏期	61.18	34.50	−26.68	30.57	−30.61	38.79	−22.39
2020	11		32.43	20.51	−11.92	18.17	−14.26	23.06	−9.37
2020	12		36.48	25.29	−11.19	22.41	−14.07	28.43	−8.05
小计			472.76	171.53	−301.23	152.06	−320.70	192.77	−279.99
2021	1	反弹期	27.39	20.40	−6.99	18.08	−9.31	22.93	−4.46
2021	2		26.64	21.07	−5.57	17.94	−8.70	24.59	−2.05
2021	3		35.99	29.83	−6.16	25.19	−10.80	35.09	−0.90
2021	4		20.45	17.60	−2.85	14.83	−5.62	20.74	0.29
2021	5	企稳期	35.83	31.78	−4.05	26.76	−9.07	37.46	1.63
2021	6		50.26	45.65	−4.61	38.45	−11.81	53.83	3.57
2021	7		57.86	53.58	−4.28	45.12	−12.74	63.18	5.32
2021	8		62.47	58.75	−3.72	49.47	−13.00	69.27	6.80
2021	9		69.18	65.86	−3.32	55.46	−13.72	77.66	8.48
2021	10		68.93	66.27	−2.66	55.81	−13.12	78.14	9.21
2021	11		36.54	35.41	−1.13	29.82	−6.72	41.75	5.21
2021	12		41.11	40.09	−1.02	33.76	−7.35	47.26	6.15
小计			532.65	486.29	−46.36	410.69	−121.96	571.90	39.25
2020—2021 年合计			1005.41	657.82	−347.59	562.75	−442.66	764.67	−240.74